中國學術思想 研究輯刊

十 五 編

林 慶 彰 主編

第 12 冊

周禮夏官的軍禮思想

鄭 定 國 著

花木蘭文化出版社

國家圖書館出版品預行編目資料

周禮夏官的軍禮思想／鄭定國 著 — 初版 — 新北市：花木蘭
文化出版社，2013〔民102〕
序 2+ 目 2+184 面；19×26 公分
（中國學術思想研究輯刊 十五編：第 12 冊）
ISBN：978-986-322-118-0（精裝）
1. 周禮 2. 研究考訂
030.8 102001948

ISBN-978-986-322-118-0

9 789863 221180

中國學術思想研究輯刊
十五編 第十二冊 ISBN：978-986-322-118-0

周禮夏官的軍禮思想

作 者 鄭定國
主 編 林慶彰
總 編 輯 杜潔祥
出 版 花木蘭文化出版社
發 行 所 花木蘭文化出版社
發 行 人 高小娟
聯絡地址 235 新北市中和區中安街七二號十三樓
電話：02-2923-1455／傳眞：02-2923-1452
網 址 http://www.huamulan.tw 信箱 sut81518@gmail.com
印 刷 普羅文化出版廣告事業
封面設計 劉開工作室
初 版 2013 年 3 月
定 價 十五編 18 冊（精裝）新台幣 30,000 元

周禮夏官的軍禮思想

鄭定國　著

作者簡介

鄭定國，浙江省永嘉縣人，出生於舟山市定海區干纜鎮，一九四九年九月出生，淡江大學中文系畢業，文化大學中文所碩士、博士。就讀大學前任教於台東大學附屬小學，大學畢業後服務於台灣省政府人事處。碩士畢業任教於台中高級農業學校。博士畢業首先服務於台中台灣美術館副研究員，又先後任教於逢甲大學、雲林科技大學、明道大學、南華大學等校，現任南華大學文學系教授，主要研究領域，為台灣文學、宋詩學等。著作有《王十朋及其詩》、《邵雍及其詩學研究》、《周禮夏官的軍禮思想》及台灣文獻系列編輯，包括《吳景箕詩文集》、《張立卿詩草》、《王東燁槐庭詩草》、《黃紹謨詩文集》、《雲林縣的古典詩家》、《雲林文學的古典和現代》等近百冊書籍。

提　　要

　　本文解析周禮職官有關夏官官職的部份。夏官是國防軍職任務的分配和軍職內蘊所表達的理想和意義，透過職官的了解，來徹底分析秦漢職官作為和政治理想，為往哲思想作詮釋，為後世職官作建議，有助於古今職官連貫的明白，更可以把禮兵合一的哲學昇華。

自　序

　　整個資本主義社會，陷於功利而無禮，整個社會主義社會，因貧窮動盪而無禮；無禮的行為瀰漫在全世界。為何民初西風東漸以後，我國的傳統文化被伐擊得體無完膚？是不知禮，抑是不行禮，還是人心腐爛得失去知覺了！今日禮學的重要性，恐怕需待人人深省始可。

　　《禮記・曲禮》說：「道德仁義，非禮不成；教訓正俗，非禮不備；分爭辨訟，非禮不決；君臣上下，父子兄弟，非禮不定；宦學事師，非禮不親；班朝治軍，涖官行法，非禮威嚴不行；禱祠祭祀，供給鬼神，非禮不誠不莊。是以君子恭敬撙節退讓以明禮。」禮的用處真大啊！偏偏有些人延續了古人的身體生命，卻對古人的儀禮一律嗤之以鼻。嘲笑別人的人，人恆嘲笑他，但這些人，可能依舊沾沾自喜，像秋水篇的井鼃，毫不知恥知覺。

　　本書是以《周禮》為範圍，專門討論夏官建立官職的思想。《周禮》談到政典官制，這不完全屬於禮學；夏官談到軍政軍制，也不是全屬禮學，但是缺少禮儀就無法號令三軍，軍隊若失去節制，後果不堪設想。所以本書從夏官的官制一直研究到官制所包含的思想，想要告知它的內涵是什麼。其實，夏官相當於現今世界各國的國防主管單位，所屬職官都負責部分的軍事任務；行軍用兵是極殘忍霸道的行為，然而《周禮・夏官》的內涵思想竟是協和萬邦，濟弱扶傾，最後臻於禮節與兵戎合一的結論。相信這種結論出乎井鼃者的意表吧！

　　中國第一部講行政法典的專著是《周禮》，它的成書雖然不在周朝，卻是秦漢學者寄託理想政治的書。把理想的政治寄託在官職當中，正可作為後代建立官職時的參考。現在本書解開夏官的官職內涵，希望對研究禮學的學者

有些許裨益。對無禮觀念的人，但願送他當頭棒喝。

　　軍禮原有五種，即大師、大田、大均、大役、大封。戰國以後，井田制度潰毀，大封的禮制就名存實亡。大均屬於賦稅制度，而大役屬於勞役制度，這二類後來也都脫離軍禮。所以軍禮僅剩田獵的大田制度，用兵的大師制度。秦火之後，軍禮的制度不明，本書即是闡釋它的內容，難免缺失疏忽，敢請方家教正。今天，本書的完成，萬分地感謝昔日諸多師友的指導協助，謹此並同致敬。

中華民國一○一年八月

鄭定國謹序於南華大學

目次

上編　緒　論

第一章　周禮及其成書

　　《周禮》一名《周官》，又名《周官經》，大凡有此三種。《史記・封禪書》云：「上與公卿諸生議《封禪》，《封禪》用希曠絕，莫知其儀禮，而群儒采《封禪》、《尚書》、《周官》、《王制》之望祀射牛事。」《景十三王傳》云：「獻王所得書皆古文先秦舊書、《周官》、《尚書》、《禮》、《禮記》、《孟子》、《老子》之屬……」《禮樂志》云：「自夏以往，其流不可聞已，殷頌猶有存者，周詩既備，而其器用張陳，《周官》具焉。」顏師古注曰：「謂大司樂以下諸官所掌。」大司樂即今本《周禮・春官・大宗伯》所屬職官，且《史記・封禪書》、《漢書・景十三王傳》亦以《周官》與《尚書》、《禮記》並列，蓋爲今本《周禮》又名《周官》之證。《漢書藝文志・禮家》載錄有《周官經六篇》班固自注云：「王莽時劉歆置博士。」顏師古注曰：「即今之周官禮也，亡其冬官，以考工記充之。」是《周禮》亦名《周官經》也。蓋劉歆以爲《周官》經六篇者周公致太平之跡，跡具在斯，足佐莽之新政，故奏請立《周官經》以爲《周禮》，而置博士，自是以後，《周官》又名《周禮》，歆以前《周官》不以禮爲名也。故荀悅《漢記・成帝紀》云：「劉歆以周官十六篇爲周禮，王莽時，歆奏以爲禮經，置博士。」陸德明《經典釋文敘》亦云：「王莽時，劉歆爲國師，始建立周官經以爲周禮。」《周禮》之名雖始於劉歆，但非歆爲國師時所立，據《漢書・王莽傳》歆受立爲國師事在始建國元年元月，而傳於居攝三年九月，又云：「發得《周禮》，以明因監」，是知《周禮》之稱又居歆立國師之先也。

　　《僞古文尚書》有〈周官篇〉，其名雖與《周官》書同，而其實際則無糾葛，不得混爲一談也。《尚書》序曰：「成王既黜殷命，滅淮夷，還歸在豐。

作《周官》。」此〈周官篇〉內容、字數迥異，自與本書無涉，鄭眾誤以爲乃是今之周禮，賈公彥《周禮正義》引馬融及鄭玄序已辨定之。

《周禮》之來歷，諸說紛紜，難有定論。賈公彥序《周禮》廢興引《馬融傳》（今本《後漢書‧馬融傳》無此文，蓋指馬融《周官傳》也）云：

> 秦……改酷烈，與周官相反，故始皇禁挾書，特疾惡，欲絕滅之，搜求焚燒之獨悉，是以隱藏百年，孝武帝始除挾書之律，開獻書之路，既出於山巖屋壁，復入於祕府，五家之儒莫得見焉，至孝成皇帝，達才通人，劉向子歆校理祕書，始得列序，著於錄略，然亡其冬官一篇，以《考工記》足之，時眾儒並出共排，以爲非是，雖歆獨識，……奈遭天下倉卒，兵革並起，疾疫喪荒，弟子死喪，徒有里人，河南緱氏杜子春尚在，……能通其讀，頗識其說，鄭眾賈逵往受業焉。……

此說似謂《周禮》出於獻書，既未言獻書者之名，又不云得自何巖何壁，其間曲折，殊爲籠統，令人難以盡信。唯其云多官亡佚，以《考工記》足之，考校今本多官《考工記》，其文體、思想、結構不類前五官，當是二書，賈序之說僅此項確然可信。

獻書之說，陸德明《經典釋文》敘錄引或說云：

> 河間獻王開獻書之路，時有李氏上〈周官〉五篇，〈失事官〉一篇，乃購千金不得，取《考工記》以補之。

《隋書‧經籍志》云：

> 李氏上於河間獻王，獻王補成，奏之。

杜佑《通典禮篇總敘》云：

> 孝武始開獻書之路，時有季氏得〈周官〉五篇，〈闕冬官〉一篇，河間獻王千金購之不能得，遂取《考工記》以補其闕，奏之。（定國謹案季氏疑爲李氏之誤）

各說時代愈後反愈詳細，然賈序未載奏書事，《景十三王傳》亦未言及，故以奏書補獻書之罅漏，乃欲蓋彌彰，反見獻書之說不可信而徒增疑竇耳。查考《景十三王傳》曰：「河間獻王德以孝景前二年立，……從民得善書，必爲好寫者與之，留其眞，加金帛賜以招之。緣是……或有先祖舊書，多奉以奏獻之者，……所得書皆古文先秦舊書、《周書》、《尚書》、《禮》、《禮記》、《孟子》、《老子》之屬，……。武帝時，獻王來朝，獻雅樂，對三雍宮及詔策所問三

十餘事。……立二十六年薨。」則知獻王之書得自民間，其中有《周官》，然未及獻書之事也。《周禮》既出，獻王得之，其與中秘之收藏周官，未知孰先孰後？今雖不得而知，要之不與武帝時始出之語抵觸，是故《周禮》西漢初始見是實也。

　　或曰周禮乃孔安國所獻，得之於孔壁者，後漢書儒林傳與太平御覽學部所引楊泉物理論並言之。其文曰：

　　　　孔安國獻禮古經五十六篇，及周官經六篇。（《漢書・儒林傳》）

　　　　魯恭王壞孔子舊宅，得周官，闕，無冬官，漢武購千金而莫有得者，

　　　　遂以考工記備其數。（《太平御覽引楊泉物理論》）

查《史記・儒林傳》言及孔安國授尚書，未言其獻周官事。《漢書・藝文志》曰：「禮古經者，出於魯淹中及孔氏。」又《楚元王傳》曰：「及魯恭王壞孔子宅，欲以為宮，而得古文於壞壁中，逸禮有三十九、書十六篇。天漢之後，孔安國獻之……。」是史遷班固在前不載孔安國獻周官經，范曄、楊泉在後反能知之，其說豈可為憑信乎？釋文敘錄引鄭玄六藝論云：「後得孔氏壁中河間獻王古文禮五十六篇、記百三十一篇、周禮六篇」玩鄭君之意，蓋分述古文禮出於孔壁，禮記、周禮或得自河間，故兼溯二源，後漢書儒林傳、楊泉物理論因此誤以為一，遂滋生異說矣（參見孫詒讓《周禮正義》卷一）。且尚不知孔安國獻書之說有其事與否？閻若璩尚書古文疏證卷二據荀悅漢記云：「孔安國家獻之」於孔安國之下增一「家」字，則獻書之事容或有之，亦其家人所為，而孔安國無獻書事也。

　　周禮之來歷晦而不明，則於其作者尤難推斷。然則周禮出於中秘，劉歆之功尋其原始，當自歆起。《後漢書・馬融傳》曰：「劉歆序周官於錄略，末年乃知周公致太平之跡具在於斯。」是以周官為周公之書者，自劉歆始。鄭玄周禮注卷一云：「周公居攝而作六典之職，謂之周禮，營邑於土中，七年致政成王，以此禮授之，使居雒邑治天下。」以周禮為周公作者，自鄭玄始明言之。《隋書・經籍志》曰：「周官蓋周公所制官政之法」，賈公彥《儀禮疏序》曰：「至於周禮、儀禮發源是一，理有終始，分為二部，並是周公攝政太平之書」以上皆主周禮乃周公作者，其後又有鄭樵《通志周禮辨》曰：

　　　　按書傳曰：「周公一年救亂，二年伐商，三年踐奄，四年建侯衛，五

　　　　年營成周，六年制禮作樂，七年致政成王」則是書在於周公攝政六

　　　　年之後，周公將復辟於成王，此是書之所由作，……蓋周公之為周

禮亦猶唐之顯慶開元禮也，唐人預爲之，以待他日之用，其實未嘗
行也，惟其未經行，故僅述大略，俟其臨事而損益之，……

王安石《周官新義序》曰：

……周官，惟道之在政事，……其官足以行法，莫盛於成周之時；
其法可施於後世，其文有見於載籍，莫具於周官之書。蓋其因習以
崇之，庚續以終之，至於後世無以復加，則豈特文武周公之力哉！
猶四時之運，陰陽積而成寒暑，非一日也。

王炎《周禮考》亦曰：

周禮六典，周公經治之法也。……其書已亡而幸存。

汪容甫《述學周官徵文》曰：

或曰周官周公所定。

其舉六證力辨爲周公所作。是主周禮作者爲周公，代有其人焉。

雖然，或以爲乃末世瀆亂不驗之書，如漢武帝，臨孝存者是也，或以爲
是六國陰謀之書，如何休者是也（以上見賈公彥《序周禮廢興》）；或以爲周
公所作，歷經後人竄改增益者，如張載、程頤、陳汲、何異孫（《均經義考引》）、
蘇轍（《文獻通考引》）、方孝儒（《周禮考次目錄序》）、章潢（《圖書編》）、眞
德秀（《周禮訂義序及西山先生眞文忠公集》）等是也；或以爲周公所作，後
經莽、歆所竄亂者，如方苞（《方望溪文集》）是也；或以爲規模周公製作，
言語爲他人所作，如朱熹（《朱子語錄》）者是也；或直以爲作於西周，如顧
實（《重考古今偽書考》）者是也；或以爲作於周秦間之古書，如毛奇齡（《經
問》）、皮錫瑞（《三禮通論》）、陳振孫（《書錄解題》）者是也；或以爲晚周先
秦人士剟竊舊章而成，如龔定盦（《定盦文集補篇》）者是也；或曰秦漢間所
附會之書，如魏了翁（《經義考引》）者是也；或曰戰國末年至西漢初之作，
如梁啓超（《古文眞偽及其年代》）者是也；或曰定非周公之作，如黃震（《黃
氏日抄》）、王若虛（《經義考引》）、萬斯大（《周官辨非》）、崔述（《豐鎬考信
錄》）者是也；或曰漢儒竄改，如金瑤（《周禮述註》）者是也；或曰出於西漢
之末，如姚際恆（《周禮通論》，見張心澂《偽書通考引》）；或曰劉歆偽作者，
如胡宏（《文廚通考引》）、包恢（《六官疑辨》）、司馬光、邵博（《聞見後錄》）、
洪邁（《容齋續筆》）、羅璧（《經義考引》）、康有爲（《新學偽經考》）、廖平（《古
學考》）等是也；或曰桑弘羊輩偽造，如范浚者是也（《經義考引》）。眾說如
此撲朔迷離，觀之驚心怵目，誠令人眞偽難辨。

　　張心澂氏僞書通考，搜錄清以前諸家各說，參酌眾論，並以己意考證，例舉六大證據，以爲實非周公所作，而推究周禮之內涵容有漢武帝以前之作品，戰國時之作品，戰國策士之計劃，儒家兼法家理財家之計劃，採西周及春秋時制度參以己意而成等五項，主周禮成書於戰國初期，其立論客觀，視上述言周公所著者及歆、莽所僞者，已遠爲近情而勝矣。是後，錢賓四先生著周官著作時代考（見《兩漢經學今古文文平議》），其文曰：

> 此文則就周官一書，考其著作時代，藉明眞相。……何休曾說：「周官乃六國陰謀之書。」據今考論，與其謂周官乃周公所著，或劉歆僞造均不如何氏之說遙爲近情。

又曰：

> 周禮著者，顯然存有一套在他當時流行的陰陽配偶的哲學觀念，因周官書出戰國晚世，當在道家思想轉成陰陽學派之後。而或者尚在呂不章賓客著書之前，……

錢氏之說，分祀典、刑法、田制、其他四事以論證作於戰國末期，其說精詳。史景成先生追美錢氏，作有《周禮成書年代考》，其文曰：

> 頗感周禮既不能產於周初，亦斷難出於西漢，確爲戰國末年之書。
>
> 惟所得結論，則在呂氏春秋出世之後，秦始皇統一之前，……。

史氏據周禮春官馮相氏之職掌，分述「十有二歲」、「十有二辰」、「二十有八星之位」及「以星土辨九州之地，所封封域，皆有分星」等文，而考周禮內歲星紀年之階段，復由周禮歲星紀年之階段，推知周禮著作之年代。其文似以爲周禮之十二歲既爲太歲紀年，則其著作年代，當在太歲紀年法成立後，是以由太歲紀年之時代，可推知周禮之成書年代。太陰紀年，歲陰紀年，太歲紀年，此三曆曆法不同，有一定之演進次第，太歲之名詞既見於戰國末期之荀子及呂氏春秋前之山海經，則依曆法進化之原理，推知周禮著作之年代當與曆法相符，且以爲周禮有取材呂氏之處，故其成書當在呂氏春秋之後。其文又以爲職金之職掌及用「璽」；自秦統一後，則惟天子之印獨稱「璽」；媚莽之劉歆，當不至於復冒天下之不韙，而將璽定爲「公私尊卑之用」以犯莽，故周禮決非歆所僞，且其成書年代，必在始皇統一之前，前數年，賀凌虛先生據勞榦先生之《論漢代的內朝與外朝》及薩孟武先生之《中國社會政治史》等著作，贊同周禮係漢初儒者之理想政治制度。賀氏《周禮及基本政治思想》一文曰：

根據該書大量採用各種戰國末年才形成的方法和才出現之觀念，以
證該書成書年代最早不會超出戰國末年，固甚適當……該書的著作
目的既顯係一如呂氏春秋之希望能爲時君所採納，作爲六國統一後
的建國綱領，則該書的作者似乎不可能無視於呂氏春秋書成遭忌的
慘劇，及始皇於貶抑呂氏後即大權獨攬的事實，而批其逆鱗，將一
切政務全屬之於六官，並由冢宰一人獨攬其成……。再就史實而論，
制度上由丞相大權獨攬的局面係出現於西漢之初，加以該書之規定
封建諸侯分食其田邑賦稅幾分之幾，而以其餘貢之於中央；同類的
商品店鋪須開於一處；分配女奴於官府勞動；刑罰採取威嚇主義等
等，概同於漢制，又因該書至遲於武帝時即已出現，所以視其成書
於漢初的認定，實在很有理由。

以上四說皆考訂精詳而寶貴，然若云周禮內容雜有後世之思想，此爲吾人所
深許，然必謂其通書成於後世，斯又非吾人所願肯首。制度之沿革，歷代有
之，追究厥初必有淵源所自，決非私意可以僞造，況且周禮一書體制宏偉，
官職精密，豈是無根之作乎？顧實重考古今僞書云：

周官最多有他書不用之古字，如虣、暴字；鼺、副字，灋、法字……
使周官而果爲漢人僞作，假造此等古文字，何以千載之下偏有發見
殷周骨甲文、鐘鼎文與相證合，不謀而同？自非周官一書早作於西
周之世，烏得有此乎？

是周禮采有西周文字之證。臨孝存嘗言漢武帝知周官末世瀆亂不驗之書，則
武帝已親見及此書矣，又河間獻王乃武帝之弟，其於民間求得周官，亦在西
漢時，是知書已出自西漢初，東漢劉歆焉能作僞？是周禮不爲劉歆僞作之
證。《漢書・藝文志樂家》曰：「六國之君，魏文侯最爲好古，孝文時得其樂
人竇公，獻其書，乃周官大宗伯之大司樂章也。」顏師古注云：「桓譚新論
云：『竇公年百八十歲，……。』」故知孝文帝時已見春官，若然，此書似戰
國魏文侯時已有；劉歆晚生，其欲僞周禮亦不可爲，是周禮不爲劉歆僞作之
又證。

周禮內容既含有西周、戰國、西漢初年諸時期之內涵，推其原始形態當
作於西周，此書法度井然，蓋采擇前代政治實錄而規模之，甚或即周公所爲，
然其思想及制度歷代皆有因襲沿革，非僅起自西周，又經西周春秋、戰國至
西漢初年武帝時始發見，又至莽、歆利用此書，皆不能不雜有新舊時代思想

之痕跡及竄改、增損之實，故其思想非止一端矣，此乃招致二千年來聚訟不休之因素，但大略言之，此書原始作者之創意仍有蛛絲馬跡可尋也。總之，此書固爲中國政治制度之法典，歷經因循沿革、斟酌損益，其書遂雜，要之尚不失可寶貴之古書著作也。孟子曰：「盡信書不如無書」，若此，且應曉知盡不信書亦如無書，今日吾人猶當探討周禮所寓之政治思想內涵，察微知著，鑒古明今，或以爲今日行政制度建國方略之參佐，方不失昔時此書作者之初心焉。

第二章　夏官之稱名

　　周禮分官爲六，以六官爲六卿，佐王總理天下，其分職著明，法度相持，實爲一不可多得之政制巨著。周禮六卿爲天官冢宰、地官司徒、春官宗伯、夏官司馬、秋官司寇、冬官司空（冬官亡迭，以六官之例推知當爲司空）是也。然六卿之名不見於西周以前，平王東遷後亦僅見於春秋時之宋、晉、鄭，故周初實無此六卿之名，而後世推崇周禮，是故自漢以來，歷代摹擬，竟爲中國政府組織之骨幹（參閱史景成先生《六卿溯源》及黃本驥《歷代職官表歷代職官簡釋》）。

　　司馬，古官也，掌武事。相傳少皥時鳲鳩氏爲司馬；堯時棄爲后稷，兼掌司馬（參閱《左傳・昭公十七年》及《通典》卷二十）。蚤在尙書牧誓業已提及司馬之名，牧誓曰：「王曰：嗟我友邦冢君、御事、司徒、司馬、司空、亞、旅、師氏、千夫長、百夫長，……」正義云：「……司馬主兵，治軍旅之誓戒……」，因此得曉司馬之名其來有自矣。

　　夏官司馬之職掌，尙書周官曰：「司馬掌邦政、統六師、平邦國」。注云：「夏官卿，主戎馬之事，掌國征伐，統正六軍，平治王邦四方國之亂者。」上述夏官職掌有三：掌邦政者乃軍政之事，此其一；統六師者，乃統六軍軍令之事，此其二；平邦國，以九伐之法平定邦國之亂，乃軍法之事，此其三；易言之，夏官司馬之職掌即軍政、軍令、軍法者也。（參閱劉仲平先生《司馬法今譯前言》）

　　戰國之時，陰陽五行學說盛行，周禮一書，至戰國之時，仍有所增損，其受當世學說影響，必爲自然之事。因此周禮吸取當世陰陽家學說，於周禮冢宰、司徒、宗伯、司馬、司寇、司空六職之上，分別冠以天官、地官、春

官、夏官、秋官、冬官名稱，且於諸官諸職，莫不渲染陰陽，舉凡禮樂、禮器、祀典、日月、方位、四時時令、政事、法令皆有陰陽對偶、四時變化之說，尤以六官次序天地春夏秋冬，六官之屬總為三百六十，更見法天地順四時之主旨，故鄭注謂之「象天地四時日月星辰之度數，天道備焉。」（鄭注見史景成先生周禮成書年代考所引）陰陽家學說見史記太史公自序論六家要旨及漢書藝文志所引，其文曰：

> 嘗竊觀陰陽之術，大祥而眾忌諱，使人拘而多所畏，然其序四時之大順，不可失也。……夫陰陽四時、八位、十二位、二十四節各有教令，順之者昌，逆之者不死則亡，未必然也，故曰「使人拘而多畏」。春生夏長，秋收冬藏，此天道之大經也，弗順則無以為天下綱紀，故曰「四時之大順，不可失也」。（《史記》卷一百三十）「陰陽家者流，蓋出於羲和之官，敬順昊天，曆象日月星辰，教授民時，此其所長也。及拘者為之，則牽於禁忌，泥於小數，舍人事而任鬼神。（《漢書》卷三十）

察此二文知陰陽家者，深觀陰陽消息，而作怪迂之變，運用陰陽自然消長之勢，推之於天道人事，以為人事政教當順從天道，產生敬天地、順四時之理論學說，以發揚天人相與之關係，此為周禮夏官稱官之始因。（參閱李玉和《周禮秋官刑法思想研究》）

夏官大司馬，亦為六卿之一。司馬為政官，職司掌天下戎馬軍旅之事、山川要塞之圖、廄牧甲兵之數，凡此之屬悉以咨之。司馬於六官為第四，於四時當夏，夏時乃萬物盛長之時，取整齊萬物，平定邦政之意，故象之。（參閱序官鄭注及孫詒讓序官疏）。且馬者武也，軍政莫急於馬，夏官主戎馬，為武者也。夏官司馬蓋兼取義於「整齊萬物」與「為武」二義者也。故序官鄭注云：「天子立司馬，共掌邦政，政可以平諸侯、正天下，故曰統六師、平邦國。」周禮正義孫疏曰：「平諸侯、正天下即所以整齊之，此明夏官立官之義」。

第三章　夏官設官分職之意義及職掌總論

　　周禮一書深受儒家「為政以德」、「民為貴」之思想所左右，其根本而崇高之目的則存於安民、養民、教民之大原則中。周禮每官之首，開宗明義皆曰：「……設官分職，以為民極。」序官大宰鄭注云：「鄭司農云：置冢宰、司徒、宗伯、司馬、司寇、司空，各有所職而百事舉。」鄭注又云：「極，中也，令天下之人，各得其中，不失其所。」（天官序官）故知設官分職其目的在求安民、養民、教民，使得其所也。（參閱賀凌盧先生《周禮及其基本政治思想》一文）

　　依鄭司農注所言設官分職似指六官與六典；序官大宰賈疏云：「此謂設天地四時之官即六卿也，既有其官，須有司職，故云各有所職，職謂主也，天官主治、地官主教、春官主禮、夏官主政、秋官主刑、冬官主事，六官官各六十，則合有三百六十官，官各有主，故云百事舉。」賈氏云設官分職之意似既指六官又兼三百六十職官所司職掌而言也。王介甫云：

　　　　設官則官府之六屬是也，分職則官府之六職是也。設官分職，內以
　　　　治國，外以治野。（《周官新義》卷一）

與鄭注所言略同，亦以設官分職為六官六典也。孫仲容綜合諸家而以為設官分職當通指六官及其屬官三百六十職官所主之職事言。其文曰：

　　　　戰國策秦策高誘注云：設，置也。說文言部云：設，施陳也。自部
　　　　云：官，吏事君也。爾雅釋詁云：職，主也。官，通公卿大夫士，
　　　　謂治事之人；職，通三百六十職，謂所主之事，大宰八則之官職是

也。(《周禮正義》卷一)

賈氏孫氏之說皆是，鄭氏、王氏之說未備，故不取也。

「以爲民極」鄭注訓極爲中；序官大宰賈疏云：「百人（據阮元《周禮注疏》卷一〈校勘記〉）無主，不散則亂，是以立君治之；君不獨治也，又當立臣爲輔。極，中也，言設官分職者以治民，令民得其中正，不失其所故也。」賈氏以中正訓極。王介甫云：

> 建置在上，如屋之極，使民如是，取中而庇焉，故曰以爲民極。極之字從木、從亟，木之亟者，屋極是也。

王氏仍主訓極爲中，然其屋極之說殊謬，不可從，釋字之誤也。

孫仲容之說參佐鄭、賈，而似循從賈疏之意。其文曰：

> 案：極訓中，猶言中正。漢書兒寬傳，天子建中和之極；顏師古注云：極，正也；引周禮此文。顏訓與鄭義亦相成也。

孫說似仍從「中正」之義。俞蔭甫以爲以上諸說並不然，其云：

> 樾謹按：極猶亟也。文六年左傳曰：「『陳之蓺極』杜注曰：『蓺，準也。極，中也。』其實蓺、極一也。是極與蓺同義，蓺準，極亦可訓準。詩殷武篇『商邑翼翼，四方之極』後漢書樊準傳引作四方是則，李賢注曰：『韓詩之文也。』可知極有準則之義，若從鄭箋訓極爲中，則韓詩何以作則乎？此言設官分職以爲民極猶言以爲民之準則也。鄭訓爲中，雖本雅訓，然于文義轉迂矣。」（續皇清經解卷千三百七十三群經平義）

謹案：賈增字爲訓，訓極爲中正，孫說從之；俞說則引申爲準則之義，並失鄭注之義。鄭氏注極爲「中」，乃使民各得適所之義，非如賈、孫、俞說也。若從「中正」及「準則」之義則與鄭氏原注意違異，故皆不可從。周禮所謂「設官」，即設六官、兼及其屬官三百六十（賈疏三百六十約舉成數而言之）也；所謂「分職」，即凡職官各主其職事也。「設官分職」乃爲手段，「以爲民極」方是周禮欲表達之目的，故設官分職之意義則在於「以爲民極」焉。

六官既立，其職亦有所主，則官各分等、職亦有別。舉夏官爲例，官有卿、中大夫、下大夫、上士、中士、下士六等是也。職則有正、貳、考、殷、輔之別，此官府之通制也，故餘官天、地、春、秋莫不如斯。大宰鄭注云：「正謂冢宰、司徒、宗伯、司馬、司寇、司空也。貳謂小宰、小司徒、小宗伯、小司馬、小司寇、小司空也。考，成也。佐成事者；謂宰夫、鄉師、

肆師、軍司馬、士師也。司空亡，未聞其考。」又云：「殷，眾也，鄉謂眾士也。……輔，府史，庶人在官者。」鄭注甚明，凡命士以上稱官，於職曰正、貳、考、殷；餘在官之庶人，於職曰輔。今列表以明夏官官名、職稱、人數、官等如下：

官名	職稱	有爵之官					殷			庶人在官 輔						備註
		公	卿	上大夫	中大夫	下大夫	上士	中士	下士	府	史	賈	工	胥	徒	
正	大司馬		1													軍將皆命卿，一軍二府、六史、胥十人、徒百人
貳	小司馬				2											
攷	軍司馬					4										
	輿司馬						8									
	行司馬							16								
	旅								32	6	16			32	320	旅無專門職掌，因事而設故不成為獨立之職官
	司勳						2		4	2	4			2	20	
	馬質							2		1	2	4			8	
	量人								2	1	4				8	
	小子								2		1				8	
	羊人								2		1	2			8	
	司爟								2						6	
	掌固						2		8	2	4			4	40	
	司險							2	4		2				40	
	掌疆								8		4			16	160	
	侯人							6	12		6				120	
	環人								6		2				12	
	挈壺								6		2				12	
	射人						2	4	8	2	4			2	20	
	服不氏								1						4	

射鳥氏					1					4	
羅　氏					1					8	
掌　畜					2		2		2	20	
司　士		2		6	12	2	4		4	40	
諸　子		2		4		2	2		2	20	
司　右			2		4	4	4		8	80	
虎賁氏		2		12		2	8		80		虎士八百人
旅賁氏				2	16	2				8	
節服氏					8					4	
方相士											狂夫四人（武士之類）
大　僕		2				2	4		2	20	
小　臣			4								四職官同官府，故共府、史、胥、徒
祭　僕				6							
御　僕					12						
隸　僕					2	1	2		4	40	
弁　師					2		2	4		4	
司　甲		2		8		4	8		8	80	
司　兵				4		2	4		2	20	
司戈盾					2	1	2			4	
司弓矢		2		8		4	8		8	80	
繕　人			2		4	1	2		2	20	
槀　人				4		2	4		2	20	
戎　右		2	2								
齊　右		2									
道　右			2								
大　馭	2										
戎　僕	2										
齊　僕		2									
道　僕			12								

田　僕				12							
馭　夫					20	40					
校　人		2		4		16	4	8	8	80	
趣　馬						1				4	註一
巫　馬						2	1	2	2	20	醫四人，雖無爵位似在府史之上
牧　師						4			4	20	
廋　人						2		2		20	
圉　師										2	註二
圉　人											註三
職方氏		4	8		16		4	16	16	160	
土方氏				5		10	2	5	5	50	
懷方氏					8		4	4	4	40	
合方氏					8		4	4	4	40	
訓方氏					4		4	4	4	40	
形方氏					4		4	4	4	40	
山　師					2	4	2	4	4	40	
川　師					2	4	2	4	4	40	
邍　師					4	8	4	8	8	80	
匡　人					4			4		8	
撢　人					4			4		8	
都司馬				2	4	8	2	8	8	80	（以每都計之）
家司馬				2	4	8	2	8	8	80	（以每家計之）註四

註一：趣馬據序官每皂下士一人、徒四人。良馬五種二千一百六十四、駑馬一千二百九十六匹計之（說見中編第五節），則趣馬一百九十八人。（說見《周禮正義序官趣馬孫疏》）

註二：圉師，據校人職良馬一師四圉，駑馬八麗一師（校人鄭玄注以爲六麗一師）；據序官圉師乘一人，徒二人。若依良馬五種二千一百六十四、駑馬一千二百九十六匹計之，則圉師六百四十人以上。

註三：圉人，據序官良馬匹一人，駑馬麗一人。若依良馬五種二千一百六十四、駑馬一千二百九十六匹計之，則圉人二千八百零八人。

註四：序官家司馬語有誤，說見中編第一節偏掌都家軍政；應作「家司馬亦如之」，則其職官員額與都司馬同。

右夏官之屬，計得職官七十，若就其官等言之，除趣馬、圉師、圉人、都司馬、家司馬不明總數外，餘計卿一人、中大夫十四人、下大夫三十人、上士六十七人、中士一百五十八人、下士二百四十五人、府七十六人、史百八十三人、賈八人、工四人、胥二百四十五人、徒千九百六十六人，又有醫四人、狂夫四人、虎士八百人，共計三千八百零五人。前文既云職官各有專司之職事，今試就論文本題爲標準，而將業務性質相近之諸職官併合討論，約可區域爲六類，茲申述分類之緣由及類別如下：

類　別	緣　　　　由
大司馬、小司馬、軍司馬、輿司馬、行司馬、都司馬、家司馬	邦國軍政由以上七職官所掌。大司馬爲政官之正，總掌邦國軍政。其職掌建九法、用九伐、九畿以輔佐天子安定平服邦國。且舉行大閱、田狩以教民戰守，舉凡師、大師、大役、大會同、大射、大祭祀、大喪等大事，皆與其事，而實施戒守及頒布禁令。自小司馬至旅並爲當官之屬；小司馬爲政官之貳，副首長也，其職佐大司馬掌邦國軍政。軍司馬爲政官之考，其職兼掌輿（車輿）、行（步卒）二類部隊。輿司馬、行司馬各自爲輿、行之部隊長。旅爲虛設編制，待有事則充實之，而始置其長及府、史、胥、徒等，故平時不爲獨立之職官。以上小司馬、軍司馬、輿司馬、行司馬並協掌邦國軍政。都司馬、家司馬非大司馬所屬職官，乃以都、家采邑行政首長之幕僚而主地方之軍職，爲地方軍事長官，於軍政、軍法、軍令三者均受大司馬及其屬官之指麾，故曰偏掌地方軍政。凡總掌邦國軍政、協掌邦國軍政、偏掌地方軍政，合而爲一類職掌邦國軍政之職官。
司勳、司士、諸子、量人、司爟、掌固、司險、掌疆、候人、環人、挈壺氏、射人、小子、羊人、服不氏、射鳥氏、羅氏、掌畜	司勳職主功賞，司士職掌「以德詔爵，以功詔祿」，諸子職掌國子之進退及以軍法治之，此三職並與軍事賞罰有關，歸爲一分類，稱曰「職掌群臣功賞及戒令群士群國子之職官」。量人以下至挈壺氏八職，或與建封疆有關，或與守疆土有關，故併爲一分類。量人掌「建國之法及邦國之地，與司馬制畿封國事相因」（周禮正義序官量人孫詒讓疏），是與營國（含營軍壘、舍）封疆關涉；司爟行修火焚萊，固與軍事演習關係密切，而烽火傳警，尤涉疆防矣；掌固、司險、掌疆均爲疆守之吏，特所守各有偏重，守在國之阻謂之守固，守在野之阻謂之司險，守在溝封之阻謂之掌疆，大凡言之並掌畿疆守固；候人執弋送迎賓客，戒防姦寇，雖不定駐于疆，然亦與於疆防之事矣；環人職內除軍廛、諜間外以勇力卻敵，且巡行邦國之間，是亦有助於疆守也；挈壺氏，挈壺水爲滴漏，以節警戒更守，又兼軍需供應，亦牽連疆守。共此八職官稱曰「職掌疆防戒令之職官」。射人以下至掌畜七職，乃與軍中祭祀及供祭祀之牲物有關，故亦歸併爲一分類。射人掌射法，大射乃郊廟與祭之射，當關聯祭祀，而射事又爲武事，與軍事亦有關聯；小子主祭祀之小事；羊人掌羊牲；服不氏、射鳥氏、羅氏、掌畜均與於鳥獸之捉捕教擾，且以鳥獸物奉祭祀、供肴羞，並與軍事祭祀有關。是故射人以下七職稱曰「職掌射法及供給祭祀鳥獸之職官」。總上三分類，因職掌較爲瑣碎，然皆與軍事有關之戒令牽連，故合併此十八職官爲一類，曰「職掌與軍事有關之戒令之職官」。
司右、戎右、齊右、道右、	自司右以下至馭夫凡十職官，並與車政有關。司右，掌眾乘車、兵車之右，爲車政之長官。車右爲勇力之士，戒備乘車、兵車之非常事故，爲車戰時期車政

大馭、戎僕、齊僕、道僕、田僕、馭夫、虎賁氏、旅賁氏、節服氏、方相氏、大僕、小臣、祭僕、御僕、隸僕、弁師	之特徵。戎右、齊右、道右，爲王五路之右；大馭、戎僕、齊僕、道僕、田僕爲王五路之馭；而司右之屬徒及馭夫則爲王副車、從車、使車等之車右與馭僕。以上十職歸納爲一分類，稱曰「職掌車從侍衛之職官」。虎賁氏、旅賁氏、方相氏皆爲步從武士之屬，固是王衛；節服氏，世爲王節衰服，然不爲起居侍從，而其職亦有執戈從車之事，且周禮序官乃「以義類相從，以緩急爲次第」（參見錢基博經學通志三禮志第五），故亦當是步從侍衛武職，併此四職官爲一分類，稱曰「職掌步從侍衛之職官」。大僕、小臣、祭僕、御僕皆與侍奉王之起居瑣事關聯，是爲王之近衛；隸僕所掌是掃除糞洒勞褻之事，褻者近矣，不能曰非王之侍從職，故亦與大僕至御僕等聯屬；弁師掌冕弁諸首服，亦服御之事，故自太僕至弁師，均屬起居侍衛及侍從，共此六職官，併爲一分類，稱曰「職掌起居侍衛之職官」。因上述三分類皆是王侍衛之職，故總曰「職掌侍衛於王之侍從官」。
司甲、司兵、司戈盾、司弓矢、繕人、槀人	司甲至槀人共六職官，均爲職掌授、藏兵器以待軍用出入之事。司甲、司兵、司戈盾、司弓矢職所主之兵器，約有人、馬之甲介、戈、矛、盾、戟、戚、殳、弓、弩、矢、箙等；車馬兵器之頒授有其儀式，曰授車之儀、曰授馬之儀、曰授兵甲之儀（司弓矢職曰：「凡師役會同，頒弓弩，各以其物從授兵之儀。」是授兵甲有儀，故授車馬則可推知）。繕人與槀人掌製造箭幹弓弩矢箙，以供司弓矢職之軍需（謹案：繕人、槀人職類矢人、弓人、函人、冶人、段氏之流，職不當在此，豈是冬官職官之殘存者，睹其府史胥徒俱全，則冬官原豹亦當如是歟？推繕人、槀人之供給司弓矢職弓弩矢箙，則知函人供給司甲戰士甲介及戰馬甲介矣，以此類推，凡五官中有需工匠供應者，皆司空事官之職矣）。以上六職官共爲一類，稱曰「職掌戎器及其供輸之職官」。
馬質、校人、趣馬、巫馬、牧師、廋人、圉師、圉人	馬質職主買馬，以平其大小、物色之價值，兼掌給六軍之軍馬，是六軍之馬皆出於馬質所供給（謹案：馬質六軍馬政之職至重，位止不過中士；司右車政之職至繁，位亦上士耳；尤以量人事極繁瑣，位乃下士，徒乃八人，何其不堪耶？何以職繁重者位卑徒寡，職卑褻如馭僕者卻位極高尊，凡此之類，皆周禮作者未能謀及之處）。自校人以下至圉人七職皆主王馬之政，合軍馬之政，王馬之政稱曰「職掌馬政之職官」。周禮馬政之職官頗完備，然不盡官家育馬，民間亦育馬，後者尤爲六軍之馬源。周禮正義卷五十五引呂氏總論馬政之言，其曰：「三代馬政固有在官者，必有在民者，數之多者在民，平時無芻秣之費；數之少者在官，征伐無不至之虞，當時法度最爲詳備，……」其說是也。王馬固專供天子之用，然馬質買馬，有買給官府之用者，有買給民養以備軍用者，皆置於牧區集中教養，雖職官所未明言，觀牧師「掌牧地，皆有厲禁……」之文可知，況邦國都家皆養馬，是故有事時不慮調動馬匹之不及也。
職方氏、土方氏、懷方氏、合方式、訓方氏、形方氏、山師、川師、邍師、匡人、撢人	職方氏、土方氏、懷方氏、合方氏、訓方氏、形方氏六職官均主四方之事。職方氏主周知天下之利害而掌四方之職貢，即「制其職各以其所能，制其貢各以其所有」，利害與職貢相合，是軍經合一之思想。土方氏主四方之土地；懷方氏主來遠方之民及貢物；合方氏掌合同交通四方；訓方氏掌教導四方之民；形方氏掌制四方邦國疆域之形體。自土方至形方五職並掌四方疆域教治之官（周禮正義序官土方氏孫疏）。山師、川師、邍師各主山、川、邍之地名、地物及其利害；匡人、撢人主導上下之意，皆司溝通中央與地方之事宜。綜上十一職官之共同特徵是周知職掌範圍內之利害及民情政教，而有溝通王與邦國之功能存焉。故綜此十職爲一類，稱曰「職掌辨四方利害職貢、民情政教、地形地物及溝通中央與地方意見之職官」。

以上總論周禮設官分職之目的、意義，及列表說明夏官職官大要，且將其試為分類，以作探索夏官軍禮思想之綱領，至於職官之細部內容，於夏官職掌研究中逐官分析，冀使職掌與思想能名實共貫也。

第四章　軍禮之大要

　　古者兵農合一，以軍制與出師、命將、告祭、凱旋諸儀並言，而謂之軍禮（參閱《五禮通考》卷二百三十三軍制）。而古書以軍禮聯言者僅數見，左傳襄公三年文曰：

> 晉侯之弟揚干，亂行於曲梁，魏絳戮其僕，晉侯怒，……魏絳至，授僕人書，……公讀其書曰：「日君乏使，使臣斯司馬，臣聞師眾，以順爲武，軍事有死無犯爲敬，君合諸侯，臣敢不敬，君師不武，執事不敬，罪莫大焉，……」公跣而出曰：「寡人之言，親愛也；吾子之計，軍禮也。……」

此軍禮一詞似有軍法之意。漢書卷四十周勃傳曰：

> 「將軍亞夫揖，曰：『介胄之士不拜，請以軍禮見。』」此軍禮一詞則似指軍中儀節而言。上文：說與周禮正義春官大宗伯孫詒讓疏所論取義略有不同，大宗伯曰：「以軍禮同邦國：大師之禮，用眾也；大均之禮，恤眾也；大田之禮，簡眾也；大役之禮，任眾也；大封之禮合眾也。」鄭注云：「軍禮之別有五」。孫疏云：「夏官敘官注云：『軍……，眾名也。』軍旅田役，皆興起徒眾，故謂之軍禮。」孫氏之意以爲凡興起徒眾之行動皆屬之軍禮。然細味大宗伯「以軍禮同邦國」之文，似有以軍禮爲軍事行動之義；而軍禮五目言「大師、大均、大田、大役、大封」雖曰軍禮之大綱爾，似又有涵容軍法、軍事儀節在內，則以上三說似皆屬軍禮之畛域，而軍禮者蓋當軍政之名也。故後世言軍禮者皆由周禮大宗伯之文義而衍生也。譬如，通典卷四十一禮總敘曰：

> 孔子曰：夫禮，先王以承天之通，以理人之情，失之者死，得之者

> 生，故聖人以禮示之，天下國家可得而正也。……黃帝與蚩尤戰于
> 涿鹿可爲軍禮；易稱……征于有苗則軍禮也……。

是亦以軍事行動爲軍禮。又如春秋會要以校閱、蒐狩、出師、乞師、致師、獻捷、獻俘列爲軍禮：是亦以軍事行動中之軍事儀節爲軍禮；秦會要訂補則以講武、校獵、出征、誓師、致師、勞軍、兵祭列爲軍禮，其同如春秋會要；餘後世會要大半皆如此之比。而今之軍隊中則以所行之立正、注目、舉手、舉槍、舉刀爲軍禮，是亦以軍事儀節爲軍禮也。是故軍禮言其大體，軍事行動、軍法、軍儀爲其用矣。

軍禮之作用在求協同邦國，所謂威其不協僭差者也（大宗伯鄭注）。故司馬法仁本篇曰：

> 先王之治，順天之道；設地之宜；官民之德，而正名治物；立國辨
> 職，以爵分祿。諸侯說懷，海外來服，獄弭而兵寢，聖德之治也。
> 其次，賢王制禮樂法度，乃作五刑、興甲兵，以討不義。巡狩省方，
> 會諸侯，考不同；其有失命亂常，背德逆天之時，而危有功之君，
> 徧告于諸侯，彰明有罪。……既誅有罪，王及諸侯修正其國，舉賢
> 之明，正復厥職。王伯之所以治諸侯者六：以土地列諸侯；以政令
> 平諸侯；以禮信親諸侯；以材力說諸侯；以謀人維諸侯；以兵革服
> 諸侯。同患同利以合諸侯，比小事大以協諸侯。會之以發禁者九：
> 憑弱犯寡則眚之；賊賢害民則伐之；暴內陵外則壇之；野荒民散則
> 削之；負固不服則侵之；賊殺其親則正之；放弒其君則殘之；犯令
> 陵政則杜之；外內亂禽獸行則滅之。（據中研院史語所藏曹元忠集司
> 馬法古注之文）

此即協同邦國之義也。其積極作用固是協同邦國，而消極作用則以威其協不同者也。

軍禮之內容乃依附於其五綱領也，茲略述之。大師之禮者，軍禮五目之首也。師與大師同類也，言大師者大而言之，天子親征之謂也。師者用眾，而仁者用兵，行其禮、義、勇、信，所以固且勝也。師之在軍，抗而立；在行，逐而果（見〈司馬法天子之義〉篇），是故不行禮無以節之，賞罰不速明、足以怠之，是以有大師之禮歟？誓師、致師、兵祭、勞軍、獻捷、獻俘、告廟、乞師……等皆其儀節矣。軍禮之名起於春秋戰國之後，而軍事行動自古有之，故書有甘誓、湯誓、牧誓、費誓、秦誓之屬；誓師於軍禮儀節而言，

自古迄今皆為軍儀要節也。

大均之禮者，軍禮五目之次也。均者均畿內鄉遂及公邑地政、地守、地職之賦（參《周禮正義大宗伯孫疏及均人孫疏》），使民不病而憂恤其乏困也；邦國亦有大均之事，王作法與之，均人職曰：「三年大比則大均」是也。凡賦稅力征不均則為民大病，故當常修恤之，司馬大均之禮乃佐均人行其職事也。

大田之禮，軍禮五目之三也。田狩之事，自古即用以習兵，而視同軍事行動，故天子諸侯必親自四時田獵。凡春蒐、夏苗、秋獮、冬狩通謂之田禮。因田獵而逐獸、焚萊、簡眾，故上以供宗廟之祭，下以除田害，簡集車徒，大閱士眾，田禮之意義大矣哉。是故左傳隱公五年文曰：

> 臧僖伯諫曰：「……春蒐、夏苗、秋獮、冬狩，皆於農隙以講事也，三年而治兵，入而振旅，歸而飲至，以數軍實，昭文章、明貴賤、辨等列、順少長、習威儀也。

司馬法仁本篇亦曰：

> 天下既平，天子大愷，春蒐秋獮；諸侯春振旅，秋治兵，所以不忘戰也。

又曰：

> 天下雖安，忘戰必危。

大役之禮，軍禮五目之四也。大役指匠人建國營國，建軍壘，軍舍均需大興徒役、軍民皆作，故亦以軍法部署之。大役應為司空之職事，司馬只與慮事耳，大司馬職曰：「大役，與慮事，屬其植，受其要，以待考而賞誅。」

大封之禮，軍禮五目之殿。古者境界皆有溝塗，而封土、植樹，設守以為阻固；大封乃正其封疆溝塗之固，固則民不遷徙而群聚合居安定矣。設若諸侯有侵陵封疆者，則移師以正之此大司馬職屢言之，故大封亦為軍禮也。王大封則有先告后土之事，是斯禮於古代即為隆重之儀節也。

綜上所述，乃古軍禮之五目，夫古來論禮者皆不出茲矣哉。後世兵農分晝，經制代各不同，要之皆不失「國容不入軍，軍容不入國」禮法相顧，文武兼修之義也。尤重要者，軍事之目的在於遂行其政治目的之要求，而周禮政治思想之根本在於安民、養民、教民，是以其軍事之目的亦如之。

中編　夏官軍禮內容及思想

第一章　夏官的職掌

第一節　職掌邦國軍政

　　軍政即兵革之政事也。兵革之政事牽涉蓋廣，舉凡兵制、兵器供輸、疆守、侍衛、軍賦、馬政、車政、路政、軍事教育、民情刺探……等無不關鍵於軍旅之勝敗。軍禮五目：曰大師、曰大均、曰大田、曰大役、曰大封。軍禮者特爲兵革之文飾耳，然文與武相左右（見〈司馬法天子之義〉篇），二者相輔相成，不可須臾相離也。軍禮以用命爲主，以合其志爲終始（《周官新義卷八》）；軍政則其綜合施行歟！今爲文敘述夏官邦國軍政，但畿內軍政非所掌，以故言不及之。邦國軍政之職，略可分三方面而言：一、以述總掌邦國軍政之大司馬；二者論協掌邦國軍政之小司馬、軍司馬、輿司馬、行司馬等，凡此皆爲大司馬政官副貳之屬，故曰協掌；三者言偏掌都家軍政之都家司馬，彼爲地方軍政之長官，故曰偏掌，然其於軍政系統仍轄屬大司馬焉。凡以上三者所述總曰邦國軍政。今分別說明之，如后文：

一、總掌邦國軍政

　　周禮乃班朝治軍設官分職之書（錢基博《經學通志三禮志》）。治軍之政官稱曰大司馬；周禮六官中，大司馬與大司徒、大司空等同爲重要職官。邦國軍政皆由大司馬總領屬官掌理；軍政之施行固是以軍旅爲首要，然究其根本不出軍禮之範疇，軍禮之踔揚奮厲，益以兵革之重實，則其國威必伸，軍政始可行之久遠而民不怨矣。

周禮大宗伯曰禮有五目，其四曰「以軍禮同邦國」，今軍禮已亡，其究竟既不可知，顧大司馬職文中言及九法、九伐；言及四時田狩、中冬軍事大演習；又言及辨旌旗鼓鐸之用、行陳進退之節、車徒配合、軍中禁戒、軍事祭祀，凡此諸種，安可曰非是軍禮者哉？職是之故，研究大司馬及其屬官之職掌或可索得軍禮之梗概也。本文僅就大司馬職掌爰申其義，餘置諸後文再論。今分大司馬職掌爲甲、建立邦國之九法，以輔佐天子平定邦國；乙、用九伐，以軍事征討平服邦國；丙，畫定九畿之地籍，以實施邦國分職貢賦之事；丁、軍事演習教導戰守，舉行大閱狩田；戊、國有師、大師之軍事行動；己、大役國有聚徒；庚、參與大會同、大射、大祭祀、大喪；於國有大事故時下令警戒等七點，將以條列爰申如下：

（一）建立邦國之九法，以輔佐天子平定邦國

九法爲九種律條，大司馬於平時建立此九法，至殷同聚會時，邦國諸侯盡來朝王，與大行人共頒布之，以爲邦國政治措施有無違僭之準繩。且將九法分條敍述以試觀其內涵：

1. 制畿封國，以正邦國

王畿以千里爲度，乃王之中央政府直轄行政範圍。畿於周禮中爲行政區域畫分之理想方式。地官大司徒職云：「辨其邦國都鄙之數，制其畿疆而溝封之。」夏官大司馬職云：「乃以九畿之籍，施邦國之政職，方千里曰國畿，其外方五百里曰侯畿，又其外方五百里曰甸畿，又其外方五百里曰男畿，又其外方五百里曰采畿，又其外方五百里曰衛畿，又其外方五百里曰蠻畿，又其外方五百里曰夷畿，又其外方五百里曰鎮畿，又其外方五百里曰蕃畿。」又，夏官職方氏職云：「乃辨九服之邦國，方千里曰王畿，其外方五百里曰侯服，又其外方五百里曰甸服，又其外方五百里曰男服，又其外方五百里曰采服，又其外方五百里曰衛服，又其外方五百里曰蠻服，又其外方五百里曰夷服，又其外方五百里曰鎮服，又其外方五百里曰藩服。」故知畿以王城爲中心，方以千里爲國畿，更外則各方以五百里依序分爲侯畿、甸畿、男畿、衛畿、蠻畿、夷畿、鎮畿、藩畿。九畿與九服之里數、界限不異，然前者以封土之範疇言；後者以服事天子之職事言。職方氏鄭注云：「服，服事天子也。詩云；侯服于周。」；國語周語韋注云；「服，服其職業也。」又職方氏賈疏云：「乃辨九服之邦國者，職方制畿服之官法，受之於大司馬者也。」以上諸君釋服之說可與畿制互備也。

　　封，謂於兩邦國疆域分界處聚土而堆高，用以畫分邦國間行政區域之界
限。周朝封建社會中，此爲比較實際之有形疆界，視之畿限，畫分顯明而切
實際。封土上植樹，使易識；有守衛，使易守，如衛有儀封人（《論語‧八佾》），
鄭穎考叔爲穎谷封人（《左傳‧隱公元年》）之屬。制定畿限，封土分國，乃
樹立周天下政治疆域之規模。故地官封人職云：「掌設王之主壇，爲畿封而樹
之，凡封國設其社稷之壇，封其四疆，造都邑之封域者亦如之。」

　　政治賴以行政推動，其成之者或建法律，或藉武力，或標道德，凡此均
爲王邦國之道，故制畿封國實爲周朝建國制度之根基矣。王國維殷周制度論
云：「欲觀周之所以定天下，必自其制度始矣。周人制度之大異於商者，一曰
立子立嫡之制，由是而生宗法及喪服之制，並由是而封建子弟之制，君天子
臣諸侯之制。二曰廟數之制。三曰同姓不婚之制。此數者，皆周之所以綱紀
天下，其旨則在納上下於道德，而合天子、諸侯、卿大夫、士、庶民以成一
道德之團體，周公制作之本意，實在於此。……」是也。周之以禮匡國，其
立國不衰，兵革之事亦輔禮者歟？

2. 設儀辨位，以等邦國

　　王與諸臣之間，賴有儀法維繫。諸侯與諸侯，諸臣與諸臣，各以命數、
爵等而有不同儀禮。春官大宗伯職云：「以九儀之命，正邦國之位」，秋官大
行人職云：「以九儀辨諸侯之命，等諸臣之爵」，秋官掌訝職云：「掌邦國之等
籍，以待賓客」，秋官小行人職云：「凡四方之使者，大客則擯，小客則受其
幣而聽其辭。使適四方，協九儀賓客之禮。朝覲宗遇會同，君之禮也。存頫
省聘問，臣之禮也。」觀上文諸職，知設九儀，辨其位，別其等，和邦國以
禮，乃異命異爵，名位不同，禮亦異數。

3. 進賢興功，以作邦國

　　無論邦國、鄉遂，均有貢士於天子之事。蓋治國以人才爲本，進賢興功
皆爲邦國治理之方。禮記射義云：「是故古者天子之制，諸侯歲獻貢士於天
子，……。」是矣。地官鄉大夫職、遂大夫職亦皆有考德藝、興賢能、明有
功等類似之職掌。而夏官大司馬所建進賢興功之法，其屬官諸子、司士、
司勳等均與有責焉，進賢興功者，以臣有賢有功舉之與官，則邦國之興振可
期待焉！（參大司馬賈疏）大司馬輔佐王之國政，其進賢興功之法如何施
爲？如何則民服國興？孔子之言善矣，曰「舉直錯諸枉，能使枉者直」（顏淵
篇樊遲問仁章），又曰「舉爾所知，爾所不知，人其舍諸！」（子路篇仲弓爲

季氏宰章），斯乃進賢興功之良方也，大司馬暨其屬官之職亦有與此若合符節者矣。

4. 建牧立監，以維邦國

侯伯功高者，特加命數，建爲州牧，爲諸侯長，以維係諸侯，使之連結鄉國。公侯伯子男之國，一國立一監，使監察己國。蓋建立牧與監者，爲齊同邦國以佐王；連成天下，以事天子也。故《曲禮》曰：「九州之長，入天子之國曰牧。天子同姓，謂之叔父，異姓謂之叔舅，於外曰侯，於其國曰君。」又，周禮正義大宰孫疏曰：「云監爲公侯伯子男各監一國者，大司馬注云：監，監一國，謂君也。而《說文·臥部》云：監，臨下也。五等諸侯，雖爵有尊卑，皆君臨一國，故同謂之監。」至於王制云：「天子使其大夫爲三監，監於方伯之國，國三人。」恐非經義，殊爲不取。建牧立監是對外聯係邦國之事；若對內，不論事之大小，六官涉及者，皆使聯事焉。《天官大宰職》曰：「以八法治官府，……三曰官聯，以會官治；……」鄭司農注云：「官聯謂國有大事，一官不能獨共，則共官共舉之。」賈疏云：「三曰官聯以會官治者，聯即連也。一官不能獨共則眾官共舉之，然後事得合會，故云以會官治。」此就國有大事諸官共舉言之，而孫詒讓更申其義，於大宰孫疏云：「大事即小宰六聯之屬，其事眾多，則六官之屬相佐助共舉之。依小宰云：凡小事皆有聯，則不必大事而後有聯，此據六官共舉者言之，故云大事；其小事則不必合六官，或異官，或同官，凡各屬共爲一事，亦得爲聯。」孫氏之說是矣。

5. 制軍詰禁，以糾邦國

制軍必有所禁。若司爟掌火田之令，於二月春田後，火止則禁焚萊及山林；司險止路守禁之類。尤以田役及兵事禁令殊嚴。凡有悖逆軍政禁令者，交大司馬及其屬官窮治之，然處斷者當爲大司寇及其屬官，是於法理而言，始分權明當。觀秋官大司寇職及士師職即可明白此一關鍵。大司寇職云：「以五刑糾萬民，……二曰軍刑；……。大軍旅，蒞戮于社。」此處已見大司寇監刑之職掌。士師職曰：「掌國之五禁之法，以左右刑罰，……五曰軍禁；……。以五戒先後刑罰，……一曰誓，用之于軍旅；……三曰禁，用諸田役；……。」鄭注：「軍有躔謹夜行之禁。……禁，則軍禮曰：無干車，無自後射，此其類也。」又士師職曰：「帥其屬而禁逆軍旅者，與犯師禁者，而戮之。」鄭注：「逆軍旅，反將命也，犯師禁于行陳也。」賈疏曰：「逆軍旅反將命者，王在

軍自將，違王命，亦是反將命；王不在，梱外之事，將軍裁之，亦是反將命。犯師禁于行陳者，干犯軍之行陳。」賈說甚是。如上所說，則軍事與軍法、軍刑分明，其相關而有別，分權而治事當是十分顯然矣。

6. 施貢分職，以任邦國

貢指財貨之獻。諸侯國地有大小，施貢亦有多少。大宰之九貢及小行人之春令入貢，是皆歲之常貢；大行人之因朝見所貢，則為不時之貢，非常貢也。職為賦稅，因據所分民之職業所為而稅之。貢與職之進奉天子，其為國家經濟之主源也。貢多稅重則傷民，反之則財用不足。況經濟本是軍力之後盾，故施貢分職雖為民生、國防之所維，亦當稱邦國諸侯力之所堪而分任之。秋官大行人職曰：「邦畿方千里，其外方五百里謂之侯服，歲壹見，其貢祀物；又其外方五百里謂之甸服，二歲壹見，其貢嬪物；又其外方五百里謂之男服，三歲壹見，其貢器物；又其外方五百里謂之采服，四歲壹見，其貢服物；又其外方五百里謂之衛服，五歲壹見，其貢材物；又其外方五百里謂之要服，六歲壹見，其貢貨物。九州之外，謂之蕃國，世壹見，各以其所貴寶為摯。」賈疏云：「此一經見九州諸侯依服數來朝天子，因朝即有貢物，此因朝而貢與大宰九貢及下小行人春入貢者別，彼二者是歲之常貢也。」故知諸侯國所奉之正稅為九貢之出，朝貢為不時之貢矣。又大司馬鄭注釋云：「職謂賦稅也。任猶事也。事以其力之所堪。」是為「施貢分職以任邦國」之註腳也。

7. 簡稽鄉民，以用邦國

鄉民一詞涵蓋六鄉六遂。大司徒及其屬官鄉大夫、遂大夫，與夏官職方氏等，於版圖、人民、器物之掌握，瞭如指掌；若有發軍起役之事，概無遺脫，是故《小宰職》曰：「以官府之八成經邦治，……二曰聽師田以簡稽；……」，而簡稽之令當大司馬所掌，與地官諸官聯事也。大司馬鄭注云：「簡，謂比數之。稽猶計也。」小宰鄭注云：「簡，猶閱也；稽，猶計也。」二者意義相同，皆為據平時之要簿記載點閱稽覈人民與器物，以調度為師、役、田等事之用。

8. 均守平則，以安邦國

均守者，均諸侯之土地，使爵尊者守大，爵卑者守小也。平則者謂以地之美惡為依準也。故封國分民，以求地之寬狹均平也。地政與封建制度關係

密切，自是安定邦國之基礎。蓋封建制度之形成，實繫於領主、領域與生產者三者關係之配合；大抵君臣間之血緣關係，領域間疆域之隸屬關係，蓋與生產之生活情狀三者緊密依附，缺一不可。實則上述三者關係已涵蓋軍事、經濟、政治、倫理、社會等諸多實質意義於其間矣。

9. 比小事大，以和邦國

治天下之要道，務使大國親小國，小國事大國，邦國和合，是為太平之基。《司馬法仁本篇》曰：「同患同利以合諸侯，比小事大以和諸侯。」即此之謂也。

（二）用九伐，以軍事征討平服邦國

若諸侯國有惡，大司馬得以九種不同之軍事行動，會合其餘諸侯共伐擊之，以維持封建體制之一統也。前述九法偏屬形式之法律，九伐則有實質行動之意義。九法九伐均為明定之法，於每年正月朔日，王遣使者至諸侯國、公卿大夫之都鄙家邑，宣布法令，並於政教中心之城門看臺上懸掛大司馬之官法，使萬民觀之，是即所謂讀法，此乃使眾民熟知法令而不犯之用意也。故《夏官大司馬職》云：「正月之吉，始和布政于邦國都鄙，乃縣政象之法于象魏，使萬民觀政象，挾日而斂之。」其法既經懸布，一以示慎重將事，二則使民知所趨避，三則貪墨之吏無法上下其手（參見《周禮秋官刑法思想研究》，頁 61）。今亦將九伐分條列述如后：

1. 馮弱犯寡，則眚之

馮弱者，以強陵弱也。犯寡者，以大侵小也。二者有侵略土地之嫌，故四面省削其地以罰之。大司馬鄭注云：「馮猶乘陵也。」又云：「眚，猶人眚瘦也。王霸記曰，四面削其地。」賈疏云：「云馮弱，據以強陵弱；云犯寡，據以大侵小，如此者眚瘦其地，使不得強大也。」又王安石周官新義亦申此意。云：「眚，若人之瘦眚，使其彊更弱，其眾更寡，所以正其馮弱犯寡之罪也。」

2. 賊賢害民，則伐之

專殺賢臣，賦斂害民，皆是暴虐之罪，故可鳴鐘鼓入其境而伐之，聲討其罪也。賈疏云：「云賊賢者，亂王所任同己者，如此則賊虐諫輔，故云賊賢也。云害民者，以君臣俱惡，重賦多徭，其民被害，故曰害民，如此者則聲鍾鼓伐之也。」

3. 暴內陵外，則壇之

諸侯暴內陵外者，示兼有以上賊賢害民及馮弱犯寡之惡行，故奪其位，置於空壇地，更立其次己下之賢子弟也。古之君主，無不以撫愛子民爲其作之君之職責，此民本思想由來久矣。《尚書・無逸篇》有曰：「……亂罰無罪，殺無辜。怨有同，是叢于厥身。」可知國君必自棄而后人棄之。大司馬鄭注云：「內謂其國，外謂諸侯。……玄謂置之空壇，以出其君，更立其次賢者。」周禮正義孫詒讓疏引：「惠士奇云：置之空壇之地者，幽之也。」惠說是矣。鄭注所云出其君者，惠氏以爲幽君「不離其國內」，孫詒讓以爲「出其國都，別置之空地，不必出其國境也。」今案或釋爲出其君位，較爲明當也。

4. 野荒民散，則削之

野荒民散示德既不足以服人，政又不能修明，以致賢者失位，能者去職，人民流散，野曠人空，故削減其地，明其不能有也。

5. 負固不服，則侵之

恃國之險固而敢於不服事王，使王失封建藩屏之助，反有內亂、後顧之憂，是以用兵侵服之。前云伐，此云侵，應有所別，故周禮正義大司馬孫疏云：「詒讓案依經則侵宜兼從左氏義，蓋古者用兵不廢權謀，負固不服則不易攻伐，故潛師侵襲，使失其所恃，而後可以服之。」

6. 賊殺其親，則正之

親謂五服之內。自天子以至於庶民，皆以孝親爲立身之本，其爲天下之通義，無疑也。以諸侯之尊爲庶民之率，五服之親尚不能忍，況無罪而制之死地，以絕親情，其性行之惡，可以想見，故論以極刑，殺之而戒天下也。秋官掌戮職云：「凡殺其親者焚之，殺王之親者辜之。」鄭注云：「親，緦服以內也。焚，燒也。易曰：焚如、死如、棄如。辜之言枯也，謂磔之。」大司馬鄭注云：「正之者執而治其罪；王霸記曰：正，殺之也。」此爲鄭玄引王霸記以申治罪之義。今案：賊殺，害而殺之，有無罪而殺之義。

7. 放弒其君，則殘之

有逐放、逆殺其君取而代之者，則殺之，且翦滅其國。周禮正義孫疏引：「俞樾云：殘當讀爲翦氏之翦，鄭彼注曰：翦斷滅之言也。古或以踐爲之。書序：遂踐奄，鄭注曰：踐讀爲翦是也。又或以殘爲之，史記周本紀作殘奄

是也。翦從前聲，與戔聲相近，故得通用。成書翦奄，正用大司馬法也。……凡言翦滅者皆戩之假字，作踐、作殘，又翦之假字矣。……尚書敘釋文引尚書大傳云：遂踐奄，踐之云者，謂殺其身，執其家，瀦其宮。蓋殘踐聲類同，皆滅國殺君之尤酷者，與下外內亂，禽獸行則滅之，為唯滅其君異。鄭訓殘為殺。王霸記又以殘滅為說，義實相成也。」今案：《管子大匡篇》云：「戰於後故，敗狄，其車甲與貨，小侯受之。大侯近者，以其縣分之，不踐其國。」注云：「踐，翦通；滅也。言但削狄地，而不滅之。」（見安井衡氏管子纂詁）是其義。蓋以弒君纂國罪重，故滅而殺之。

8. 反犯令陵政，則杜之

犯令陵政均為輕藐王之政法之謂，如此，則使鄰國不與之往來，因而無與國，是故資源等缺乏，無外交乃共譴責之也。即大司馬鄭注云：「令猶命也。王霸記曰：犯令者，違命也。陵政者，輕政法不循也。杜之者，杜塞使不得與鄰國交通。」

9. 外內亂、鳥獸行，則滅之

淫亂交乎內外，其行不異禽獸，則誅滅之。大司馬鄭注云：「王霸記曰：悖人倫外內，無以異于禽獸，不可親百姓，則誅滅去之也。曲禮曰：夫唯禽獸無禮，故父子聚麀。」

（三）畫定九畿之地籍，以實施邦國分職貢賦之事

九畿之畫分除國畿方千里外，餘侯畿、甸畿、男畿、采畿、衛畿、蠻畿、夷畿、鎮畿、藩畿各以方五百里為度。其所以欲如此者，實關係血緣之親疏、賦稅貢奉之多寡、王統治力之強弱等故。畫定地籍後之邦國諸侯，各以九畿之遠近為常賦與不時之貢之等差；邦國百姓，以其地之美惡與其宅人口之眾寡而與出賦相應。（詳見秋官大行人及地官土均）夏官經大司馬云：「凡令賦以地與民制之，上地食者參之二，其民可用者家三人，中地食者半，其民可用者二家五人，下地食者參之一，其民可用者家二人。」此段文字全就軍賦言之。《天官經大宰》云：「以九賦斂財賄：一曰邦中之賦；二曰四郊之賦；三曰邦甸之賦；四曰家削之賦；五曰邦縣之賦；六曰邦都之賦；七曰關市之賦；八曰山澤之賦；九曰幣餘之賦。」此賦即指地稅。孫詒讓氏大宰疏云：「以九賦斂財賄者，《說文·貝部》云：賦，斂也。〈攴部〉云：斂，收也。經凡征斂通謂之賦，此九賦，則皆任地以制國用之法也。黃以周云：九賦者，斂

田地之租也，田地爲正稅，故九賦司書亦謂之九正，大府職，關市之賦以待王之膳服；邦中之賦以待賓客；四郊之賦以待稍秣；家削之賦以待匪頒，邦甸之賦，以待工事；邦縣之賦以待幣帛；邦都之賦，以待祭祀；山澤之賦，以待喪紀；幣餘之賦，以待賜予，此言九賦田地之租。司會所謂以九賦之法，令田野之財用者，此也。周初征民之常經，祇有九職九賦二法，而其國用之所仰給者，祇在九賦一征。九職力征，祇以充府庫，以備非常之需，而里布夫家家之征，特以禁惰閒之民，尤非國用之所待給也。案：黃申先鄭說，是也。九職蓋以田稅爲正，而它地稅亦無不賅焉，先鄭以載師任地之法爲釋，與司會令田野財用之文吻合，最爲得解。書禹貢九州之賦，亦各以上中下三等爲差，此即田賦之正名也。蓋此經九賦，自國中至邦都六者，並以由內而外地之遠近，爲稅法輕重之差。關市山澤以幣餘之斂於官府者，其地雜廁於六處之中，而於田稅之外，別爲科率，故列於諸賦之後，通校各職，征賦之法有二：一曰任地，即此九賦地征是也。一曰任民，前九畿之貢，與均人人民牛馬車輦之力政是也。……」故知地稅與軍賦之異、地稅供給國用，軍賦乃供給兵事。就周禮而言，軍賦家不過一人，乃恤民也。黃以周氏云：「古人言賦多屬田租，至春秋以後田謂之稅，軍謂之賦，故季康子用田賦（參見國語魯語下孔丘非難季康子以田賦）賈逵、何休、范寧、杜預皆以爲軍賦。漢刑法志殷周以兵定天下，因井田而制軍賦，有稅有賦，稅以足食，賦以足兵。」黃氏之說是也。計田出賦乃常徵之法，軍賦有軍旅之事方徵之，故非常徵。今將國畿及九畿涵義分述如下：

1. 國畿

畿，限界也。王國方千里。王國之內謂之國畿，又曰邦畿，又曰王畿，或簡稱畿。大司馬賈疏曰：「云方千里曰國畿者，此據王畿內千里而言，非九畿之畿，但九畿以此國畿爲本，向外每五百里加爲一畿也。」故孫詒讓周禮正義大司馬疏云：「九畿即職方氏之九服，國畿爲王國，不在其數。」王畿之政法，由天子發號施令，究其職權行使，較之所轄諸侯國，政書自是易於貫徹。《呂氏春秋・慎勢篇》云：「古之王者，擇天下之中而立國，……天下之地，方千里以爲國，所以極治任也。」

2. 侯畿

侯畿爲防衛王畿之第一限，僅就封建制度而言，其地位之重要，殊爲明顯。周禮正義孫詒讓大司馬疏引：「周書職方孔注云：侯服爲王者斥侯也。

大司馬賈疏云：侯者候也，爲天子伺候非常也。」以上「侯」之兩義，兼之可也。

3. 甸畿

甸，田也。大司馬賈疏曰：「云甸者，爲天子治田以出賦貢。」逸周書職方孔注曰：「甸，田也。治田入穀也。」二義大致相同。甸畿就治田出賦貢而言自是不誤，然此義務爲九畿諸侯共之，甸畿專其名耳。

4. 男畿

大司馬賈疏曰：「云男者，任也。任王之職事。」男畿亦就其職事能貢奉王者而言。

5. 采畿

大司馬賈疏曰：「云采者，采取美物，以共天子。」周禮正義孫詒讓疏引：「曲禮注云：采九州之內地，取其美，以當穀稅。」二義相似相輔。采畿亦就其職事能貢奉王者而言。

6. 衛畿

大司馬賈疏曰：「云衛者爲天子衛守」。逸周書孔注：「衛爲王捍衛也」。二義相同。

7. 蠻畿

蠻畿地近夷狄，聽從其俗，但繫之以政教耳。逸周書職方孔注曰：「蠻用事差簡慢。」大司馬賈疏曰：「云蠻者縻也，以近夷狄，縻繫之以政教。」二義相成。以上六畿六服，大要言之爲中國之九州。大司馬賈疏曰：「自此已上六服是中國之九州，自此已外是夷狄之諸侯。」又大司馬孫詒讓疏：「又案此九畿，自侯畿至此衛畿五服，面五千里爲中國。故書康誥、酒誥、康王之誥說外服並止於采衛。」

8. 夷畿

大司馬賈疏曰：「云夷者，以夷狄而得夷稱也。」

9. 鎮畿

大司馬賈疏曰：「云鎮者，去中國稍遠，理須鎮守。」又逸周書職方孔注：「鎮者言鎮守之。」

10. 蕃畿

大司馬賈疏曰：「云蕃者以其最遠，故得蕃屏之稱。此三服總號蕃服，故

大行人云九州之外謂之蕃國，世一見，指此三服也。」大司馬孫詒讓疏：「詒
讓案蕃畿職方氏作藩服，周書職方同，孔注云：「藩服屏四境也，案蕃爲屏蔽
之義，則當以藩爲正。」孫說是也。

王畿千里圖

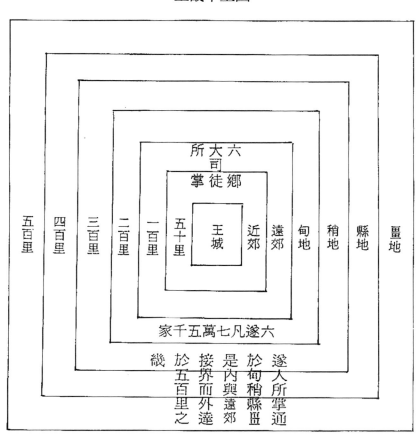

（本圖錄自呂思勉《群經概論》）

　　畿服之制或沿於古，觀夏官職方氏之對土地各物、版圖、民情等知之甚
詳，則九畿之區分自有其軍、經意義存焉（參見柳詒徵《中國文化史》上
冊，頁 168）。九畿之制，愈遠疏則統治力愈弱，見《史記周本紀》云：「夫先
王之制，邦內甸服，邦外侯服，侯衛賓服，夷蠻要服，戎翟荒服。甸服者
祭，侯服者祀，賓服者享，要服者貢，荒服者王。」以上九畿、九服之制，
附錄今人李玉和周禮秋官刑法思想研究之天下九畿（九服）圖于後以爲參
考。

天下九畿（九服）圖

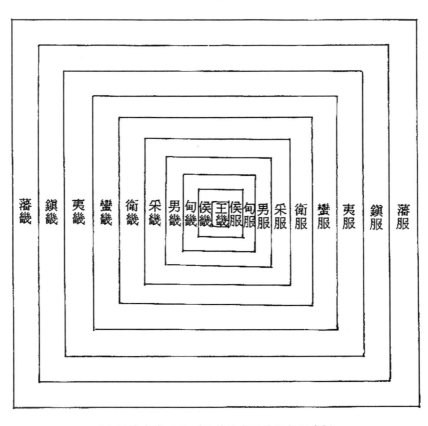

（本圖錄自李玉和《周禮秋官刑法思想研究》）

（四）軍事演習教導戰守，舉行大閱狩田

軍事習兵之法司馬四時教之，大司馬總督其事，夏官大司馬鄭玄注：「兵者凶事，不可空設，因蒐狩而習之。」兵事人之所惡，田事人之所喜，寓所惡於所喜，因使樂習之，乃教戰之道又孫氏周禮正義大司馬疏云：「詒讓案儀禮經傳通解引尙書大傳、公羊桓四年傳何注，並云禽獸多則傷五穀，因習兵事，又不空設，故因以捕禽獸，所以共承宗廟，示不忘武備，又因以爲田除害。」四時之田「中春教振旅」爲利用春二月前召集人民，教導演練軍事基本常識及動作，而重在辯鼓鐸鐲鐃之用。「中夏教茇舍」是夏時習兵法重在茇舍外，亦辨號名之用。所閑有類同振旅者，亦有「以辨軍之夜事」專爲夏時習之者。「中秋教治兵」，戰陳所習四時皆大同，惟中秋訓練偏重於辨旗物之用。「中冬教大閱」，此爲每年一度之軍事大演習，於四時之教戰中尤爲重要，

可謂三時教導，一時演習。全部演習視同戰時狀態，從演習中可略窺眞正陣戰之歷程，故逐獸之田即成爲逐敵之戰矣。春蒐、夏苗、秋獮、冬狩均爲田獵之法，就本經義而言，皆有偏重，難謂不異。是故大司馬孫詒讓疏云：「辨鼓鐸鐲鐃之用者，春辨金鼓，與夏辨號名，秋辨旗物，三時各辨其一，唯冬兼備，但春亦有號名旗物，夏秋亦有金鼓，唯詳略小異耳。」四時之田均有祭祀之禮，田獵與祭祀之關係當密切矣。如：「獻禽以祭社」、「獻禽以享礿」、「致禽以祀祊」、「獻禽以享烝」，雖周時神權思想次漸式微，君權思想逐漸穩固，然出師誓辭、祭祖敬宗，禱神祈福之習俗，一直綿延後世不衰。軍事尤須安定軍心、民心，假神道以張君道，實不可以迷信視之。錢穆《中國文化史導論》云：「……殷周兩代的政治力量，無疑的已是超於宗教之上了。……」（見頁 38）又言軍禮之所以重視禮樂祭祀之事者，乃因天地神祇爲對象，而實其祭之以保安天下之民也。

（五）國有師、大師之軍事行動

王有事，司馬起師合軍從王巡守、會同等，謂之師。此起師從王與師田之師不一，前者即夏官經大司馬「及師大合軍，以行禁令」之事；後者爲軍事演習。經云：「以救無辜，伐有罪」者，爲用兵目的，蓋以威天下，巡行王政也。凡悖違大司馬官法之有罪邦國均糾正之。因起師從王非爲戰事，然戰事必出師，或用從王之師，或另徵發。大司馬鄭注：「師所謂王巡守，若會同，司馬起師合軍以從，所以威天下，行其政也，不言大者，未有敵不尙武。」又周禮正義孫詒讓氏疏云：「王巡守會同，不定有征伐之事，但所至之國，或無辜被侵，有罪不服，則亦以六師救之、伐之，不必別徵發也。」是也。大師乃示王親征。若王親征，大司馬之職責爲「掌其戒令，蒞大卜，帥執事蒞釁主及軍器，及致建大常，比軍眾，誅後至者，及戰巡陳抵事而賞罰。」因大司馬掌王之戒令，故用王之大旗招致萬民從軍報到。大卜「掌國六師則貞龜」，所卜爲出兵之吉凶，故大師時大卜貞龜大司馬必親蒞卜。至於釁遷廟之主、在軍之社主、軍器，由大司馬率執事行之。誅後至者，巡陣賞罰並是眾司馬官法，大司馬主之而已。若大師戰勝後還師，則奏愷樂，大司馬前導之而獻功於大社。春官經大師云：「大師執同律以聽軍聲而詔吉凶」，此王師出軍之前。春官經大司樂云：「王師大獻，則令奏愷樂」，此與夏官經大司馬云：「若師有功，……以先愷樂獻于社」同意。獻祖、獻社、獻學皆以愷樂，惟大司馬主兵，立有軍社，故獻于社。兵敗師還，則以喪事擬之，天子、大司

馬、群吏、士等並著喪服而護奉載遷廟主及社主之車以歸。禮記檀弓上「國亡大縣邑，公卿大夫士皆厭冠，哭於太廟，三日君不舉。或曰：「君舉而哭於后土。」此亦可知師敗則以喪視之。王將親弔慰士庶子之死，大司馬則爲之助禮。是故春官經大宗伯云：「以凶禮哀邦國之憂，以喪禮哀死亡。」

（六）大役國有聚徒

大役爲軍禮之一。大役聚徒爲民政與軍政之行政配合。鄭玄大司馬大役注：「築城邑也。」大宗伯大役鄭注：「築宮邑，所以事民力強弱。」可見築城邑、築宮邑皆屬大役。國有大役、大司馬參與謀慮，與司徒、司空及其屬官共同慮事，並以司空、司徒之屬官監工，按役工簿冊考核勤惰，有不力者以軍法治之。大役之事多具有國防意義，故以軍法治之。夏官經大司馬云：「大役與慮事，屬其植，受其要，以待考而賞誅。」故黃以周氏云：「……凡周官興土功司徒主役，司空主土，本無與司馬之事，而滋司馬與慮其事者，爲築城關軍政也。屬謂聚會，先鄭注是植謂楨，後鄭注是凡木之直立者謂之植，楨榦是也。華元爲植亦謂主楨榦、事巡功即此所謂以待考而賞誅。以左傳營成周事例之，司徒屬役，司空賦文書以授帥，授諸司馬也，故下曰屬其植，受其要，植爲立楨屬司空事，要爲役簿屬司徒事，司馬屬之受之，其有不功者，即以軍法治之，所謂慮事者此也。」（見《禮書通故》第三十七〈職役〉）

（七）參與大會同、大射、大祭祀、大喪；於國有大事故時下令警戒

《左傳》云：「國之大事在祀與戎。」凡是國有大事大典，大司馬除參與其事外，並預爲禁令戒備。大會同帥士庶子從王之事乃夏官諸子之職。士庶子即是國子，以其備宿衛從於王，故稱之。士庶子於國有大事時若大會同。大軍旅、大喪之等皆受諸子指揮而致於太子，皆共太子之役用。見夏官經諸子云：「國有大事則帥國子而致於太子，唯所用之。若有兵甲之車，則授之車甲，合其卒伍，置其有司，以軍法治之，司法弗正。凡國正弗及。」及夏官序官諸子孫詒讓疏：「此經通例，凡王族及公卿大夫士之子弟，其入學者爲國子，國子之備宿衛侍從於王者爲士庶子。」士庶乎爲國子，其備宿衛侍從於王及太子，爲士大夫任官前之重要培養練習階段。王將祭，爲選賢者與祭，射于射宮，以大司馬爲司射，故合諸侯之六耦。大祭祀饗食儀節進行時，由

大司馬進魚牲，因夏官主羊魚二牲。（江永云：「夏官主二牲，羊也，魚也。……」）大喪爲非常之變，故以主兵之大司馬正士大夫之職與位。大遣奠時，大司馬送馬牲至王墓，告而藏之。

二、協掌邦國軍政

（一）大司馬之屬官——小司馬、軍司馬、輿司馬、行司馬

邦國眾多，軍政事重，由大司馬統率諸帥掌治。大司馬之屬佐有小司馬、軍司馬、輿司馬、行司馬。

小司馬中大夫二人，爲夏官大司馬卿貳之官，其職掌因周禮書冊章編折爛，故簡策闕落而脫失大半，使職掌未睹全豹，殘文一條見夏官小司馬云：「凡小祭祀、會同、饗射、師田、喪紀掌其事，如大司馬之法。」此條就文意而解，一則見小祭祀、小會同、小饗射、小師田、小喪紀皆小司馬職司。二則見小司馬之法大致同大司馬之法。竊疑此條是小司馬所掌職最末之一段文字，此條外所餘職掌應可參見大司馬職司而得其梗概。小司馬是屬夏官政官之貳，今試比較其餘四官（冬官非原本，故除之），並參酌夏官大司馬小司馬職掌表，以蠡測其職所掌。今先閱：

(1) 天官大宰小宰職掌比較表
(2) 地官大司徒小司徒職掌比較表
(3) 春官大宗伯小宗伯職掌比較表
(4) 秋官大司寇小司寇職掌比較表
(5) 夏官大司馬小司馬職掌表

天官大宰小宰職掌比較表

大　　宰　　之　　職	小　　宰　　之　　職
掌建邦之六典：治典　教典　禮典　政典　刑典　事典	掌建邦宮刑
以八灋治官府：官屬　官成　官職　官灋　官聯　官刑　官常　官許	掌邦之六典、八灋、八則
以八則治都鄙：祭祀　賦貢　灋則　禮俗　廢置　刑賞　祿位　回役	以聽官府之六計弊群吏之治：廉善　廉正　廉能　廉灋　廉敬　廉辨
乃施典于邦國，乃施則于都鄙，乃施灋于官府，凡治	以官府之六敘正群吏：以敘正其位　以敘制其食　以敘進其治　以敘受其會　以敘作其事　以敘聽其情
以典待邦國之治，以官成待萬民之治	以官府之六屬舉邦治：天官掌邦治，地官掌邦教，春官掌邦禮，夏官掌邦政，秋官掌邦刑，冬官掌邦事
以則待都鄙之治，以禮待賓客之治	以官府之六職辨邦治：治職　教職　禮
以灋待官府之治	

以八柄詔王馭群臣：爵、生、祿、奪、予、廢、置、誅	職　政職　刑職　事職
以八統詔王馭萬民：親親　保庸　敬故　尊貴　進賢　達吏　使能　禮賓	以官府之六聯合邦治：祭祀之聯事　賓客之聯事　喪荒之聯事　軍旅之聯事　田役之聯事　斂弛之聯事
以九職任萬民：三農　園圃　虞衡　藪牧　百工商賈　嬪婦　臣妾　閒民	以官府之八成經邦治：聽政役以比居聽師田以簡稽　聽閭里以版圖
以九賦斂財賄：邦中之賦　四郊之賦　邦甸之賦家削之賦　邦縣之賦　邦都之賦　關市之賦山澤之賦　幣餘之賦	聽稱責以傅別　聽祿位以禮命聽取予以書契　聽賣買以質劑聽出入以要會
以九式均節財用：祭祀之式　賓客之式　喪荒之式羞服之式　工事之式　幣帛之式　芻秣之式匪頒之式　好用之式	執邦之九貢九賦九式之貳正歲帥治官之屬而觀治象之灋，徇以木鐸曰：不用灋者，國有常刑，乃退。以
以九貢致邦國之用：祀貢　嬪貢　器貢　幣貢　材貢　貨貢　服貢　斿貢　物貢	宮刑憲禁于王宮，令于百官府曰：各脩乃職，考乃灋，待乃事，以聽王命，其有不共，則國有大刑。
以九兩繫邦國之民：牧　長　師　儒　宗　主　吏友　藪	凡祭祀，……凡賓客，……凡受幣之事，喪荒，受其含襚幣玉之事。
正月之吉，始知布治于邦國都鄙，乃縣治象之灋于象魏，使萬民觀治象，挾日而斂之。	以灋掌祭祀、朝覲、會同、賓客之戒具，軍旅、田役、喪荒，亦如之。七事者，
祀五帝，則掌百官之誓戒，與其具脩，……，及祀之日，贊玉幣爵之事。祀大神示，亦如之。享先王，亦如之。贊玉几玉爵。	令百官府共其財用，治其施舍，聽其治訟。
大朝覲，會同，……，作大事，……，王治朝，四方之聽朝，……。（皆贊）	月終則以官府之敘受群吏之要，贊冢宰受歲會。歲終，則令群吏致事。
凡邦之小治則冢宰聽之，待四方之賓客之小治。歲終則令百官府各正其治，受其會，聽其致事，而詔王廢置，三歲則大計群吏之治而誅賞之。	

地官大司徒、小司徒職掌比較表

大　司　徒　之　職	小　司　徒　之　職
掌建邦之土地之圖，與其人民之數，……遂以名其社與其野。	掌建邦之教灋，以稽國中及四郊都鄙之夫家九比之數，……與其祭祀飲食喪紀之禁令。
以土會之灋辨五地之物生：山林　川澤　丘陵　墳衍　原隰	乃均土地，以稽其人民而周知其數，上地家七人，……下地家五人，可任也者
因此五物者民之常，施十有二教焉：以祀禮教敬以陽禮教讓　以陰禮教親　以樂禮教和　以儀辨等　以俗教安　以刑教中　以誓教恤　以度教節　以世事教能　以賢制爵　以庸制祿	家二人。凡起徒役……凡用眾庶……凡國之大事致民，大故致餘子。
	乃經土地而井牧其田野，九夫為井，四井為邑，四邑為丘，四丘為甸，四甸為縣，四縣為都，以任地事，而令貢賦，
以土宜之灋辨十有二土之名物……辨十有二壤之物而知其種，以教稼穡樹藝。	凡稅斂之事，乃分地域而辨其守，施其職而平其政。
以土均之灋辨五物九等，制天下之地征……以均齊天下之政。	正歲則帥其屬而觀教灋之象，徇以木鐸曰，不用灋者，國有常刑。令群吏憲禁
以土圭之灋測土深，正日景，以求地中，……然則百物阜安，乃建王國焉，制其畿，……凡建邦國，以土圭之其地而制其域，……凡造都鄙，制其地域而封溝之。	令，脩灋糾職，以待邦治乃頒比灋于六鄉之大夫，……以施政

以荒政十有二聚萬民：散利　薄征　緩刑　弛力 　　舍禁　去幾　眚禮　殺哀　蕃樂　多昏　索鬼 　　神　除盜賊 以保息六養萬民：慈幼　養老　振窮　恤貧　寬疾 　　安富 以本俗六安萬民：微宮室　族墳墓　聯兄弟　聯師 　　儒　聯朋友　同衣服 正月之吉，始和布教于邦國都鄙，乃縣教象之灋于 象魏，使萬民觀教象，挾日而斂之。乃施教灋于邦 國都鄙，使之各以教其所治民。 令五家為比……五比為閭……四閭為族……五族為 黨……五黨為州……五州為鄉 頒職事十有二于邦國都鄙，使以登萬民：稼穡　樹 　　藝　作材　阜藩　飭材　通財　化材　斂材 　　生材　學藝　世事　服事 以鄉三物教萬民而賓興之：六德　六行　六藝 以鄉八刑糾萬民：不孝之刑　不睦之刑　不婣之刑 　　不弟之刑　不任之刑　不恤之刑　造言之刑 　　亂民之刑 以五禮防萬民之偽而教之中，以六樂防萬民之情而 　　教之和……其附于刑者，歸于士。 祀五帝，奉牛牲，羞其肆。享先王，亦如之。大賓 客，……大喪，……大軍旅、大田役，……若國有 大故，……大荒大札，則……，薄征緩刑。 歲終，則令教官正治而致事。正歲，令于教官曰， 各其爾職，脩乃事，以聽王命，其有不正，則國有 常刑。	教，行徵令。 及三年，則大比，……乃會萬民之卒伍 而用之，五人為伍，五伍為兩，四兩為 卒，五卒為旅，五旅為師，五師為軍， 以起軍旅，以作田役，以比追胥，以令 貢賦。 凡小祭祀，……小賓客……大軍旅…… 小軍旅、巡役、大喪，帥邦役……。歲 終則考其屬官之治成而誅賞，令群吏正 要會而致事。

春官大宗伯、小宗伯職掌比較表

大　宗　伯　之　職	小　宗　伯　之　職
掌建邦之天神人鬼地示之禮 以吉禮事邦國之鬼神：以禋祀祀　以實柴祀　以槱 　　燎祀　以血祭祭　以貍沈祭　以疈辜祭　以肆 　　獻祼享　以饋食享　以祠春享　以禴夏享　以 　　嘗秋享　以烝冬享 以凶禮哀邦國之憂：以喪禮哀　以荒禮哀　以弔禮 　　哀　以襘禮哀　以恤禮哀 以賓禮親邦國：朝　宗　覲　遇　時見　殷見　時 　　聘　殷頫 以軍禮同邦國：大師之禮　大均之禮　大田之禮 　　大役之禮　大封之禮 以嘉禮親萬民：飲食之禮　婚冠之禮　賓射之禮 　　饗燕之禮　脹膰之禮　賀慶之禮 以九儀之命正邦國之位 以玉作六瑞以等邦國	掌建國之神位，右社稷，左宗廟，兆五 帝于四郊，四望四類，亦如之。兆山川 丘陵墳衍，各因其方。 掌五禮之禁令與其用等 　　辨廟祧之昭穆 　　辨吉凶之五服，車旗宮室之禁 掌三族之別，以辨親疏，……掌其政令， 掌四時祭祀之序事與其禮 毛六牲，辨其名物而頒之于五官，使共 奉之。 辨六齍之名物與其用，使六宮之人共奉 之。 辨六彝之名物，以待果將。 辨六尊之名物，以待祭祀賓客。 掌衣服車旗宮室之賞賜。

以禽作六摯以等諸臣
以玉作六器以禮天地四方
以天產作陰德，以中禮防之
以地產作陽德，以和樂防之
以禮樂合天地之化，百物之產，以事鬼神，以諧萬
　　民，以致百物。
凡祀大神，享大鬼，祭大示，帥執事而卜日，……
詔相王之大禮，若王與祭則攝位。
凡大祭祀……大賓客……朝覲、會同，……大
喪，……王喪諸侯，亦如之，王命諸侯，則儐。國
有大故，……王大封，則先告后土，乃頒祀于邦國
都家鄉邑。

若國大貞，……大祭祀，……凡祭祀，
賓客，……詔相祭祀之小禮，凡大禮佐
大宗伯……。小祭祀，掌事如大宗伯之
禮。大賓客……。若大師，……。若大
甸……。王崩，……。既葬，……凡王
之會同、軍旅、甸役之禱祠，肆儀，爲
位，國有禍災則亦如之，凡天地之大
災……凡國之大禮佐大宗伯。凡小禮，
掌事，如大宗伯之儀。

夏官大司馬、小司馬職掌表

大　司　馬　之　職	小　司　馬　之　職
掌建邦國之九法，以佐王平邦國： 　　制畿封國，以正邦國；設儀辨位，以等邦國； 　　進賢興功，以作邦國；建牧立監，以維邦國； 　　制軍詰禁，以糾邦國；施貢分職，以任邦國； 　　簡稽鄉民，以用邦國；均守平則，以安邦國； 　　比小事大，以和邦國。 以九伐之法正邦國： 　　馮弱犯寡則眚之；賊賢害民則伐之； 　　暴內陵外則壇之；野荒民散則削之； 　　負固不服則侵之；賊殺其親則正之； 　　放弒其君則殘之；犯令陵政則杜之； 　　外內亂鳥獸行則滅之。 正月之吉，始和布政于邦國都鄙，乃縣政象之灋于 　象魏，使萬民觀政象，挾日而斂之。 乃以九畿之籍施邦國之政職：（國畿）　侯畿　甸畿 　　男畿　采畿　衛畿　蠻畿　夷畿　鎮畿　蕃 　　畿。 凡令賦以地與民制之：上地，食者參之二，其民可 　　用者家三人。中地，食者半，其民可用者二家 　　五人。下地，食者參之一，其民可用者家二人。 中春，教振旅，司馬以旗致民，平列陳，如戰之陳， 　　辨鼓鐸鐲鐃之用，……以教坐作進退疾徐疏數 　　之節，遂以蒐田，……火弊，獻禽以祭社。 中夏，教茇舍，如振旅之陳，……辨號名之用，…… 　　以辨軍之夜事，其他皆如振旅，遂以苗田，如 　　蒐之灋，車弊，獻禽以享礿。 中秋，教治兵，如振旅之陳，辨旗物之用，……其 　　他皆如振旅，遂以獮田，如蒐田之灋，羅弊， 　　致禽以祀枋。 中冬，教大閱，前期，群吏戒眾庶，修戰灋，虞人	（周禮書冊章編折爛，故簡策闕落而脫 失大半） 小師田（掌其事，如大司馬之灋） 小會同（掌其事，如大司馬之灋） 小饗射（掌其事，如大司馬之灋） 小祭祀（掌其事，如大司馬之灋） 小喪紀（掌其事，如大司馬之灋）

萊所田之野，爲表，百步則一，爲三表，水五
十步爲一表。田之日，司馬建旗于後表之中，
群吏以旗物鼓鐸鐲鐃各帥其民而致，……誅後
至者。乃陳車徒，如戰之陳皆坐。
群吏聽誓于陳前，……中軍以鼓卑令鼓，鼓人皆三
鼓，司馬振鐸，群吏作旗，車徒皆作。鼓行，
鳴鐲，車徒皆行，及表乃止。
三鼓，摝鐸，群吏弊旗，車徒皆坐。
又三鼓，振鐸，作旗，車徒皆作，鼓進，鳴鐲，
車驟徒趨，及表乃止。
坐作如初，乃鼓，車馳徒，乃表乃止。
鼓戒三闋，徒三刺，乃鼓退，鳴鐃，且卻，及
表乃止。
以旌爲左右和之門，群吏各帥其車徒，以敘和
出，……。險野人爲主，易野車爲主。既陳，
乃設驅逆之車，……車徒皆作，……及所弊，
鼓皆駴，車徒皆譟，徒乃弊，致禽饁獸于郊。
人，獻禽以享烝。
及師，……以救無辜伐有罪。若大師，……涖大卜，
師執事涖釁主及軍器，及戰，……若師有功，……。
若師不功，……。
王弔勞士庶子，則掌其政令。
大役與慮事，屬其植，受其要，以待考而賞誅。
大會同，則帥士庶子，而掌其政令。
若大射，則合諸侯之六耦。
若大祭祀，饗食，若牲魚，授其祭。
大喪，平士大夫。喪祭奉詔馬牲。

秋官大司寇、小司寇職掌比較表

大　司　寇　之　職	小　司　寇　之　職
掌建邦之典：輕典　中典　重典。 以五刑糾萬民：野刑　軍刑　鄉刑　官刑　國刑。 上愿糾暴，以圜土聚教罷民　以兩造禁民訟　以兩 　　劑禁民獄　以嘉石平罷民　以肺石達窮民 正月之吉，始和布刑于邦國都鄙，乃縣刑象之灋于 象魏，使萬民觀刑象，挾日而斂之。 凡邦國之大盟約，涖其盟書，而登之于天府，大史 內史，司會及大官，皆受其貳而藏之。 凡諸侯之獄訟，以邦典定之。 凡卿大夫之獄訟，以邦灋斷之。 凡庶民之獄訟，以邦成弊之。 大祭祀，……。若禋祀五帝，……。前王祭之日， 亦如之。……凡朝覲、會同，……大喪，……大軍 旅，涖戮于社。凡邦之大事，使其屬蹕。	掌外朝之政，以致萬民而詢焉：詢國危 詢國遷　詢立君 其位（指外朝之位），王南鄉，……。小 司寇擯以敘進而問焉，以眾輔志而弊 謀。 以五刑聽萬民之獄訟。 以五聲聽獄訟，求民情：辭聽　色聽 　　氣聽　耳聽　目聽 正歲，帥其屬而觀刑象，令以木鐸曰， 不用灋者，國有常刑。令群士乃宣布 四方，憲刑禁。 以八辟麗邦灋，附刑罰：議親之辟　議 　　故之辟　議賢之辟　議能之辟 　　議功之辟　議貴之辟　議勤之辟 　　議賓之辟 乃命其屬入會，乃致事。

綜上比較、觀察，可以說明：

1. 竊觀天官、地官、春官、秋官正官與卿貳職掌之對應關係，以天官、地官較為齊整，而大司馬職所掌亦條理不紊，故以為其與小司馬之對應關係，亦屬齊整之一類。

2. 天、地、秋三官之正官與卿貳，對於懸官法使萬民觀之事皆有敘述，此大司馬職亦掌之，故小司馬亦當佐之。（春官職多言禮樂，禮樂節儀即廣義之法，自然深入人心，毋需另外懸法。又考之五官正貳之例，春官掌禮樂，無需歲終令群吏受會致事，餘官皆應有之）

3. 政官之正與政官之貳之職掌，於本職官之主要官法，或掌其大小，或參差互見，不致於一則以有，一則以無。

例：天官太宰掌六典、八法、八則、九賦、九式、九貢。

　　小宰亦掌六典、八法、八則、九貢、九賦、九式之貳。

地官大司徒

　(1) 主掌「建邦之土地之圖與其人民之數。」及治民之教法。

　(2) 土宜之法、土均之法、土圭之法。

　(3) 「令五家為比……五比為閭……五州為鄉。」之地鎮方行政組織。

小司徒

　(1) 掌「建邦之教法，以稽國中及四郊都鄙之夫家九比之數。」

　(2) 「乃均土地，以稽其人民，而周知其數，……乃經土地而井牧其田野。」

　(3) 「乃頒比法于六鄉之大夫……以施政教，行徵令」之比法及「五人為伍，……五師為軍」之軍事組織，與大司徒地方行政組織有關連。

春官大宗伯：「掌建邦之天神人鬼地示之禮」及邦國之五禮。

　　小宗伯：「掌建國之神位」及「掌五禮之禁令與其用等」。

秋官大司寇

　(1) 掌邦之三典、五刑及「以兩造禁民訟」、「以兩劑禁民獄」、「以嘉石平罷民」、「以肺石達窮民」。

　(2) 「凡邦之大盟約，涖其盟書，而登之于天府，……皆受其貳而藏之」。

　(3) 「凡諸侯之獄訟，以邦典定之；凡卿大夫之獄訟，以邦法斷之；凡

庶民之獄，以邦成弊之。」

小司寇

(1)「以五刑聽萬民之獄訟」及「以五聲聽獄訟，求民情」。

(2)「及大比，登民數，自生齒以上，登于天府，內史、司會、冢宰貳之，以制國有。」此點與大司寇第二點參差相備。

(3)「以八辟麗邦法，附刑罰」，「以三刺斷庶民獄訟之中，一曰訊群臣，二曰訊群吏，三曰訊萬民，聽民之所刺宥，以施上服下服之刑。」

因各官之正與卿貳之職掌大致相類相輔相備。大司馬職，掌九法、九伐、九畿之籍，「令賦，以地與民制之」之政。依上例推知小司馬應掌其政之貳。

4. 夏官大司馬云：「大役，與慮事，屬其植，受其要，以待考而賞誅。」故例之小司馬，亦應有賞誅群吏，致事於王之事。

綜上說明蠡測小司馬之職掌，或有：

1. 掌邦國九法、九伐、九畿之籍，「令賦，以地與民制之」之政之貳。

2. 正歲，帥其屬而觀政象之法，徇以木鐸曰，不用法者，國有常刑。令群吏憲禁令，……。

3. 大役，小司馬當有賞誅群吏，致事於王之事。

又，小司馬除協掌邦國之九法、九伐、九畿之籍、軍賦之政外，餘職，掌小祭祀、小會同、小饗射、小師田、小喪紀。（皆蒙「小」字，是對大司馬大祭祀之等而言、參見小司馬賈疏）小祭祀「即酒正之小祭、肆師之小祀，司服之群小祀也」。小會同為「王官伯與諸侯會同」。小饗射，「侯國使臣來聘王臣與之為饗射」。小師田，謂「大田之外，肄兵取獸之事」。小喪紀為三夫人以下含王子弟、內諸侯之喪。（小祭祀即酒正之小祭以下並參閱小司馬賈疏及孫詒讓周禮正義疏）凡有此小祭祀、小會同、小饗射、小師田、小喪紀之事，小司馬則帥士庶子而掌其政矣。

（二）軍司馬為夏官政官之考，下大夫四人

輿司馬為夏官政官之考之副貳，上士八人。行司馬同為夏官政官之考之副貳，中士六人。以上並與小司馬竹簡一同闕落焉。夏官司馬序官云：「一軍則二府、六史、胥十人、徒百人。」孫詒讓氏云：「六軍則十二府、三十六史、

六十胥、六百徒也。此皆在軍別置，與大司馬本屬之府史胥徒在官府者異。」
與司馬主兵車，行司馬主步徒，軍司馬總領二者。車兵相合，從夏官本文演
習狀況可知。夏官大司馬經云：「中冬教大閱，……群吏以旗物鼓鐸鐲鐃，各
帥其民而致，質明，弊旗，誅後至者，乃陳車徒，如戰之陳，……。中軍以
鼙令鼓，……車徒皆作；……車徒皆行，……。……車徒皆坐；……車徒皆
作……車驟徒趨……。……車馳徒走，……。鼓戒三闋，車三發，徒三刺，……
及表乃止，坐作如初。遂以狩田，以旌為左右和之門，群吏各帥其車徒，以
敘和出，左右陳車徒，有司平之。旗居卒間以分地，前後有屯百步，有司巡
其前後，險野人為主，易野車為主。既陳，乃設驅逆之車，……群司馬振鐸，
車徒皆作，遂鼓行，徒銜枚而進。……及所弊，鼓皆駴，車徒皆譟，徒乃
弊。……。」此段是演習時車徒配合之經歷，亦可視同戰爭之車徒合軍。蓋
車徒各有帥，即與司馬、行司馬也。（見黃以周《禮書通故職官四》）黃以周
氏曰：「天地春秋四官長貳以下諸官箸其爵，不箸其官之名與所掌之職，惟夏
官下大夫四人曰軍司馬，上士八人曰與司馬，中士十有六人曰行司馬。賈疏
謂軍事重，特生別名，林樾庭以為四官之上士中士即是副貳其考，故不必別
箸，夏官軍司馬既為之考，統掌兵軍，而兵有二等，一為車兵，一為步卒，
車兵曰與，走卒曰行，此二士分司其事，則不得不別而詳之也。」其說是也。
綜賈、林所云可知與司馬與行司馬之職所掌，大略一主兵車，一主徒卒，皆
佐軍司馬之職也。又，五禮通考引「王氏與之曰：吉凶軍賓嘉達于天下，而
軍禮獨藏于大司馬，號司馬法，若國有師田之事，縣師始受法于司馬，以作
其眾庶，小司馬之職掌不悉書，而軍司馬、與司馬、行司馬皆不備書，有事
斯置，其不欲觀兵蓋如此。」王氏所云小司馬職掌不悉書之理由不足據，蓋
鄭注賈疏均已明言竹簡闕落故。至於「軍司馬、與司馬、行司馬皆不備官，
有事斯置」是也。

（三）司勳、馬質以下至匡人、撢人等六十四職官（圜人併於圜師）

均與小司馬、軍司馬、與司馬、行司馬同佐大司馬卿，協掌邦國軍政。
此等職官爵等或有高低參差，或有職無爵，而於職權上皆稟承大司馬之政令
行之四方邦國等，無有殊異也。均稱名曰：「公司馬」或「國司馬」焉。大司
馬之政令源出於天官大宰之官法，且需配合餘四官合施之，故熊十力氏曰：
「周禮政治是多元主義。各種職掌或業務，無小無大，一一平列之，欲令平

均發達，決不以一種最高權力斷制一切，此種政治思想，極高深廣遠。」
（《讀經示要》，頁 227）此等職官蘊涵意義特於後文中分節詳加討論，此處暫不贅言。

三、偏掌都家軍政

「都」是王子弟封土及公、卿所食之邑，兼小都卿之采地而言。「家」乃大夫所食采邑也。

> 《地官經載師》云：「以家邑之田任稍地；以小都之田任縣地，以大都之田任畺地。」

五禮通考（出軍之制上）引陳氏禮書云：「都鄙以處子弟公卿大夫而其外有封疆溝樹之固，其內有城郭市朝社稷宗廟之別，使之朝夕涖事王朝而退食於家，其家不出王城而都鄙乃在三百里以至五百里內，此猶民之廛里在國，而授田在鄉也。」又云：「城邦之地，所以封卿與王子弟之疏者，謂之縣，以其係于上故也。邦都之地、所以封三公與子弟之親者，謂之都，以其有邑都故也。邦縣亦謂之都，載師所謂小都是也。邦都亦謂之畺，載師所謂畺地是也。」今於夏官經文中有關都司馬、家司馬之文字有二段，即：

> 《夏官經・大司馬序官》云：「都司馬每都上士二人、中士四人、下士八人、府二人、史八人、胥八人、徒八十人。家司馬各使其臣以正於公司馬。」

> 《夏官經》云：「都司馬掌都之士庶子及其眾庶車馬兵甲之戒令，以國法掌其政學，以聽國司馬。家司馬亦如之。」

此二段文字，吳廷華以為序官之「家司馬各使其臣以正於公司馬」，句是經文，經文之「家司馬亦如之」是序官語，二者錯簡。吳氏之言是也。（見《夏官大司馬序官》孫詒讓氏《周禮正義疏》）

黃以周云：「鄭元云：都宗人，都謂王子弟封，及公卿所食邑；家宗人，家謂大夫所食采邑。陳傅良云：都宗人、家宗人掌都家之禮，都司馬、家司馬令都家之眾；都士家士治都家之獄，以去王越遠，故設此官於縣都之中，以統臨之而屬於三官，非謂此為采地之官，與鄉遂異制也。」（《禮書通故職官四》）

黃氏又云：「王宮宿衛之士庶子，掌於宮伯，其出而守御者；都家有士庶子，掌於都司馬、家司馬；縣鄙亦有士庶子，掌於掌固，而其政令總歸諸大

司馬。……」又，黃氏云：「家司馬各使其臣以正於公司馬，以周案：都司馬王特置，家司馬使卿大夫自置之，春秋時家司馬亦曰馬正（襄三十三年），或省稱之爲司馬。（昭二十五年）」

　　據上黃以周所述以爲都司馬是王所置；家司馬爲卿大夫自置。顧孫詒讓氏在周禮正義大司馬序官疏下云：「實則都司馬亦當爲家臣，非王所特置也。云各自使其家臣爲司馬，主其地之軍賦，往聽政於王之司馬者。」此孫氏以爲都司馬、家司馬均各自使其家臣爲司馬。竊觀「夏官經云：『掌都之士庶子及其眾庶車馬兵甲之戒令，以國法掌其政學，以聽國司馬。家司馬各使臣以正於公司馬。』」之文意顯然，因國司馬即是公司馬，也即是大司馬之屬，都家司馬皆應聽正於國司馬（公司馬），故孫詒讓氏「各自使其家臣爲司馬，……往聽政於王之司馬者」之說爲是矣。

　　都家軍政分別掌於都司馬及家司馬。二者皆爲家臣且職掌都家軍政，有兵事、大役等則聽正於國司馬，有軍賦亦催征之。更正後都家司馬之職掌爲：「都司馬掌都之士庶子及其眾庶車馬兵甲之戒令，以國法掌其政學，以聽國司馬。家司馬各使其臣以正於公司馬。」

　　推究都司馬、家司馬是直接受命於王，抑是聽正於國司馬？孫詒讓周禮正義都宗人疏云：「此都宗人、家宗人與夏官都司馬、家司馬；秋官都士、家士同，蓋亦都家自使其臣爲之，但受命於王，猶侯國上卿，亦王命之也。」孫氏以爲受命於王，其說蓋不然，或當聽正於大司馬也。孫氏所言「猶侯國上卿，亦王命之也」，乃指爵等之受命，無關職權之行使，矧唯用師則大司馬掌號令而指麾六軍；大師則王親出征之時也，王必自將發號施令，大司馬仍掌其戒令，都家司馬於兵事爲軍吏，當受命於大司馬矣。況且邦國軍政皆大司馬掌之，而偏掌地方軍政之都家司馬何能免哉！又都與家爲王分封貴族之采邑，故在行政地位上類似於邦國，而非若一般遂之縣邑。知其軍政首長爲都家司馬，其統轄於大司馬及大司馬之屬官，不隸於遂大夫等地方長官。

　　雖然，采地之軍政，不殊於鄉遂之軍政也。采邑地位有獨立性；都家司馬所掌軍政一如大司馬之官法，故於都家而言，其職若大司馬卿；於王而言，其爲大司馬麾下軍吏之屬無可疑也。（參見許悼雲《周禮中的兵制》一文）「秋官經方士曰：『方士掌都家，聽其獄訟之辭，辨其死刑之罪而要之，三月而上獄訟于國，司寇聽其成于朝，群士司刑皆在，各麗其法，以議獄訟，獄訟成，士師受中，書其刑殺之成，與其聽獄訟者。凡都家之大事聚眾庶，則各掌其

方之禁令，以時修其縣法。若歲終，則省之而誅賞焉。凡都家之士所上治，則主之。」掌都家獄訟之方士既屬制於司寇，從而推知都司馬、家司馬亦應受制於大司馬，必不至於直隸於王焉。以上皆爲邦國軍政。

畿內軍政王自理轄，而六官並佐之，非大司馬所能節制，故不屬邦國軍政也。邦國軍政皆大司馬統領，而受命於王及冢宰；王爲天下主，冢宰佐其政，兼攝六官，故大司馬受命焉。

第二節　職掌與軍事有關戒令之職官

《周禮訂義》卷五十七引曰：「陳及之曰：司馬一官與軍政者半，不與者半，自大司馬至行司馬，自諸子至旅賁氏，自司甲至槀人，自校人至圉師，其他則環人、戎右、戎僕、都家司馬皆與戎事者也。自掌固至掌疆則司疆界者也。自服不氏至掌畜則掌鳥獸者也。自大僕至僕隸則左右侍御僕從者也。自職方氏至撢人掌輿地及四方諸侯外夷者也。小子掌祭祀則係焉，司爟掌行火則係焉，侯人掌賓客則係焉，挈壺氏掌司夜則係焉，司士掌朝儀則係焉，弁師掌冠弁則係焉，與夫齊右之屬、附人之屬則又係焉。夫既曰典軍政而官府錯居，先王設王分職不必類聚，彼此聯事，互相關係，不特是也。……」案：陳氏之說以爲司馬一官有不與軍政者，其說非是。軍事變化多端，軍政牽連極廣，其以爲不與軍政者，何以作周官者皆置之夏官？六官聯事，周官之政治理想在茲，但各官職掌分明，其不當與於夏官者，必另有所屬，若屬於夏官者，必與於軍政，且與軍事關連，是故陳氏之說非也。然其簡析夏官職權，則明白可取。

本節所論職掌乃有關軍事戒令之職官，其取義較廣，不特拘泥於軍中禁令、軍事戒令而已。大凡群臣群國子之功賞政令、衛守戒令以及軍事營建法度、疆防戒令與軍禮有關之射禮及祭祀之戒令皆歸併爲一類。夏官軍政之職官，有專掌軍事者，有略及軍事者，有雖不及軍事，然與之關連者，本節所述視其與軍禮關聯之輕重而爲文，使不牽涉太廣，今分其大類有三：一以述職掌群臣功賞及戒令群士、群子之職官，二者論與職掌疆防戒令爲主之職官，三者爲職掌以射法制射儀及供給祭祀鳥獸之物之職官。以上如后文所述。

一、職掌群臣功賞及戒令群士群子之職官

司勳掌功賞之事，爲軍事所尤重（參序官司勳孫疏）而夏官置於屬官最

首，亦足見作者之居心焉。司士之職有云「掌以德詔爵、以功詔祿」，其舉賢臣興功業類似司勳之功賞。諸子掌國子之倅之教治與戒令，其教導國子為賢臣之用心，又同於司士，故併此三職官為一類。又士有職守，受戒令，國有故則司士領其守；諸子於國有大事則以軍法治國子，凡此又並與軍事戒令有關矣。

司勳

司勳之職主掌功賞賞田之法及其役賦。其所賞田為六鄉之內，即遠郊內空地（參司勳鄭注）。賞無一定，時有難易，敵有強弱，故視功之大小而有等差。功之種類有六：王功、國功、民功、事功、治功、戰功；功之名稱亦有六：勳、功、庸、勞、力、多。凡有功者，生則名書於王之大常旂；死則祭時配享於先王，此所以旂揚其功勳之法典也。王安石《周官新義司勳》下云：「大烝多之大享，當是時，百物皆報焉，祭有功宜矣。事勞若一，時有劇易；戰多若一，敵有堅脆，若此屬，不可常，故輕重眡功。」王說是也。以上即司勳職曰：「掌六鄉賞地之法，以等其功。王功曰勳，國功曰功，民功曰庸，事功曰勞，治功曰力，戰功曰多。凡有功者銘書於王之大常，祭於大烝，司勳詔之。……凡賞無常，輕重眡功。」記載功勳之簿冊，正本藏於天府，以備查詢，副本則存於主管賞功之司勳，以行勳賞也。故司勳職云：「大功司勳藏其貳。」鄭注云：「貳，猶副也。功書藏於天府，又副於此者，以其主賞。」又春官天府職云：「凡官府鄉州及都鄙之治中，受而藏之，以詔王察群吏之治。」雖賞地，亦有徵。賞地除受地者自食參之一外，餘稅仍入天子，即繳交國賦。此即司勳職曰：「掌賞地之政令。」孫詒讓司勳疏云：「詒讓案下云凡領賞地參之一食，則賞地賦雖入受地之家，而亦其國賦。左傳楚子重請申呂以為賞田，申公巫臣曰：取之是無。申呂者既為賞田，則賦入國者無多，故不能成邑，非謂全無國賦，左傳所言與此經義不相迕也。」其說是也。一般賞地受賞者食其地之參之一，至於殊勳加賜之田，無征稅，全食之，故司勳職云：「凡頒賞地，參之一食，唯加田無國正。」鄭注云：「加田，既賞之，又加賜以田，所以厚恩也。鄭司農云：正謂稅也。祿田亦有給公家之賦稅，……」至於司勳賞地之頒發，莊存與有說，其云：「凡群臣有功者，司勳等其功，以詔於司馬，司馬以詔冢宰及王，而定其賞，命內史書策以賜受命者，以方授有司，唯軍賞不踰月，其他則因祭而后傳命，既受命，載師授地及民致於司勳，司勳掌其征，入縣師，作民賦，以待政令，凡諸侯賞地取於閒田以祿之，司勳

貳焉，凡王及冢宰賜予無常，必視其功，司勳考焉。凡有大功銘於大常，祭於大烝；必有約也，藏於天府。」（見周官説補三），然莊氏之説亦有可商。蓋誤解載師與縣師之職，致使上下文顛倒。地官縣師職云：「掌邦國、都鄙、稍甸、郊里之地域，而辨其夫家人民田萊之數及其六畜車輦之稽。」故知縣師掌地及民，莊氏云「載師授地及民」，應更正爲「縣師授地及民」。又地官載師云：「掌任土之法，以物、地事，授地職，而待其政令，……以時徵其賦。」故知載師總掌地税，莊氏云「司勳掌其征，入縣師、作民賦」，當改爲「司勳掌其征，入載師，作民賦」。載師「以物地事，授地職，而待其政令」者，實爲物色農牧衡虞等九職之地，授與九職所宜之人，以制其貢賦也（參載師鄭注及孫疏）。載師之職不主授地與民，實掌征令耳。莊氏誤解之，因故載師縣師文顛倒也。司馬法天子之義篇云：「賞不踰時，欲民速得爲善之利也。」此爲司勳掌功賞之法之主旨歟！

司士

司士主群臣之版、群士爵祿之進退、國中之士治及戒令，且及於國有兵事頒士之守等。《大戴禮記盛德篇》云：「賢能失官爵，功勞失賞祿，爵祿失則，士卒疾怨，兵弱不用，曰『不平』也，不平則飭司馬。」觀此知司士所以屬夏官者，良有以也。司士之職掌較爲紛雜，大要言之，可分十事焉：

（一）掌群臣之版，以治其政令，以詔王治

群臣之名籍及人數皆由司士掌之。而其施治於群臣政教戒令者乃黜陟計比徵召之類也。群吏歲有損益更易，故必整飭名籍，分辨其年齒與貴賤秩等而登祿之，不惟王官需有簿籍履歷可查，即邦國、都、家、縣、鄙之卿大夫士庶子之數亦當周知。至於士庶子之版亦司士總掌之，是故司士孫詒讓疏曰：「朱大韶云：邦國之士庶子掌於宮伯；都家之士庶子掌於都司馬、家司馬、都大夫；縣鄙之士庶子掌於掌固，其凡則總於司士。案朱説是也。凡庶子總掌於諸子，而其宿衛王宮及給事官府、備守都邑者，其名咸著於此官之版。」以上即司士職曰：「掌群臣之版，以治其政令，歲登下其損益之數，辨其年歲，與其貴賤，周知邦國都家縣鄙之數、卿大夫、士庶子之數。」謹案：「周知邦國都家縣鄙之數、卿大夫士庶子之數」二句，王引之以爲當改作一句，說見司士孫詒讓疏引：「王引之云第二數字蓋因上下兩數字而衍，司士但稱群臣之數，非如大司徒辨邦國都鄙之數也。邦國都家縣鄙之下不當有數字，當以周

知邦國都家縣鄙之卿大夫士庶子之數作一句，……。賈疏釋之數二字曰：云之數者，邦國已下總結之也。不釋於縣鄙之下，而釋於士庶子之下，則縣鄙之下無數字明甚。唐石經始誤衍，案王校是也。」

司勳六功，乃主功之重大者，而群臣一般功過黜陟則由司士掌其損益之政教戒令。詔王治有四事，即以德詔爵，以功詔祿、以能詔事、以久奠食，均屬進德推賢之意。德功能久為進士之方，然祿食有品，賜賞無定，惟視其功德才能大小而賜予。是故司勳職曰：「以詔王治：以德詔爵，以功詔祿，以能詔事，以久奠食，唯賜無常。」謹案：司士為大司馬之屬官，其詔德功能久於王，即贊助司馬簡拔俊賢，進士之道也。其詔爵詔祿之職，當與典命及司祿聯事，因彼二官掌爵，祿故也。周進士之道，本非一源，故司士孫詒讓疏曰：「綜而論之，周之進賢，蓋非一途，惟王族故臣世居顯要，內外侯伯入為王官，二者皆不依恆典，此外學校養士，則有公卿大夫之子弟教於大學，學成而仕者也。次則鄉遂公邑之秀士，其長吏以賓興賢能貢於大學，而大司馬選擇之，以進於王者，卿大夫所云：使民興賢，出使長之，使民興能，入使治之，是也。又次則不命之士及府史等，亦有積年校勞而馴至通顯者，大宰八統之有達吏，小司寇八辟之有議勤，皆是也。是其立賢本自無方，要皆以德功能久四者為選舉考課之本，而爵祿事食，亦各依常典，不容逾濫，此官所秉以贊司馬而詔王者，咸以是為科律，故經特著之矣。」孫氏之論理勝矣。

（二）正群臣治朝之儀位，辨其貴賤之等及擯相以行禮

司士所正朝儀之位，與射人所掌朝位同，皆天子治朝之朝位（司士孫詒讓疏）。然朝位與射位自是不同，而言二者同者，乃大射未就位前，卿大夫朝王之禮與此同也。（黃以周禮說略朝位異同條以為見君之禮同）正朝儀之位，乃辨群臣貴賤之等也。司士導王以出行揖禮，故為正朝儀之擯相，至於正朝之儀位如何？贊禮又如何？謹錄司士職文外不再贅述。司士職曰：「正朝儀之位，辨其貴賤之等。王南鄉；三公北面東上；孤東面北上；卿大夫西面北上；王族故士、虎士在路門之右，南面東上；大僕、大右、大僕從者在路門之左，南面西上。司士擯；孤卿特揖，大夫以其等旅揖，士旁三揖；王還，揖門左，揖門右。大僕前；王入內朝，皆退。」鄭注云：「此王日視朝事於路門外之位。王族故士，故為士、晚退留宿衛者；……。大右，司右也。大僕從者小臣、祭僕、御僕、隸僕。特揖，一一揖之。旅，眾也。大夫爵同者眾

揖之。公及孤卿大夫始入門右皆北面東上，王揖之，乃就位。群士及故士、大僕之屬發在其位，群士位東面，王西南鄉而揖之。三揖者，士有上中下，王揖之，皆逡遁，既復位。王入，入路門也；王入路門內朝，朝者皆退，反其官府治處也。」謹案：大僕前者，鄭注云：「前正王視朝之位。」是也，此大僕本職也。

（三）掌國中之士治，凡其戒令

司士掌王都城中之命士之政治及一切戒令（此所謂政治及戒令言治功善惡及大射儀之戒令之屬），與射人掌卿大夫以上之戒令，諸子掌庶子之戒令互備，三者合而群臣畢治矣。司士之職曰：「掌國中之士治，凡其戒令。」孫詒讓周禮正義司士疏云：「……自此至職末，則自稽邦國士任外，並專掌命士以下，與射人掌卿大夫，諸子掌庶子，職掌分別各不相通，三職互校，其義甚明，國中之士當即朝士，所謂群士專屬元士以下言之。治謂政治；卿大夫等之治及戒令已掌於射人，故大射儀云：『射人戒諸公卿大夫射，司士戒士射與贊者』，此差與此經正合。」

（四）掌擯士

古者君子見於所尊敬者必執摯，以致其厚意也。故初命為上、中、下士者將由司士引領進告於王，士往覲見必執摯禮，亦由司士交王之膳夫收存。故司士職曰：「掌擯士者，膳其摯。」鄭注云：「擯士，告見初為士者於王也。鄭司農云：膳其摯者，王食其所執羔雁之摯。玄謂膳者入於王之膳人。

（五）凡祭祀掌士之祭祀戒令

於祭祀之前，司士以誓戒戒令於有事祭祀之群士，使不失禮失職也。天官大宰職曰：「祀五帝，則掌百官之誓戒與其具脩。」鄭注云：「誓戒，要之以刑重失禮也。明堂位所謂各揚其職，百官廢職服大刑，是其辭之略也。」是其類矣。祭之日，司士告語禮法之事，使知如何進行，並進使襄助行禮。祭末，旅酬無算爵，天子賜助祭者酒爵，分別以昭穆之齒，呼同姓子弟進，賜爵一散，以示神惠及下之子姓意。凡有割牲體及進俎豆事，司士帥其屬為之。以上即司士職曰：「掌士之戒令，詔相其法事，及賜爵，呼昭穆而進之。帥其屬而割牲，羞俎豆。」鄭注云：「割牲，制體也。」案：即制骨體。

（六）凡會同選士為王之隨從；有賓客時亦如之

會同諸侯，有不出郊甸者，有與巡守並行者，其在境外，因殷國道里遠

近不可預定，故六軍群子從行，若大師然。大司馬職曰：「大會同則帥士庶子，而掌其政令。」諸子職曰：「會同、賓客，作群子從。」遺人職曰：「凡會同，掌其道路之委積。」其餘掌舍、牛人、縣師、稍人、廩人、大祝等皆與有職事焉，可見會同是境內外並行之事。又會同即如大師，則其行軍事戒令當如軍法從事。（大司馬職曰：「若大師則掌其戒令」又曰：「及師大合軍以行禁令」）春官大宗伯職曰：「以賓禮親邦國……時見曰會、殷見曰同……。」鄭注：「時見者言無常期。諸侯有不順服者，王將有征討之事，……合諸侯而命事焉。春秋傳曰：有事而會，不協而盟，是也。殷，猶眾也。十二歲王如不巡守，則六服盡朝……合諸侯以命政焉，所命之政，如王巡守。殷見，四方四時分來，終歲則徧。」周禮正義大宗伯孫疏引曰：「云時見曰會殷見曰同者，金鶚云：會同之禮有四：一是王將有征討，會一方之諸侯，時見曰會是也。一是王不巡守，四方諸侯皆會京師，殷見曰同是也。此二者皆行於境內者也。一是王巡守，諸侯會於方岳，書周官篇所謂王乃時巡，諸侯各朝於方岳也，禹會諸侯於塗山亦是巡守會同。一是王不巡守，而殷國諸侯畢會於近畿，此二者皆行於境外者也。時見時巡，所見皆止一方諸侯；殷見殷國曰會，則四方六服諸侯畢至，故曰殷。會同對文則別，散文則通，同亦可言會，會亦可言同，總之皆曰會同諸侯，亦曰會同。」金氏所言頗是。會同於賓禮中使諸侯親附天子之意義重大，故射人作卿大夫以從王見諸侯，司士作士以從王見諸侯，凡此軍事為外交之後盾。以上略申司士職曰：「凡會同，作士從；賓客亦如之。」之義。案言賓客亦如之者，凡賓客亦作士從也。

（七）簡派王士出使四方；或為介使

天子聘諸侯，有簡派王士出使四方者，有使為大夫之介而從使者，二者並由司士掌其簡擇。故司士職曰：「作者適四方使；為介。」鄭注云：「士使謂之以王命使也。介，大夫之介也。」

（八）大喪，選士掌理奠斂事；使六軍之士執棺披，並令守士哭，而無去守

大喪有鄭斂之事，司士選士以掌理。又使六軍之士執披。披，司士鄭注云：「披，柩車行，所以披持棺者，有紐以結之，謂之戴。鄭司農云：披者，扶持棺險者也。……玄謂結披必當棺束，於束繫紐，天子諸侯載柩三束……。

喪大記曰：君繡披六……。人君禮文，欲其數多，圍數兩旁言六耳，其賓旁三。」禮記檀弓鄭注：「披，柩行夾引棺者」賈疏：「設之於旁，所以備傾虧也。」謹案：「今之國葬，戎葬亦有依軍禮使六軍之士執披者，則其由來久遠矣。」大喪，於國為大故，原在於守職之士，不可使空，故司士雖令其哭而無去其守。周禮書中道及大喪當備禦非常之事諸多（如司險、司士、虎賁、旅賁……），而司馬法仁本篇亦曰：「不加喪、不因凶，所以愛夫其民也。」注云：「敵有喪飢疫不加兵，愛彼民如己民。」（見中研究史語所藏曹元忠輯司馬法古注）是哀喪之際，國事易亂，亂則生變，故雖哀而勿令去守也。即司士職曰：」大喪，作士掌事；作六軍之士執披；凡士之有守者令哭而無去守。」鄭注云：「作謂使之也。守，官不可空也。」謹案：「作六軍之士執披者，使六軍中之士執披。六軍，大言之也。」

（九）王國有兵事，則招士頒守

司險、掌固、掌疆諸職自有守法，士庶子亦各有職守；寇兵事出突然，其無定職之士則使司士招致而頒其守法，是平日皆嘗嫻習之，此時當不亂。即司士職曰：「國有故，則致事而頒其守。」

（十）凡於邦國之臣，亦掌治稽考之任，故作法使諸侯自黜陟

司士主群臣之政令，亦掌王國命士之治及戒令，故邦國群臣稽政之職，司士作法使諸侯按律黜陟。故司士職曰：「凡邦國三歲則稽士任，而進退其爵祿。」

諸子

諸子之職主掌國子之集聚。因而兼掌國子之戒令，國子之教治及辨其等、正其位。故諸子職曰：「掌國子之倅。掌其戒令，與其教治，辨其等、正其位。」鄭注云：「故書倅為卒，鄭司農云卒，讀如物有副倅之倅。……戒令，致於太子之事。教治，脩德學道也。位，朝位。」然諸子孫詒讓疏云：「竊謂此倅當從故書為卒，而讀為萃，與遊倅義正同。……此國子之萃，萃即聚集部隊之名，蓋國子造學及備宿衛皆群聚曹輩自為部分，故特設此官以掌之。」今從孫說作集聚之義。國子即謂諸侯、卿大夫、士之子、不分適庶，或曰諸子、或曰庶子。（序官諸子鄭注：諸子主公卿大夫之子者。或曰庶子）稱國子為諸子則與其長官諸子同稱。胡匡表曰：「諸庶訓皆為眾……國子眾多，故云諸、或言庶、諸庶通名。」（序官諸子孫詒讓疏引）故諸子亦稱庶子也。周禮正義

序官諸子孫疏云：「此經通例，凡王族及公卿大夫士之子弟，其入學者為國子；國子之備宿衛侍從於王者為士庶子。此諸子掌國子庶子之官也。」孫說是也。掌國子之戒令者，即指「國有大事則帥國子而致於太子，唯所用之；若有兵甲之事，則授之車甲，合其卒伍，置其有司，以軍法治之，司馬弗正。凡國正弗及。大祭祀，正六牲之體，凡樂事正舞位，授舞器。」之事。致於太子、行兵甲之事及祭祀皆有戒令，皆此官掌之。掌國子之教治者，即指「凡國之政事，國子存遊倅，使之脩德學道，春合諸學，秋合諸射，以考其藝而進退之。」之事。掌辨其等、正其位者，即指「大喪，正群子之服位，會同、賓客作群子從。」之事。今分別闡述掌國子之戒令、掌國子之教治、掌辨其等正其位三者於后：

（一）掌國子之戒令

國子為貴族子弟，受文武基本教育，才智足以共赴國事，故使諸子官聚集之，為太子之部伍及國家人才之根本。大會同、大軍旅、大喪均為國之大事，凡遇大事，諸子則帥國子而效致於太子，唯太子所令用。是故諸子職曰：「國有大事則帥國子而致於太子，唯所用之。」

若有兵甲之事，巾車與車僕授之車；司甲、司兵、司戈盾、司弓矢授之兵，馬質授之馬，諸子合其卒伍，為之置將吏，以軍旅之法治理。此為有兵甲事之際如此，太子則不掌兵甲之事也。凡國子或致於太子，或與戎事以軍法治之則司馬雖有軍事征，皆不及之。故諸子職曰：「若有兵甲之事則授之車甲，合其卒伍，置其有司，以軍法治之。司馬弗正。」鄭注云：「國子屬太子，司馬雖有軍事不賦之。」周禮正義諸子孫疏云：「詒讓案置其有司者，謂亦置軍吏，若伍長卒長之等，使專治其事。凡士庶子屬太子，蓋亦自為部隊。……惠士奇云：……國有大事，諸子帥國子而致之太子，唯所用之；若有兵甲之事則授車甲而合卒伍。古者太子宮亦如王宮，有禁兵。所謂兵甲之事者，謂太子有監國撫軍之事，在軍則國子守遷主，在國則國子守王宮也。授車甲、合卒伍、治以軍法，則有司存，或守太廟，或守貴宮、貴室，或守下宮、下室，皆諸子致之，內宰、宮正、宮伯分掌之，而太子弗與焉。」

國子原本籍隸邦國鄉遂，今從太子則凡邦國鄉遂中旬徒力征皆當舍之；此略比卿大夫國中貴者、服公事者舍征之法也。地官卿大夫曰：「國中自七尺以及六十，野自六尺以及六十有五，皆征之。其舍者；國中貴者、賢者、能者、服公事者……皆舍，以歲時入其書。」是也，故諸子職曰：「凡國正弗及。」

諸子孫詒讓疏云：「凡國正弗及者……謂司馬以外凡征役皆不及，即卿大夫國中貴者舍征之法也。……賈疏云：上文云弗征，謂兵賦；此云國正，謂鄉遂之中所有甸徒力征之等並不及之。」

凡云大者事涉天子親蒞焉。大祭祀，諸子以匕出鼎中牲體，正置於俎。故諸子之職曰：「大祭祀，正六牲之體。」鄭注云：「正謂杝載之。」大祭祀而後有樂舞之事。凡大事蒐樂無以調其和，故軍旅有愷樂之獻；大祭祀、大饗、大射……等均有用樂之事。教導樂事及樂舞雖爲大司樂之職，而正舞位與授舞器則諸子職也。故諸子職曰：「凡樂事正舞位，授舞器。」鄭注云：「位，佾處。」案：舞器爲司干、司兵、司戈盾諸官所給，故諸子與之聯事而轉授國子也。以上所云致大子唯所用與兵甲事以軍法治之事皆爲軍事戒令事也。而祭祀亦有誓戒戒令之事。二者所蘊內涵雖有不同，要是皆爲諸子所掌國子之戒令也。

（二）掌國子之教治

前文已云，凡國內繇役之事，征不及國子，而國子又尚未任，則存於貴游子弟之列。故諸子職曰：「凡國之政事，國之存遊倅。」鄭注云：「遊倅，倅之未仕者。」

國子之教治者，謂使之脩德學道也。教治國子之師爲師氏，保氏，大司樂等。其教學之內容，推師氏、保氏、大司樂之職可詳知。地官師氏職曰：「以三德教國子，一曰至德，以爲道本；二曰敏德，以爲行本；三曰孝德，以知逆惡。教三行，一曰孝行，以親父母；二曰友行，以尊賢良；三曰順行，以事師長。」是教三德三行爲脩德事歟！地官保氏職曰：「養國子以道，乃教之六藝；一曰五禮，二曰六樂，三曰五射，四曰五馭，五曰六書，六曰九數。乃教之六儀；一曰祭祀之容，二曰賓客之容，三曰朝廷之容，四曰表紀之容，五曰軍旅之容，六曰車馬之容。」是教六藝六儀爲學道事歟！大司樂職曰：「……以治建國之學政，而合國之子弟焉。」大司樂雖通掌大小之政法，卻專教大學，亦國子之師也。綜此可知不學無以成大器，雖貴必學，而軍事之養成教育亦在於斯矣。至於治學之法，乃春時教以文，合學於大學；秋時教以武，合射於射宮（諸子鄭注：學，大學也。射，射宮也）。言春學秋射者，疑夏令二季不宣於閑，故不適學可知。游學有定課，按序就班，以底於成。《禮記學記》曰：古之教者，家有塾，……國有學。比年入學，中年考校。一年視離經辨志……七年視論學取友，謂之小成；九年知類通達，強立而不反，

謂之大成。……此大學之道也。」是也。以上即諸子職曰:「使之脩德學道,春合諸學,秋合諸射,以考其藝而進退之。」

(三)掌辨其等,正其位

諸子此云「辨其等,正其位」猶司士之職云:「正朝儀之位,辨其貴賤之等」。《周禮正義諸子孫疏》云:「云辨其等者,辨燕義作別,案辨別聲近異同。賈疏云:等謂才藝高下等級也。燕義孔疏云:謂分別其貴賤之等。案:賈、孔二說亦足互相備。」孫說是也。《諸子鄭司農注》云:「位,朝位。」《周禮正義孫疏》云:「云位朝位者,燕義注亦同。孔疏云:正其位者,正其朝廷所立之位也。此等諸子雖未爲官,皆繼父尊卑以爲等級,故有別其等正其位也。案孔說是也。賈疏謂朝太子時依父蔭高下爲列,亦通。」案後二說兼之亦可,國子有致於太子之時,又有大喪服位及從王之事,二者皆當辨等位也。大喪,群國子之喪服與哭位皆有儀節,故使諸子正之,皆當辨其父職位高低身分貴賤而比例爲之。大會同、大賓客,群國子從於王,亦辨等位。即諸子職曰:「大喪,正群子之服位。會同、賓客,作群子從。」《周禮正義諸子孫疏》曰:「大喪亦謂王及后、太子之喪也。賈疏云:位謂在殯宮外內哭位也。正其服者,公卿大夫之子爲王服斬衰與父同。故雜記大夫之子得行大夫禮也。」

二、職掌疆防戒令之職官

本類所述爲職掌疆防戒守之令爲主之諸職官。量人、司爟、掌固、司險、掌疆、環人、挈壺氏等八職官並與疆防戒令關聯,故牽連綜述之。掌固主城郭之守,司險典險阻之守,掌疆司疆境之防,皆疆吏矣。候人掌道治及其禁令,與於守政。環人以勇力犯敵,亦巡四方邦國而肅清軍慝諜賊,是軍事無形之守也,挈壺氏縣壺以爲漏,使備守有節、日夜以序,且供給食舍軍需;量人營建城郭、軍壘舍,亦周知邦國之地與天下之涂數,均關涉疆防警戒之守政。又司爟主行火之政令,雖不直涉疆防,然火爲軍旅之大用、烽火之舉尤關邊情,循理附及於此類。凡本類共八職官。疆防戒令與軍事戒令自有關連,且本文於戒令二字取義較廣,夏官各職與於軍事亦各有輕重,上文早已言及,凡軍事營建法度、疆防禁令之令皆得與及,故本類八職官一併歸屬於職掌與軍事有關之戒令之職官。有云:「不爲近憂,常有遠患」,疏失之至微,而傷害之至鉅哉。故知者不引水千里,以息燃眉之急;不借穀千斛,以解裹

腹之飢，恐其一旦，固已不可救矣。守固不勝於攻，攻常因守而頓，況惟守之固，猶將為攻勢之轉機、戰勝之奠石歟！因是之故，《孫子形篇》云：「不可勝者守也，可勝者攻也。守則不足，攻則有餘。善守者藏於九地之下，善攻者動於九天之上，故能自保而全勝也。」是故本類掌疆防戒守、禁令之職官於夏官之職責至重矣。

量人

量人之職，於營國之城郭、王后之宮，量市朝、道巷、門、籬落、造都邑、營軍壘、軍舍、量軍區之市朝、四周之道塗、軍社等，以及一切有關建國之法、軍事量步，抑或重大政府建樹之事皆掌之。故量人職云：「掌建國之法，以分國為九州、營國城郭，營后宮，量市朝、道、巷、門、渠，造都邑亦如之。營軍之壘舍，量其市朝、州涂、軍社之所里。」鄭注云：「建，立也。立國有舊法式，若匠人職云：分國定天下之國分也。后君也。軍壁曰壘。鄭司農云：量其市朝州涂，還市朝而為道也。玄謂州，一州之眾二千五百人為師，每師一處，市也、朝也、州也，皆有道以相知。軍社，社土在軍者。里，居也。」周禮正義孫詒讓疏云：「云后君也者，……王昭禹、鄭鍔、姜兆錫並以后宮為即王后之六宮。曾釗亦云……明言后，又安得以為王乎？……案王鄭諸說是也。」孫說等是也，今從之。量人書繪製作諸邦國之地圖與天下之塗數，以備軍用。其圖賅山川、道路、地形遠近與地勢高下，凡山川形勢廣狹，道路輻輳遠近，皆量度其步里而書繪之，藏以備檢也。是故量人職曰：「邦國之地與天下之塗數，皆書而藏之。鄭注云：「書地謂方圓山川之廣狹；書涂謂支湊之遠近。」於祭祀，量人亦制其數量，故量人職曰：「凡祭祀饗賓，制其從獻脯燔之數量。」鄭注云：「鄭司農云：從獻者，肉殽、從酒也。玄謂燔、從於獻酒之肉炙也。數，多少也。量，長短也。」又量人兼掌喪祭所包大遣奠，入於壙之牲體事。即量人職曰：「掌喪祭奠竁之俎賞。」鄭注云：「竁亦有俎實，謂所包遣奠。」賈疏云：「……此喪祭文連奠竁，竁是壙內，故鄭以喪祭為大遣奠解之，是以大司馬喪祭亦為遣奠也。」賈說是也。凡冢宰佐王祭，或攝祭，量人與鬱人共受本爵之酒而飲之；祭畢而飲瀝，此示受福重神惠之意。即量人職曰：「凡宰祭，與鬱人受斚歷而皆飲之。」鄭注：「言宰祭者，冢宰佐王祭，亦容攝祭。」周禮正義孫疏云：「陸佃、鄭鍔並以斚歷為舉斚之餘瀝。……俞樾云……受斚瀝而皆飲之者謂量人與鬱人受卒爵之酒而皆飲之也。……案陸鄭俞諸說是也。」

司爟

司爟掌一切行火之政令。鑽燧之火，陶冶之火及焚萊田獵之火等皆屬之。行火為軍旅之大用，其與宮正脩宮中之火禁，司烜氏脩國中之火禁彼此關聯，且互補相成。論語陽貨篇宰我欲行期喪章提及「鑽燧致火」，此即「四時變國火」之事。古者鑽木取火，因時令變更，所宜鑽火之木亦異，故當依時令而取木，以濟木火時窮也。出入內火，民間均隨國火而為之變化，其出時約季春前後，其內時則在季秋前後，一依司爟之官法。以上即司爟職曰「司爟掌行火之政令，四時變國火，以救時疾。季春出火，民咸從之，季秋內火，民亦如之。」鄭注：「行猶用也。變猶易也。火所以用陶冶，民隨國而為之。」謹案：以救時疾者，以救四時民人之所疾窮，鑽木依時，各有所宜，故變更四時所宜之木，以濟木火時窮也。論語集解陽貨邢昺疏云：「正義曰：……夫人之變遷本依天道，一期之間，則舊穀已沒，新穀已成；鑽木出火，謂之燧，言鑽燧者，又已致變出火之木，……。」疏又云：「正義曰：……案周禮司爟掌行火之政令，四時變國火，以求時疾，鄭玄注云：行猶用也。變猶易也。……其文與此正同。……」觀其文意，四時循環，自是變易鑽木，以合四時所宜，而救木火時窮之意。然則孫詒讓周禮正義司爟疏云：「……詒讓案：……云四時變國火以救時疾者，時氣太盛則人感而為疾，故以異木為燧，而變國中公私炊爨之火，以調救之。時疾者，疾，醫云：四時皆有癘疾是也。」孫說以為時氣太盛而致疾，故易木變火，然疾何干木火？愚意非也，說已見上文。

司爟掌焚萊之時而施火令，故知所掌乃行火而非火禁。司爟賈疏云：「上言行火政，此又言施火令，則不掌火禁。」賈氏之說是也。故司爟職曰：「時則施火令。」鄭注云：「焚萊之時。」黃以周禮書通故職官四云：「……周之秩官有曰：敵國賓至，火師監燎。火司即司爟。」又莊存與周官說補二司爟條云：「火，軍旅之大用，以守則烽燧，以攻則焚燎，官職雖不言，而微意遠矣！」黃、莊皆曰司爟亦掌舉烽火之事，此舉火亦行火之一端歟！

司爟不掌火禁，但本職曰：「國失火，野焚萊，則有刑罰焉。」此火禁也，火禁乃秋官司烜之職，司烜職云：「中春，以木鐸脩火禁于國中。軍旅脩火禁。……」此軍旅脩火禁即與司爟關聯。愚意以為國失火、野焚萊事與大司馬春田大蒐、十月以後焚萊，量人軍壘舍之備禦，侯人姦諜陰謀之察等諸職並關聯，故司爟得問於司烜軍旅脩火禁之事。周禮正義司烜孫疏云：「軍旅脩

火禁者，⋯⋯軍壘所居，尤以備火爲重。」孫詒讓《墨子閒詁》卷十五號全篇云：「諸竈必爲屛，火突高，出屋四尺，愼無敢失火，失火者斬，無端失火以爲事者，車裂。伍人不得，斬；得之，除救火者，無敢譁謼，⋯⋯」皆是脩火禁，有刑罰之類矣。

司爟主行火，故使兼掌祭爟神之事。司爟職云：「凡祭祀則祭爟。」鄭注云：「報其爲明之功，禮如祭爨。」賈疏云：「⋯⋯此祭爟，謂祭先出火之人。」周禮正義孫詒讓疏云：「凡祭祀則祭爟者，謂大、中祀並有祭爟之禮，小祀，禮殺，蓋不祭也。

掌固

掌固通掌邦國都鄙公邑設險置守之事，於境界上設城郭、溝池、樹枳棘、籬落以爲阻固外，又分縣鄙公邑貴子弟以助禦守。故掌固職曰：「掌脩城郭溝池樹渠之固，頒其士庶子及其眾庶之守。」周禮正義掌固孫疏云：「⋯⋯王引之云：城郭爲一類，溝池爲一類，樹渠爲一類。渠謂籬落也。因樹木以爲籬落，古曰樹渠。⋯⋯朱大韶云：⋯⋯宿衛之士所以警備非常⋯⋯案此與司險職掌相同，特彼專掌險阨，此則設城郭以爲阻固，故又曰凡國都之竟皆有阻固，郊亦如之，然則境界上，凡有城郭溝池樹渠之處，掌固分其士庶子及其眾庶之守。案朱說是也。此士庶子謂縣鄙公邑貴族子弟來助守御者，與宮伯所掌士庶子爲國中公卿大夫士子弟宿衛王宮者不同也。⋯⋯」此孫氏云二處士庶子來源不同是也。

黃以周禮書通故職官四云：「朱大韶云：鄭注宮伯掌王宮之士庶子，謂王宮之士，謂王宮諸吏之適子，庶子其支庶也，分士庶子爲二。注槀人曰：士庶子，卿大夫之子弟宿衛王宮者。注大司馬曰：士庶子，卿大夫之子從軍者。三注不同。今按周官但言庶子與連言士庶子別，士庶子蓋選于民而有爵者，故曰士，以別于掌客、象胥之庶子，大僕所屬之御庶子。以周案：王宮宿衛之士庶子于宮伯，其出而守禦者，都家有士庶子，掌于都司馬、家司馬；縣鄙亦有士庶子掌于掌固，而其政令總歸諸大司馬，然則士庶子者庶子之爲宿衛守禦者之長也。其庶子亦謂之眾庶。掌固云：頒其士庶子及其眾庶之守。」愚意以爲朱說未安，黃說亦誤。蓋士庶子、庶子皆卿大夫之子弟也，庶子容或與士庶子有別，然言士庶子則適庶均在，有爵無爵亦皆存焉。朱說之誤在於云士庶子選于民之有爵者，此說非是。黃氏之誤在於言士庶子爲庶子宿衛者之長，又言庶子亦謂之眾庶；士庶子之衛守，守於王宮其長爲

宮伯，守於東宮其長爲諸子，守於阻固，其長爲掌固，其守因職而異長，士庶子與庶子同爲卿大夫子弟，士庶子非庶子之長。庶子爲貴游子弟，眾庶爲庶民，二者之別至顯，云庶子亦謂之眾庶者非是。茲再申朱、黃之誤，並舉證以明之：

（一）後鄭注宮伯、稾人、大司馬三者雖有不同，要皆可見士庶子乃卿大夫之子弟，非如朱氏所言「士庶子蓋選于民而有爵者」。鄭注宮伯云：「玄謂王宮之室，謂王宮中諸吏之適子也。庶子其支庶也。」宮伯職云：「若邦有大事，作宮眾則令之。」鄭注：「謂王宮之士庶子於邦有大事，或選當行。」大司馬職曰：「王事勞士庶子則相。……大會同則帥士庶子」鄭注：「庶子，卿大夫之子從軍者」則推知「王宮中諸吏」是卿大夫，如此，士庶子一詞涵卿大夫之適子、庶子焉。又稾人鄭注：「士庶子、卿大夫之子弟宿衛王宮者。」則尤可見士庶子即是卿大夫子弟，且適庶均在。

（二）宮伯職曰：「掌王宮之士庶子凡在版者」鄭注：「玄謂王宮之士，謂王宮中諸吏之適子也。」大司馬職曰：「王事，勞士庶子則相。」鄭注：「師敗，王親予士庶子之死者，勞其傷者，則相王之禮。庶子，卿大夫之子從軍者。或謂之庶士。」觀此二注鄭氏「庶士」一辭殆有支庶之義。象胥職曰：「凡作事，王之大事諸侯……次事上士，下事庶子。」掌客職曰：「王巡守殷國；從者三公眂上公之禮……士眂諸侯之卿禮，庶子壹眂其大夫之禮。」觀此二職見庶子殆無爵者。鄭氏之意士庶子或與庶子有別。即若有別，士庶子、庶子仍爲貴族子弟，不得謂「士庶子蓋選于民而有爵者」。

（三）序官諸子孫詒讓疏曰：「此經通例：凡王族及公卿大夫士之子弟其入學者爲國子，國子之備宿衛侍從於王者爲士庶子。」國子嫡庶均在學（諸子孫疏國子者即國之貴游子弟，此通乎適庶而言者也）。則士庶子亦當嫡庶均在而不分（錢穆先生周官著作時代考亦云「庶子來源，亦與國子並無十分區別」）。何況周禮中不止士庶子從王（大司馬職大會同帥士庶子），侍衛於路門外有御庶子（見御僕職），從王巡守殷國有庶子（見掌客職），守於地方有士庶子（見掌固職），守於王宮有士庶子，致於太子有國子，凡此類士庶子、庶子、國子從王、作事、侍衛諸多可見，愚睹經、注皆不得近衛侍從亦分適庶者，則其不分適庶是也。

（四）朱大詔云：「邦國之士庶子掌於宮伯，都家之士庶子掌於都司馬、家司馬、都大夫，縣鄙之士庶子掌於掌固，其凡則總於司士。」（見司士周禮

正義孫疏引）則士庶子各有其長。且庶子總掌於諸子（司士孫疏說）。如此，士庶子不爲庶子之長明矣。黃氏之說誤矣。

（五）掌固職曰：「掌脩城郭溝池樹渠之固，頒其士庶子，及其眾庶之守。」鄭注：「眾庶，民遞守固者也。」注意眾庶即庶民，意甚明，黃氏云「其庶子亦謂之眾庶」不足據。

（六）周禮正義宮伯孫疏云：「詒讓案：……蓋鄭本無定解，以經考之，士庶子不當分適庶……司士掌群臣之版，周知卿大夫士庶子之數。是庶子雖未受爵王朝，而其數已列於群臣之版，如是，蓋已命者謂之士，司士所云：王族故士，在路門之右，是也。未命者謂之庶子，大僕所云：聞鼓聲則速逆御僕與御庶子，是也。此公卿大夫之子弟宿衛王宮，而或曰士，或曰庶子，所由名位不同，要不以適庶殊也。……綜校全經，士庶子內備宿衛，外從巡守，且歲時有饗，死傷有弔勞，職任既親，恩禮尤備，其爲貴游子弟，殆無疑義。象胥、掌客敘庶子於士之下，皆單稱庶子，不連士爲文；則經之凡言士庶子者，所謂士即上中下士，凡王族及群臣子弟既命而有爵者如司士、王族故士是也。……其未命者，下士一等，則與庶人在官者等，以其世家貴冑殊異之，故不曰庶人而曰庶子，其他公邑及都家咸有貴族，侯國亦有公族、世族，故亦有庶子，若掌固、朝大夫諸職及燕禮、大射儀所云皆是。」孫說以爲不分適庶，已命未命均在焉，是也，足補以上朱、黃說之未備。

掌固之職，於城守必備之飾器、財用、稍食、萬民之任、材器等均爲之適當分配及使用。故掌固職云：「設其飾器，分其財用，均其稍食，任其萬民，用其材器」。葉時氏禮經會元卷四險固條云：「……飾器之設，材器之用，是城守之具必備也；財用之分，稍食之均，是兵食之財必足也。……」兵食之財與城守之，其散言之均爲守城必備者也。

士庶子及眾庶之守，必受有守法，不得擅離職崗，除特殊情況，始可移易兵甲、役財而轉用，以授乙職之守力；掌固與乙職之長吏司險、掌疆等共督率之，以互補偶有守備不足之情狀。是故掌固職云：「凡守者受法焉，以通守政，有移甲與其役財用，唯是得通，與國有司帥之，以贊其不足者。」鄭注：凡守者士庶子及他要害之守吏，通守政者，兵甲役財，難易多少，轉移相給也，其他非是，不得妄離部署。……」孫詒讓氏周禮正義掌固疏補充經說而云：「……然經云與國有司帥之，則是掌固與國有司共帥之，國有司非即掌固明矣，竊疑國有司即司險掌疆諸官，對士庶子及它守吏言之，則謂之國

有司耳。……」

凡守，守其要害險厄處，在山川有要塞之守，在邊境及道路上有關卡之守，在軍亦有軍哨之守，在竟內有侯人之守。故莊存與氏云：「在國則有一國之固，在軍則有一軍之固。」（見周官說補二掌固條）軍旅之事尤忌戒心不敏，故掌固官法派守吏晝夜巡行而警懈惰者，恐夜間尤易心生疏失，故夜間巡行時擊鼓以為守者戒。觀掌固職云：「晝三巡之，夜亦如之，夜三鼜，以號戒」可知。又孫詒讓氏周禮正義掌固疏云：「夜三鼜以號戒者，說文號部云：『號，呼也。』，賈疏云：『此乃掌固設法與所守之處，使擊鼜有所以號呼，使戒守耳。』……云三巡之閒又三擊鼜者，守法尤謹，於夜故巡與鼜並有三，明二者相兼，更迭為之，以戒備，別於晝唯三巡無擊鼜之事也。」是也。夜鼜事見地官經鼓人云：「凡軍旅，夜鼜。」鄭注：「鼜，夜戒守鼓也。司馬法曰：『昏鼓四通為大鼜，夜半三通為晨戒，旦明五通為發昫。』而孫詒讓氏周禮正義鼓人疏曰：「……注云引夜戒守鼓也者，掌固杜注云：謂擊鼓行夜戒守也。《說文·壴部》云：鼜，夜戒守鼓也。讀若戚。」此鼜之異文。戒守者，謂夜間警戒為守備也。引司馬法曰昏鼓四通為大鼜，夜半三通為晨戒，旦明五通為發昫者，即鎛師所謂夜三鼜也，引之者，證鼜為夜戒守鼓之事，今司馬法無此文，蓋在佚篇中。釋文云：昫本又作朐，亦作煦，案說文日部云：『昫，日出溫也。』火部云：『煦，蒸也。』肉部云：『朐，脯挺也。』發昫字，當從昫，注疏本釋文，昫作朐，誤。又《說文·壴部》，鼜字注云：『禮昏鼓四通為大鼓，夜半三通為成晨，旦明五通為發明。』段玉裁云：『大鼓，當依注作大鼜，謂大行夜也。』阮元云：『發明為發昫之誤，當從禮注校正。』丁晏云：『漢書藝文志禮家軍禮司馬法百五十五篇，故許君稱之曰禮。』詒讓案：『晨戒戒晨，義通，未知孰是。御覽兵部引李衛公兵法，及李筌太白陰經嚴警鼓角篇，並云：凡撾鼓三百三十三椎為一通，未知周制亦然否。』賈疏云：『欲取從初夜即為警戒之意，故擊鼓四通，使大憂戚也，夜半三通為晨戒者，警眾豫使嚴備，侵早當行；旦明五通為發昫者，旦明五通，晨昫之時當發，故云發昫也。』案鼜、戚音同，然大鼜不取大憂戚之義，賈望文生訓，不足據。」案孫氏云「夜三鼜，以號戒」之義是也。

造都邑乃量人官法，然關連「脩城郭溝池樹渠之固」及固守之法時，掌固並管制之。凡王國、邦國、都鄙、縣邑、郊野等有封土境界處皆有溝、樹之固。地官大司徒職云：「……乃建王國焉。制其畿，方千里而封樹之，……

凡造都鄙，制其地域而封溝之。……」又封人職云：「……爲畿，封而樹之。凡封國，設其社稷之壇，封其四疆，造都邑之封域者，亦如之。」溝渠、封土、樹樹，均爲境界上守固之工事，此工事皆役用萬民；新建都邑時亦並使民建守固之工事，若有山川天險可資阻固，則因就之而爲要塞，完成後，並使其地之民各以其職固守，而衛保鄉梓。「民皆有職」正爲「任其萬民」之註腳。「若造都邑則治其固，與其守法，凡國都之竟有溝樹之固，郊亦如之」則見掌固之職兼王國及邦國之固守事。是故掌固職云：「若造都邑則治其固，與其守法，凡國都之境有溝樹之固；郊亦如之。民皆有職焉。若有山川則因之。」周禮正義掌固孫疏釋曰：「凡國都之境有溝樹之固者，賈疏云：此經爲上經而設，仍兼見王國而言，故都雙言之，言王國及三等都邑所在境界之上，亦爲溝樹，以爲阻固。云郊亦如之者，謂若王國則近郊五十里，遠郊百里，其都邑亦有郊。詩鄘風干旄云：在浚之郊是也。皆如竟有溝池樹渠之固地。大司徒云：辨其邦國都鄙之數，制其畿疆而溝封之，是邦國都鄙境上並有溝之證。雷學淇云：溝樹溝封互文見義，有溝者必有封，有封者必有樹，蓋周之經野其法極嚴，不惟邦國都鄙有畿疆之封，近郊遠郊亦有之，不惟城郭溝涂有樹渠之固，里酇縣鄙亦有之。

司險

司險職曰：「掌九州之圖，以周知其山林川澤之阻，而達其道路。」是司險職言及九州與圖，又大司徒、職方氏亦有言及此者，即：

> 大司徒職曰：「以天下土地之圖周知九州之地域、廣輪之數，辨其山林、川澤、丘陵墳衍、原隰之名物。」

> 職方氏職曰：「掌天下之圖，以掌天下之地，辨其邦國、都鄙、四夷……周知其利害。乃辨九州之國，使同貫利，東南曰揚州……正北曰并州……。」

三者所言之圖雖同，而其用則蓋有異同焉，試爲比較說明如下：

（一）大司徒之圖曰「以天下土地之圖，周知九州之地域」知天下即九州，所用爲土地之圖。職方氏之圖曰「掌天下之圖，以掌天下之地」，所用亦爲地圖，所云亦爲天下。司險之圖曰「九州之圖」，不云何屬，睹其文亦地圖之類。故經文所引三職官之圖爲天下之圖或九州之圖，其範圍不殊。而所使用亦同爲地圖。

（二）大司徒圖之作用乃按圖以知天下經濟狀況，故用著圖以周知地域

縱橫大小，總辨山、林、川、澤、丘、陵、墳、衍、原、隰十種名物，為稅物之依據。職方氏圖之作用，分九州以辨男女比例、財用、食畜等數字，載於簿冊，以民情資料移作軍情判斷之參佐，與大司徒之圖僅為財稅收入之目的相左。司險作圖為「周知其山林川澤之阻，而達其道路」，其特重於通山林川澤之阻塞，以為軍旅達其道路所用，故所測繪必精密而周詳，一般地圖未有如此周密者，是三者作圖標示自有不同。

司險、掌固、掌疆三者均屬守吏，而其所守之處亦各以職之不同而分耳。司險，五溝五涂設險而守；掌固設城郭都邑之守；掌疆，設封疆之守。司險雖設其阻固，仍以「達其道路」為目的，僅預為防備姦寇也。故司險職云：「掌九州之圖，以周知其山林川澤之阻，而達其道路。」又云：「設國之五溝五涂而樹之林，以為阻固，皆有守禁而達其道路。」又云：「國有故則藩塞阻路而止行者，以其屬守之，唯有節者達之。」天下有司險、掌固、掌疆三者守吏則使當行者得助，當止者不行，四方以守，邦國以寧。

夏官司險、掌固、掌疆為守疆之吏，而天官封人又與於封疆，二者間關係究竟若何？黃以周有說。黃氏曰：「鄭玄云：封人聚土曰封壝堳埒及小封疆也。畿上有封，若今時界矣。鄭鍔云：『論語有儀封人，左傳有穎谷封人、蔡封人、蕭封人，說者皆謂典封疆之官，然以經考之，有掌固，有司險，又有掌疆之官，此封人若為掌封疆之官，則宜與掌固等並列，今列于地官，專以設社壝飾牛牲為職，則非典封疆之官明矣。』以周案：『春秋時守封疆者謂之疆吏，傳曰：疆吏來告。是也。周官謂之掌固掌疆；其典封疆者謂之封入，與周官同。周官封入為畿封而樹之，造都邑之封域，是亦典封疆者也。周官封人中士四人、下士八人，春秋時國內亦不止一封人，故其官各以地別。如宋有蕭封人，又有呂封人；鄭有穎谷封人，又有祭封人，其證也。鄭剛中誤以春秋封人為守疆之吏，斷斷致辨，或者謂春秋封人繫以邑者皆守疆吏，惟宣十一年傳令尹蒍艾獵城沂，使封人慮事，官不繫邑，孔疏引周官封人造都邑之封域，及大司馬大役，與慮事。鄭注慮事者，封人也。以為證此為典封築者，與周官同，斯亦曲說蒍艾獵所使之封人即所城之沂封人，傳既曰城沂，自無煩更言沂封人，知此封人同周官，則它亦可知矣。」（禮書通故職官三）黃氏辨封人為典封疆之官，而非守疆之吏是也。

掌疆

掌疆之職所掌內容不見於今本周禮，疑其不外疆界守吏之流。夏官序官

云：「掌疆中士八人，史四人，胥十有六人，徒百有六十人。」周禮正義序官掌疆孫疏：「掌疆者職闕，大司徒云：『辨其邦國都鄙之數，制其畿疆而溝封之。』又封人云：『凡封國，封其四疆，造都邑之封疆者亦如之』。是王國、邦國、都邑及九畿並有疆界，掌疆所掌，蓋職其守備之事。胡匡衷云：『左桓十七年傳齊人侵魯疆，疆吏來告，疆吏疑即掌疆也。』又黃以周禮書通故云：「掌疆官闕。以周案春秋時謂之疆吏。」是孫、胡、黃諸家所見略同，並視春秋之疆吏爲周禮之掌疆。

候人

　　候人職之長稱候人，其徒亦稱候人，蓋尊卑不嫌同名，以職稱名也。候人之長上士六人，各於其方掌治道路。《國語周語》：「定王使單襄公聘於宋，遂假道於陳，以聘於楚。火朝覿矣，道茀不可行，候不在疆，司空不視塗，澤不陂，川不梁，……」韋注：「候，候人。掌送迎賓客者。疆，境也。」由見候人職司護衛賓客送迎之事，蓋本不定居於疆界，或有去疆不遠者，與掌疆、掌固、司險並有官聯，來賓客始至境上候之，否則與掌疆職嫌重複矣。又候人眾多，遍及八方及國中，護衛送迎事亦可相互輪替，一則使賓客安全無虞；二則是時若再有賓客來，亦不失職。候人所掌禁令乃備禦道路滋事姦寇突發也。候人係武職，其徒屬身荷弋役（參候人鄭注），雖其迎送賓客與秋官掌訝、環人同，但其職責各異，不致於重複矣。以上即候人職曰：「各掌其方之道治，與其禁令，以設候人。」鄭注：「禁令，備姦寇也。」周禮正義疏：「遺人『五十里有市，市有候館』館即候人往來所居矣。云：禁令備姦寇也者，亦謂道路譏察之禁令，所以備姦寇之竊發也。」

　　各方來治國事者謂之方治（參候人鄭注），則方治則涵蓋敵友二方之治國事者矣。候人導引送迎，有護衛賓客之責，亦有不使其動作太過自在，防姦泯亂之深意也。入境如此，出境亦如此。故候人職曰：「若有方治則帥而致于朝。及歸，送之于竟」周禮正義候人序官孫疏曰：「注云候，候迎賓客之來者。說文人部云：候，伺望也。此候人亦伺望賓客之來而迎之，故以爲名，據本職云：若有方治則帥而致于朝；及歸，送之于境。則候人兼主送賓客，故毛詩曹風候人傳云：候人，道路送迎賓客者。孔疏云：案秋官環人掌送迎邦國之賓客，以路節達四方。又秋官掌訝待賓客，有賓客至，逆於境，爲前驅而入，及歸，送亦如之。若候人主送迎賓客而環人、掌訝又掌送迎賓客者，環人掌執節導引，使門關無禁；掌訝以禮送迎詔贊進止；候人則

荷戈兵，防衛奸寇，雖復同送迎，而職掌不同，故異官也。」案孔說誠然不誤。

環人

本職主以勇力卻敵，與秋官環人主送迎賓客而環繞戒守之職名同職殊。致師、環四方之故，訟敵國、揚軍旅、降圍邑爲軍事行動之先後，對敵所采攻心之作戰措施。致師、環人鄭注云：「致師者，致其必戰之志，古者將戰，必使勇力之士犯敵焉。」犯敵言其所爲之手段，卻敵言其終極目的在於使敵卻敗。故以致師爲達我方欲與敵戰之堅忍，使敵憂怒，且激使我方敵愾同仇者也。環四方之故，環人鄭注云：「卻其以事謀來侵伐者，所謂折衝禦侮。」此亦謀先期制敵，使敵人之侵伐失去實在作爲，以智取勝之心理謀略戰也。訟敵國，貴敵之曲，伸我之直，亦心戰矣。環人鄭注云：「敵國兵來則往之，與訟曲直。」揚軍旅，此乃振揚我軍威，以使敵懼也。即田獵簡師致眾觀兵事也。降圍邑，爲戰後之處理，使受降之役衷心而服膺，則得地而無虞，勝之實也。又環人掌察軍慝、巡邦國、搏諜賊，此三者乃重於清除我方內部奸人奸謀。察軍慝，乃清除軍中內奸也。環人鄭注：「慝，除奸也，視軍中有爲慝者則執之。」巡邦國，此使邦國無藏異心及奸事，巡之則易掘之，內奸無從根生矣。搏諜賊，乃邦國內有寇賊及間諜則執持而治之罪。凡此三者肅內奸之事也。以上即環人職曰：「掌致師察軍慝，環四方之故巡邦國、搏諜賊、訟敵國、揚軍旅、降圍邑。」上文乃據職文及鄭玄注意引申發揚，然俞樾之論有不若是者，俞氏云：「注曰：環猶卻也，以勇力卻敵。樾謹案鄭意蓋讀環爲還，故訓爲卻，然以勇力卻敵而謂之還，義實未安，據其職曰：掌致師、察軍慝、環四方之故，是環與察同意，蓋取圍環巡察之義，故與候人之職相連，候者候望，環者環行也。使之周行四方，若循環然，四方有變無不知之，是謂環四方之故，鄭注曰：卻其以事謀來侵伐者，夫環人止下士六人，史二人、徒十二人耳，安能卻乎，至秋官環人取環守之義，雖其職不同，然其取義於環則一也。若從鄭注不可通於彼矣。」俞氏之說亦頗有理，環卻與環行二義可並存焉。若依據其言，則「環四方之故」、亦類「巡邦國」之義而屬肅除奸惡陰謀事矣。

據春秋會要左傳載致師之文有三：隱九年，左傳：「北戎侵鄭，鄭使勇而無剛者嘗寇而速去之。」此其一。文十二年，左傳：「秦伯伐晉，秦人欲戰。秦伯謂士會曰：『若何而戰？』對曰：『若使輕者肆焉，其可。』」此其二。宣

十二年，左傳：「楚許伯御樂伯，攝叔爲右，以致晉師。許伯曰：『吾聞致師者，卻靡旌，摩壘而還。』樂伯曰：『吾聞致師者，左射以菆，伐御執轡，御下兩馬，掉鞅而還。』攝叔曰：『吾聞致師者，右入壘，折馘，執俘而還。』皆行其所聞而復。」（卷三軍禮）此其三。綜觀此三條所言大抵爲致敵挑戰之意，與環人職鄭注云：「致師者，致其必戰之志。古者將戰，先使勇力之士犯敵焉。」互較之，覺鄭注極貼切也，亦益感經文之不虛妄。

挈壺氏

挈壺氏職司供給食舍之軍需。其於軍事紛擾之際，索號令之簡易可行，而以懸挈器物爲表徵，明示所供物及供處爲何，此利其易便也。故挈壺氏職云：「掌挈壺以令軍井，挈轡以令舍，挈畚以令糧。」鄭司農曰：「挈壺以令軍井，謂爲軍穿井，井成挈壺縣其上，令軍中士眾皆望見，知此下有井，壺所以盛飲，故以壺表井。挈轡以令舍，亦縣轡於所當舍止之處，使軍望見，知當舍止於此，轡所以駕舍，故以轡表舍。挈畚以令糧，亦縣畚于所當稟假之處，令軍望見，知當稟假于此下也，畚所以盛糧之器，故以畚表稟，軍中人多，車騎雜會、讙囂，號令不能相聞，故各以其物爲表，省煩趨疾，于事便也。」孫詒讓周禮正義疏云：「掌挈壺以令軍井，挈轡以令舍，挈畚以令糧者，此皆大師在軍憲令之事，此官掌縣壺在軍，或縣挈器物以布令，故并使掌之。……案賈大司馬疏謂周時無輕騎法，……注云車騎，亦據後世法言之，周時軍中實止有車徒，無騎也。」

縣壺氏以懸壺滴漏爲其世襲之專職，而軍事供食、舍、飲水乃其旁涉之事也。序官縣壺氏鄭注云：「挈讀如挈髮之挈。壺，盛水器也。世主挈壺水以爲漏。」懸壺滴漏可爲軍事之用，故挈壺氏職云：「凡軍事縣壺以序聚欜。」鄭注云：「鄭司農云：縣壺以爲漏、以序聚欜，以次更聚，擊欜備守也。玄謂擊欜，兩木相敲，行夜時也。」亦得爲喪事之用，故挈壺氏職曰：「凡喪縣壺以代哭者，旦以水火守之，分以日夜；及多則以火爨鼎水，而沸之，而沃之。」鄭注：「以水守壺者，爲沃漏也。以火守壺者，夜則視刻數也。」

三、職掌射法及供給祭祀鳥獸物之職官

古者軍事以射爲重；軍禮未亡，射禮近似之。邵懿辰禮經通論曰：「……軍禮非所宜習……然鄉射、大射亦寓軍禮之意，……天下無事則用之於禮義，天下有事則用之於戰勝……有文事必有武備也，而遂以爲軍禮亡失，亦未識

聖人定禮之意矣。」（論十七篇中射禮即軍禮條）邵說甚覈，周禮夏官射人主射法，習射、田獵乃講武於平時，後世漸由講習競技而成揖讓爭勝之禮儀矣。雖然如此，祭祀射於射宮，國子教以射藝，是射事固與軍事關係密切矣。兵器固貴銛利，然則羅氏之羅，射鳥氏之弓矢，服不氏、掌畜之馴具、猛獸、野禽等，其可用於戰陳者，則無一非戎器之比矣。苟善其用，尤勝於刀劍兵器之類耶！殊不聞田單火牛復國乎？殊不聞自投羅網乎？小子主祭祀之小事，羊人主供羊牲，與軍事無涉，而與軍祭則並關連矣。戎與祭爲國之大事，戎事亦重祭祀，凡出師斬牲、祭社、誓師、載祭、祭所過山川等皆軍事祭祀也，是軍事與軍祭亦關係密切矣。本類所欲述之七職官乃射人、小子、羊人、服不氏、射鳥氏、羅氏、掌畜，此七職並與軍事祭祀牽連，故以義類相從。前文屢云夏官之職官並非僅與於軍事戒令、軍中戒令之事耳，凡旁及軍事者亦在此官中，此類職官影響軍事實際作爲之作用頗鉅，不可視本類職官於軍事無直接參與而輕忽之，須知班朝治軍蒞官行法，非禮威嚴不行矣哉！（《禮記・曲禮》）

射人

射人主掌射法，然所掌亦非止此一端，今謹就其職掌分列七點依次說明之，斯七點：（一）掌國之三公孤卿大夫治朝之位、（二）掌射法以治射儀、（三）祭祀則贊王射牲於廟廷，專相孤卿大夫之法儀、（四）會同朝覲選有爵之大夫使爲介、（五）大師則令孤卿大夫乘王之倅車、（六）大賓客，選卿大夫從王，又戒令大史、大夫介等、（七）大喪，遷君尸，且使卿大夫各有掌事。茲分別申釋如下：

（一）掌國之三公孤卿大夫治朝之位

1. 掌國之公卿大夫初命執摯入朝之法

初命爲國之公卿大夫者，持摯以見王；射人掌告見於王，並掌其始入見君朝儀之位，猶司士職曰：「掌擯士者，膳其摯。」此官所掌同治朝朝位之法，其法：三公北面，孤東面，卿大夫西面。其法未及士者，乃士之朝位及摯司士已掌之。公卿大夫所持見面禮即三公執璧（三公有二等，八命爲常秩，執璧）；九命得執圭（參考尚書金縢）；孤執皮帛；卿執羔；大夫執雁。即如射人職曰：「掌國之三公、孤卿、大夫之位；三公北面，孤東面，卿大夫西面。其摯，三公執璧，孤執皮帛，卿執羔，大夫執雁。」鄭注：「位，將射

始入見君之位。」案：注所云非是，因射人設職不專為射，經文掌治達以上無射位之文，其非一也，經文又曰執摯，可參考司士擯士獻摯之文，達王之義尤憭，其非二也。鄭氏不明經云位為治朝朝位，因官名而誤解為將射始入見君之位也。鄭注之非，詳見周禮正義射人孫疏引黃度、金榜……俞樾等諸家說法可知。

2. 諸侯在朝，告相其禮儀

來朝諸侯在朝時，皆使與三公同北面位，尊之也，射人主戒告襄助其行禮儀。此亦掌其朝位事也。射人職曰：「諸侯在朝則皆北面，詔相其法。」鄭注：「謂諸侯來朝而未歸，王與之射於朝者皆北面，從三公位，法其禮儀。」此注又冡射而誤，不待辯矣。賈疏云：「云法其禮儀者謂在朝進退周旋拱揖之儀也。」賈說是也。

3. 若有祭事，射人掌其戒令及告相諸侯薦獻之事

上文言諸侯在朝，此處云在朝若遇國之祭祀則當助祭薦獻之事，故射人掌其祭祀之戒令事，且告其齋戒與祭祀之期日。謂國事為祭事者，司士職曰：「凡祭祀掌士之戒令，詔相其法事。」因司士與射人二職互備，故知國事即指祭祀之事。云祭祀之戒令者，若大宰「祀五帝則掌百官之誓戒與其具脩；前期十日，帥執事而卜日遂戒。」之屬。因是推知射人亦當誓戒公卿大夫，及前期十日帥執事，與卜之日亦有齋戒事。射人職曰：「若有國事，則掌其戒令、詔相其事。」鄭注：「謂王有祭祀之事，諸侯當助其薦獻者也。戒令，告以齊與期。

4. 掌諸侯在朝有所治受，與王上下達之事

此官掌朝位，而諸侯在朝有復逆之事，亦掌之；與大僕職曰：「掌諸侯之復逆」官聯。王安石《周官新義射人》下曰：「射之為道，利以直達，有括則不至，治達如之，故掌治達者在射人也。」是也。治達事綜晐諸侯在朝凡眾事有所治受，射人上達於王，下達於諸侯。故射人職曰：「掌其治達。」鄭注：「謂諸侯因與王射及助祭而有所治受而達之於王，王有命，又受而下之。」是鄭注仍未得全解。治達一作「治逆」，釋文周禮音義考證下曰：「治逆舊作治達，與注疏本同。案注云受而達之王，王有命又受而下之，則與掌復逆者無以異，宋本作治逆，今從之。」（見抱經堂本經典釋文）謹案治逆、治達義近，可互為參佐。

（二）掌射法以治射儀

射人掌射人之官法習大射之儀。今略述王大射儀於后以說明之。

1. 王以十二人成六耦，射熊、虎、豹三侯

三侯，侯各一容（容形似床頭小曲屏風，以皮革爲之，唱射所以自防隱，以御矢也）。凡三容以待三獲，若射中則唱獲。射所以觀德，使射者容體比於禮，節奏比於樂，故有樂鼓以節之。王未射前工以騶虞爲樂，奏五正以聽之；射時繫鼓九節以節之。以上略云王大射之儀。

若王大射前射人之職所事爲何？若王大射，則於前三日射人擬度侯道之距離，及張設熊、虎、豹三侯。射人職曰：「若王大射則以狸步張三侯。」鄭注云：「鄭司農云：『狸步謂一舉足爲一步，於今爲半步』，玄謂狸善搏者也；行則止而擬度焉，其發必獲，是以量侯道法之也。候道者，各以弓爲度，九節者九十弓，七節者七十弓，五節者五十弓；弓之下制長六尺。大射禮曰：『大侯九十，參七十，干五十』，是也。三侯者，司裘所共虎侯、熊侯、豹侯也。……」此官射禮之前主張侯之官法，與司裘、服不氏、司常、巾車、量人、射鳥氏皆相互官聯而共作之也。

> 天官司裘職曰：「王大射則共虎侯、熊侯、豹侯，設其鵠；諸侯則共
> 熊侯、豹侯；卿大夫則共麋侯，皆設其鵠。」

此見射侯爲司裘所供給。司裘鄭注云：「大射者，爲祭祀射，王將有郊廟之事，以射擇諸侯及群臣，與邦國所貢之士可以與祭者。」

> 服不氏職曰：「射則贊張侯，以旌居乏而待獲。」

此見服不氏贊張侯，其持旌、居乏、待獲，若獲則舉旌唱獲。服不氏鄭注云：「杜子春云：待當爲持，書亦或爲持。玄謂待獲，待射者中，舉旌以獲。」孫詒讓周禮正義服不氏疏曰：「射則贊張侯者，通三射而言，與射人爲官聯也。云以旌居乏而待獲者，司常共旌與此官，始則以旌負侯，繼則去侯居乏以待獲，終則以旌唱獲也。」

> 春官司常職曰：「凡射，共獲旌。」

此見司常供給獲旌。供獲旌指大射、賓射、燕射三射皆供，以授服不氏，使執之（詳司常賈疏）。

> 儀禮大射曰：「司馬命量人量侯道與所設乏以狸步；大侯九十，參七
> 十，干五十，設乏各去其侯西十北十。遂命量人巾車張三侯，……
> 凡乏用革。」鄭注：「巾車於天子宗伯之屬，掌裝衣車者，亦使張侯。

侯，巾類。」賈疏曰：「……云侯巾類者，侯亦有飾，故鄉射記云凡
畫者丹質及正鵠之飾，故云巾類也。

此大射禮固爲諸侯禮，但參佐其文，推知量人、巾車並與射人牽連矣。王將
射，射人令服不氏去侯，此時服不氏則居乏待獲。射人立於王後，以矢所行
方向告王，王乃知所調正。卒射，射人令射鳥氏取回射矢。即射人職曰：「王
射，則令去侯；立于後，以矢行告。卒，令取矢。」鄭注云：「鄭司農云：射
人主令人去侯所而立于後也。以矢行告，射人以矢行高下左右告于王也。大
射禮曰：『大射正立于公後，以矢行告于公，下曰留，上曰揚，左右曰方。』……
卒令取矢，謂射卒射人令當取矢者，使取矢也。玄謂令去侯者，命負侯者去
侯也。」周禮正義孫疏云：「王射者，亦冡上文大射而言。……服不氏云：射
則贊張侯以旌居乏而待獲，此人即服不氏及其徒二人分居三侯者，未射則負
侯，將射則令去侯而居乏也。……云以矢行告，……此據大射儀爲說也。……
王大射則射人以矢行告王，禮與彼同。……此取矢者爲射鳥氏，故射鳥氏云：
射則取矢，矢在侯高，則以并夾取之。……」案：此處又見射鳥氏取矢事。
又曾釗嘗駁鄭司農注云射人主令人去侯所而立于後之非，其曰：「釗案：注下
引射禮曰大射正立于公後，則立于後即連以矢行告爲句，先鄭說非也。」（見
周禮注疏小箋四）曾說是也。

以上有七職官關連射禮，後文與此牽涉者尚不止此七職官，則射禮之繁
重可以概見矣。

2. 諸侯以八人成四耦，射熊豹二侯，凡二容以待二獲

未射前，以貍首爲樂，奏三正；射時，擊鼓七節以節射。餘儀、事亦如
王射。

3. 孤與卿、大夫各以六人成三耦，射糜侯，凡一容以待一獲

未射前以采蘋爲樂，奏二正；射時，擊鼓五節以節射。餘儀、事亦如王
射。

4. 士以六人成三耦，射豻侯，凡一容以待一獲

未射前以采蘩爲樂，奏二正；射時，擊鼓五節以節射。餘儀、事亦如王
射。

綜合上述，略可見王大射之概況及儀法，蓋此即射人職云：「以射法治射
儀：王以六耦射三侯；三獲；三容；樂以騶虞，九節五正。諸侯以四耦射二

侯；二獲，二容；樂以貍首，七節三正。孤卿大夫以三耦射一侯；一獲；一容；樂以采蘋，五節二正。士以三耦射豻侯；一獲；一容；樂以采蘩，五節二正。」

5. 祭侯則射人為服不受獻之位

祭侯之事，其義為獲者歸功於侯；因侯先設，而後始有獲，故歸功之。射禮服不負侯，故祭侯時，必獻服不。三侯皆祭，當亦獻服不之徒，統尊者已言之，故文不必具也。儀禮大射及於獻服不之儀，其文曰：「司宮尊侯于服不之東北，兩獻酒，東面南上，皆加勺，設洗于尊西北，篚在南東肆，實一散于篚。司馬正洗散，遂實爵獻服不，服不侯西北三步，北面拜受爵，司馬正西面拜送爵，反位。宰夫有司薦，庶子設折俎，卒錯，獲者適右个，薦俎從之，獲者左執爵，右祭薦俎，二手祭酒。適左个，祭如右个，中亦如之。卒祭，左个之西北三步東面，設薦俎，立卒爵。」此獻服不之儀於祭侯時行之。射人掌服不受獻之位，其受獻位為「侯西北三步，北面拜受爵」。是故射人職曰：「祭侯，則為位。」鄭注：「祭侯，獻服不；服不以祭侯為位，為服不受獻之位也。大射曰：服不侯西北三步，北面拜受爵。」

6. 畢射，射人與大史並視筭

矢射畢，乃釋弓、去扑、襲進，去射位而視筭。射人與大史共攝視筭事，二官於盛筭器中計射獲之數。即射人職曰：「與大史數射中。」鄭注云：「射中，數射者中侯之筭也。大射職曰：『司射適階西，釋弓、去扑、襲進，由中東立于中南，北面視筭。』」是視筭事也。而太史職曰：「凡射事，飾中、舍筭、執其禮事。」鄭注云：「舍讀曰釋。鄭司農云：『中，所以盛筭也。』玄謂設筭於中，以待射時而取之，中則釋之。鄉射禮曰：『君，國中射則皮豎中，於竟則虎中；……天子之中未聞。』」孫詒讓周禮正義疏曰：「凡射事者，賈疏云：『則大射、賓射、燕射之等，皆使太史為此三事。』云飾中者，封人注云：「飾謂刷治絜清之也。……」賈疏云：「舍筭者，射有三番，第一番三耦射不釋筭；第二、第三番射乃釋筭。』云執其禮事者，賈疏云：『大史主禮者，天子諸侯射，先行燕禮，後乃射，其中禮事，皆大史掌之。』……云玄謂設筭於中，以待射時而取之，中則釋之者。賈疏云：按鄉射、大射筭皆於中西，設八筭於中內，偶升，將射，大史取中之八筭執之，待射中則更設於中；待第二耦射，第三耦已下皆然。」是太史職主射禮之三端，非止釋筭耳。

7. 佐人司馬預習射禮之法儀

射之法儀大司馬及其佐主之。射人典射法治射儀，故佐大司馬治射之法儀。故射人職曰：「佐司馬治射正。」鄭注云：「射正，射之法儀也。」賈疏云：「射之威儀乃是禮之正，故名射儀為射正也。司馬所主射儀謂若命去侯、取矢、乘矢之等，皆當佐之。言治者亦謂預習之類也。」知司馬為大司馬及其屬佐者，大司馬職曰：「若大射則合諸侯之六耦。」見王大射蓋以射人佐大司馬為司射之事也。射皆有司射主其禮（詳見〈大射禮〉及〈鄉射禮〉二篇），故射人此云以官法佐射儀。

以上七事為射人以射法治射儀之事。

（三）祭祀則贊王射牲於廟廷，專相孤卿大夫之法儀

祭祀，王射牲，乃示王親殺牲之義，蓋敬神之至也。射牲之弓矢為司弓矢所供，司弓矢職曰：「凡祭祀共射牲之弓矢。」是也。或曰王牽牲入廟門，繫於碑，則廟廷為射牲之所在歟！是時或為王射牲而射人贊射牲之時歟！祭義曰：「郊之祭也。……祭之日，君牽牲，穆答君，卿大夫序從。既入廟門，麗于碑，卿大夫袒，而毛牛尚耳，鸞刀以刲，取膟膋乃退。爓祭，祭腥而退，敬之至也。」是為上文佐證。射人與司士、諸子分職而各有所專，此專相孤卿大夫之法儀者，亦分職之一端矣。射人職曰：「祭祀則贊射牲；相孤卿大夫之法儀。」鄭注云：「烝嘗之禮有射豕者，國語曰：『禘郊之事天子必自射其牲』，……。」孫詒讓周禮正義疏云：「祭祀則贊射牲者，謂內外大祀天地宗廟之屬。賈太僕疏謂祭社稷亦射牲，又史記封禪書說漢武帝時諸儒采封禪，尚書、周官、王制之望祀射牛事，則社稷望祀亦並有射牲法。凡射牲皆於廟庭，祭義云：『祭之日，……麗于碑』蓋於是時，王則親射之，此官贊助其事也。外祭祀在壇兆亦然。云相孤卿大夫之法儀者，劉台拱云：『射人相孤卿大夫之法儀。司士相士之法事；猶射人作卿大夫掌事，司士作士掌事；射人作卿大夫從，司士作士從，諸子作群子從是也。』案劉說是也。上朝位射儀等並諸侯三公孤卿大夫士內外尊卑通掌不別，自此以下則並專掌卿大夫之事，下文掌作卿大夫，司士作士，諸子作群子，是卿大夫士庶子各以爵秩尊卑三官分作之，小宰六敘所謂以敘作其事者，其分職固較然不同也。」是也。

（四）會同朝覲選有爵之大夫，使為介

射人職曰：「會同朝覲作大夫介，凡有爵者。」鄭注云：「諸侯來至，王

使公卿有事焉，則作大夫使之介也，有爵者，命士以上，不使賤者。」孫詒讓周禮正義疏曰：「……詒讓案王使卿大聘於諸侯，則當以大夫為上介，士為眾介，司士云：『作士適四方，使為介』，此射人掌作卿大夫，則聘諸侯，亦射人作大夫為上介，經不言者文略。云凡有爵者，賈疏云：『使凡有爵者，命士以上為眾介也。』劉台拱云：『射人掌孤卿大夫，此有爵者當指大夫以上也。記曰：『古者生無爵，死無諡』案劉說是也。……射人專掌卿、大夫，下文大賓客、作卿大夫從，作大史及大夫介；大喪，作卿大夫掌事，皆不及士，是其證。經云：『作大夫介』，又云『凡有爵者』，明介之外凡使卿大夫將事者，並此官作之，非謂官兼作上、中、下士也。」是也。然則鄭云有爵者為命士以上之說非是矣。

（五）大師則令孤卿大夫乘王之倅車

大師，射人掌令孤卿大夫乘王戎車之副。即如射人職曰：「大師令有爵者，乘王之倅車。」知倅車為戎車之副者，戎僕職曰：「掌馭戎車，……掌王倅車之政，正其服。」鄭注：「倅，副也。」故得知之。又射人賈疏云：「大師，謂王出征伐，王乘戎路，副車十二乘皆從王行，則使有爵者命士已上乘之。……」此有爵者同上文所云，當指孤卿大夫耳。

（六）大賓客，選使卿大夫從王，又戒令大史、大夫介等

諸侯來朝，若不為會同，是秋冬覲遇，春夏廟享，曰大賓客。然則因會同而諸侯來至，廣而言之，亦得曰賓客也。有大賓客射人選使卿大夫從王見諸侯，以備使令。故射人職曰：「有大賓客則作卿大夫從。」賈疏云：「大賓客，不言會同，則是秋冬覲遇并春夏受享在廟之時，從王見諸侯也。」此云大賓客作卿大夫從，而司士職以會同賓客均作士從，故推知會同射人亦選使卿大夫從，射人之職作卿大夫從，兼晐賓客及會同而言矣。

大賓客，大史有錫命之事。若大史職曰：「大會同朝覲，以書協禮事。」又曰：「凡邦國都鄙及萬民之有約劑者藏焉，以貳六官，六官之所登。」又，覲禮曰：「諸公奉篋服如命書于其上，升自西階東面，大史是右。侯氏升西面立，大史述命，……」是大史與於錫命事，故射人特戒之。若大賓客，大夫介亦從王見諸侯、備使令，故射人亦戒其所當為者，是故射人職曰：「戒大史及大夫介。」

（七）大喪，遷君尸，且使卿大夫各有掌事

射人與大僕平生時皆贊王服位，故王始崩舉尸正之，及大小斂等逐次遷尸，皆使二官聯事。若后喪，遷尸事自有世婦爲之。凡大喪卿大夫宜各有職事，此則兼晐王、后、世子喪三者而言。又大喪當校比命男本服之親疏貴賤而定居廬之人數，並糾察其禮儀；不敬者，苟罰之。命婦之校比司糾，世婦典之。天官宮正職曰：「大喪，則授廬舍，辨其親疏貴賤之居」。此爲居廬之事。春官世婦職曰：「大喪，比外內命數之朝暮哭，不敬者苟罰之。」鄭注云：「苟，譴也。」此是世婦掌大喪命婦不敬者之苟罰事。總此文所云即是射人職曰：「大喪與僕人遷尸；作卿大夫掌事。比其廬，不敬者苟罰之。」鄭注云：「僕人，大僕也。僕人與射人俱掌王之朝位也。王崩，小斂，大斂遷尸于室堂，朝之象也。檀弓曰：『扶君，卜人師扶右，射人扶左，君薨，以是舉。』苟，謂詰問之。」孫詒讓周禮正義疏曰：「……云作卿大夫掌事者，賈疏：謂王喪宜各有職掌。詒讓案：此則宜兼有后、世子之喪，與上遷尸唯據王喪小異。云此其廬，不敬者苟罰之者，賈疏謂若宮正所云親者貴者居廬，當比其本服親疏及貴賤；案比其廬謂校比其居廬之人數，并糾察其禮儀也。不敬者苟罰之，亦即比之事。春秋世婦云：大喪比外內命婦之朝暮哭，……苟罰之。」與此事相類，蓋世婦比命婦，此官之命男，內外職掌互相備也。賈謂比其親疏貴賤，義未晐。……云王崩，小斂、大斂遷尸于室堂者，……知此大喪不兼后喪者，以后喪遷尸自有婦官執其事，以職掌秩次相推約，疑當世婦、宮卿及女御同遷之，非此官所掌，故鄭唯云王也。」孫說精確是也。

小子

小子主祭祀之小事（小子序官鄭注），今將其職掌略作分析，敘列如后：

（一）掌祭祀羞肉物之祭品及社稷、五祀之爨祭

1.掌四時正祭進獻羊肆、羊殽、肉豆

羊肆，即豚解也。名豚解者，謂去蹄四段解之，殊肩髀如解豚，故名。雖解爲四段，實則有七體也（見周禮正義小子孫疏）。羊肆鄭司農注云：「羊肆，體薦全烝也。」鄭玄注云：「謂肆讀爲鬄；羊鬄者所謂豚解也。」二鄭釋「肆」字音義不同，就其義而言，四時正祭爲宗廟之祭，不當享全烝。全烝者，全牲薦升也，爲郊天大祭祀所用也。（參見周師一田春秋吉禮考辨第二章郊禮）又國語定王論不用全烝之故章「王召士季曰：『子弗聞乎？禘郊之事，

則有全烝，……』韋注云：「全烝，全其牲體而升之。凡郊禘皆血腥。」因此得知全烝即全牲升之。豚解既不為全烝，則後鄭之義為是。就音而言，先鄭如字，後鄭易字，肆、鬄、鬐古音近同也，後鄭不煩改字可也。段玉裁云：「先鄭如此，後鄭易字，士喪禮云特豚四鬄去蹄；士虞禮記所謂豚解也。今文鬄作剔，然則古文作鬄為假借字，說文無剔字，亦從古文也。玉裁謂鬄當作鬍，從刀鬄聲，古肆與四，音同在十五部，鬄鬍則在十六部，鄭君以四鬍釋羊肆，可不改字也。」豚解乃將牲體解為七，凡牲之腥者必半解而後豚解，蓋此以腥羞也（詳見脀解表說明）。

羊殽即是體解。將豚解之七體，更解為二十一體也。凡牲之燗、孰者必體解。蓋此為燗、孰之薦羞也。曲禮後鄭注云：「殽，骨體也。」孔疏云：「熟肉帶骨而臠曰殽。」鄭司農小子注云：「羊殽，體解節折也。」案先鄭此注以周語為釋。體解節折又曰體解，又曰節折，又曰折俎，又曰枝解，又曰殽烝，其實一也。（詳見脀解表說明）

以上羊肆、羊殽為骨體盛於俎之祭品。

肉豆者，切肉之盛於豆也。此為孰羞也。曲禮云：「凡進食之禮，左殽，右胾，……」鄭玄注云：「殽，骨體也。胾，切肉也。……殽在俎，胾在豆。……熟肉有骨曰殽；胾，……大臠。」

以上羞羊肆、羊殽、肉豆皆為小子之職。

凡祭祀薦肉物皆此官為之。故小子職曰：「掌祭祀羞羊肆、羊殽、肉豆。」孫詒讓周禮正義疏曰：「掌祭祀羞羊肆、羊殽、肉豆者。羊肆、羊殽俎實也。肉豆，豆實也。謂四時正祭祀，此官專掌進羊牲之肆殽等，與羊人為官聯，別於下文刉珥等小事，則通用六牲，不專用羊也。……今以禮經春秋內外傳及韋、杜、賈諸說參互考之，脀解之法，蓋有五，而實止四等，一曰全烝……五曰骨折……。云肉豆者切肉也者，謂若腒、臐、膮、炙、胾、膾之屬，切肉之盛於豆者，與骨體盛於俎別，故謂之肉豆。……江永云：肉豆，庶羞也。特牲、少牢尸食舉之時，佐食羞、庶羞四豆於左，尸食之，又云庶羞小子設之。案江說是也。凡祭祀有內羞，有庶羞；內羞穀物，天官世婦薦之；庶羞肉物，此官薦之。……」又莊存與曰：「小子掌祭祀羞羊肆、羊殽、肉豆。凡祭祀唯大宰不奉牲，司徒奉牛牲，宗伯奉雞牲，司馬羞魚牲，司寇奉犬牲，司空蓋奉豕牲。羊人屬夏官而司馬不奉羊牲也，小子之設代司馬也。……」（周官說補三）如此言之，小子之職也未必專主祭祀之小事矣。

2.掌社稷、五祀之釁禮之血祭

祈，讀如刉、一作幾，一作幾，諸字聲類皆同；珥，讀如衈，聲類亦同。秋官士師職曰：「凡刉衈則奉犬牲。」後鄭以刉衈為祈珥之正字。刉為割刺之名，從刀，義取割牲，此通六牲而言。衈為以血塗祭，从血，義取塗釁。刉衈即謂割六牲，血以塗釁，此釁禮事也。小子職曰：「掌珥于社稷，祈于五祀」即指掌社稷與五祀之釁禮事。社稷，土穀之神也。五祀，五行之神兆也。大宗伯職曰：「以血祭祭社稷、五祀、五嶽。」此與小子刉衈社稷五祀之義同。大宗伯鄭注云：「社稷，土穀之神，有德者配食焉。共工氏之子曰句龍，食於社；有厲山氏之子曰柱，食於稷；……鄭司農云：禳當為祀，書亦或作祀。五祀，五色之帝於王者宮中，曰五祀，……玄謂此五祀者，五官之神，在四郊，四時迎五行之氣於四郊，而祭五德之帝，亦食此神焉。……」

又凡物須釁者，皆謂始成者也（小子賈疏）。大司馬大師釁社主只臨時而為，抑此猶「臨事而懼，好謀而成」（論語述而）之深意在哉！孫詒讓周禮正義小子疏曰：「……詒讓案：始成宮兆者，五祀兆於四郊，大社大稷在路門外，王社王稷在南郊藉田之中，皆為壇墠宮。鄭雜記注云：廟新成必釁之，尊而神之也，故社稷、五祀宮兆新成亦必釁以神之。大司馬大師釁主則惟釁社主，不及宮兆，且不在始成時，與此異也，……秋官士師職曰：凡刉衈則奉犬牲，此刉衈正字與者，此鄭自著其考定之例也；全經刉衈字異同錯出，……後鄭參定諸文，從彼為正，其士師衈字，經仍作珥，注讀為衈，此注依所讀字引之，綜校鄭義，蓋刉為刌割，衈為塗釁，而皆用牲血，則與血祭相類。說文刀部云刉，劃傷也。一曰斷也。血部云幾，以血有所刉涂祭也。許以幾為刉衈正字，與鄭字例小異，義亦略同也。」

（二）凡是沈祭、辜祭、侯禳之祭，則拭絜所祭之六牲

沈為祭川；辜為磔牲以祭。大宗伯職曰：「以貍沈祭山林川澤；以疈辜祭四方百物。」鄭注云：「故書……疈為罷，鄭司農云……罷辜，披磔牲以祭。」此亦以沈為川澤之祭，而疈辜謂披磔牲以祭，與辜磔牲以祭之義亦同。侯禳之祭，有二說，一說以侯禳為一祭，一說以侯、禳為二祭。小子職曰：「凡沈、辜、侯禳飾其牲。」鄭司農注云：「侯禳者，候四時惡氣禳去之也。」此先鄭意以侯禳為一祭。小祝職曰：「掌小祭祀，將事侯、禳、禱、祠之祝，以祈福祥……」鄭玄注云：「侯之言侯也，候嘉慶，祈福祥之屬。禳，禳卻凶咎，寧風旱之屬……」後鄭意以侯、禳為二祭，然則是一祭、是二祭蓋已不可考，

今並存之。小子飾牲之飾，其義為拭絜也。封人職曰：「凡祭祀，飾其申牲。」鄭注：「飾，謂刷治絜清之也。」彼義與此同，是其證。

（三）禮樂之器、祭器、軍器新成則並釁之

小子之職曰：「釁邦器及軍器。」鄭注云：「邦器謂禮樂之器及祭器之屬。」賈疏云：「鄭云禮器者即射器之等；樂器即鐘鼓之等；祭器即籩豆、俎簋、尊彝器皆是。」是也。大師釁軍器大司馬必蒞臨視禮。大司馬職曰：「若大師，則……帥執事蒞釁主及軍器。」鄭注：「凡師既受甲，迎主于廟及社主祝奉以從，殺牲以血塗主及軍器，皆神之。」此釁軍器即小子之職，而大司馬必臨事視禮。

（四）凡斬牲，以左右巡行遍示軍眾

凡軍旅、田獵並有誓眾，此官掌斬牲，示眾犯誓必罰之若此牲。大司馬職曰：「中冬教大閱……群吏聽誓于陳前，斬牲，以左右徇陳，曰不用命者斬之。」鄭注云：「斬牲者小子也。」凡此等誓言，非祭祀之誓，乃為軍中禁令之誓也。秋官士師國之五禁，其五曰軍禁，亦此之類。又秋官鄉士職曰：「大軍旅則各掌其鄉之禁令，帥其屬夾道而蹕。」又秋官銜枚氏職曰：「軍旅令銜枚禁嘂呼歎鳴于國中者。」又尚書費誓、甘誓、湯誓並是軍中禁令事。（詳見秦蕙田五禮通考卷二百三十九）

（五）祭祀贊助進獻祭品及受祭後所徹之祭品

膳夫、內小臣、九嬪、外宗等諸職官祭祀畢皆徹祭品與此官。此官受徹之俎豆有腥、有燗、有孰，將如何處置經無明文，疑予與祭之卿大夫執事及庶人在官者等分食，示遺神惠及王惠也。

脀解表

據孫詒讓周禮正義小子疏作表，說明脀解之法有五，其等止四，表如下：
（解體名依今人李雲光三禮鄭氏學發凡之解體表之解體名稱而錄下，其說原自楊復儀禮旁通圖與陳祥道禮書之說）

名稱\內容	解　法	解　體　名	用　法	又　名	備　考
全烝	全而薦之(不解)		禘郊用犢(並薦血)		
房烝	中分左右二體，升其胖於俎，而不解餘體		唯豚有合升法	1.體薦（左傳） 2.半體（毛詩傳） 3.半解（周語韋注）	房烝、豚解二者同薦腥之節、隆殺相等，解法互異。

豚解	解 前後肱股爲四 （肱、股各二） 脊一 脅二 凡七體	左肱骨、右肱骨 左股骨、右股骨 脊 左脅 右脅	凡牲之腥者必半解 而後豚解。 祭祀薦腥，其法爲 二： 1.以豚解肴以俎。 2.以半解之腥體爲 　肴。	詩閟宮孔疏云： 魯祭禮有房烝（實 爲豚解之誤）	
體解	於七體中復解： 前後左右肱各三 （肱二、各三， 爲六） 前後左右股各三 （股二，各三， 爲六） 脊爲三 左右脅各三（左 脅爲三，右脅爲 三，凡六） 凡二十一體	肱　左肩、右肩 　　左臂、右臂 　　左臑、右臑 股　左肫、右肫 　　左胳、右胳 脊　正脊、脡脊 　　橫脊 脅　左正脅 　　右正脅 　　左代脅 　　右代脅 　　左短脅 　　右短脅	凡牲之爛、熟者必 體解	1.體解節折（周語） 2.節折（士冠禮賈 　疏） 3.折俎（士冠禮） 4.枝解（鄉飲酒、 　鄉射之鄭釋） 5.觳烝	
骨折	於二十一體之 中，更折之爲多 骨，則解之不成 體，通言之骨折			1.亦得觳烝（觳 　脊），此上關二十 　一體，下關不成 　體之通名 2.觳折（特牲記）	若特牲饋食記（解 正脊、二骨脡脊二 骨、長脊二骨） 若少儀（牛左肩、 臂、臑折九箇）

牲體名稱圖

（錄自李雲光三禮鄭氏學發凡之牲體圖，其說原自楊復儀禮旁通圖）

羊人

羊人主掌羊牲及祭祀供羊牲之職。其次若牧人無毛色角體完全之羊牲可供祭祀用時，則此官掌買羊牲供之。

（一）羊人所主掌羊牲及祭祀供羊牲之職

略可言者有下列五點：

1.凡祭祀拭絜羊牲

飾者，刷治絜清也（地官封人鄭注）。或謂拭也（周禮正義羊人孫疏）。皆整治清潔之謂也。斯爲牲祭前必行者，以示牲體絜淨也。譬若大戴禮諸侯釁廟篇云「雍人拭羊，乃行入廟門」及封人職曰：「凡祭祀，飾其牛牲。」並是也。是故羊人職曰：「凡祭祀飾羔。」此云飾羔而不云飾羊牲，實兼羔、羊而言。此句即有「掌羊牲」，後有「割羊牲」，則其兼攝羔、羊之義昭然，故知之。

2.祭祀，割羊牲及升羊牲之首

祭祀，割牲於庭，升首於室。羊人主羊牲，故使割羊牲，且使升羊牲之首。故羊人職曰：「祭祀，割羊牲，登其首。」首爲陽，足爲陰（羊人賈疏），故制祭之後，升牲首於北牖下（郊特牲鄭注），使報陽氣也。

3.凡釁禮，值給所需之羊牲

祈珥，或曰「刉珥」、「刉衈」（見秋官士師及注）；或曰「幾珥」、「畿珥」、「機珥」（見春官肆師鄭注），字或不同，其音、義一也。小子職文業已論及，茲不贅述。釁禮用牲有羊、有犬、有雞，此官掌供羊牲。廟新成，必有釁（見禮記雜記），此即釁禮之一端也。故羊人職曰：「凡祈珥，共其羊牲。」

4.依據牢禮供給賓客法定之羊

賓客來，或未至在道，或去在道，依牢禮之法待賓客當有牲羊者，此官依法供其羊。牢禮之法蓋在大宰九式賓客之式中，而掌其法者爲宰夫，宰夫知賓客、祭祀、饗食、犠牲牢之數，大行人則知賓客之數（參見宰夫周禮正義孫疏）。《天官宰夫職》曰：「凡朝覲、會同、賓客，以牢禮之法掌其牢禮、委積、膳獻、飲食、賓賜之飧牽，與其陳數。」鄭注云：「牢禮之法，多少之差及其時也。三牲牛、羊、豕具爲一牢。」是其事。又《地官牛人職》曰：「凡賓客之事，共其牢禮積膳之牛。」鄭注云：「牢禮，飧饔也。積，所以給賓客之用，若司儀職曰：「主國五積者也。膳，所以閒禮賓客，若掌客云：殷膳太

牢。」是其事之屬矣。上文所言即羊人之職曰：「賓客共其法羊。」鄭注云：「法羊，殤饔積膳之羊。」

　　5.凡沈祭、辜祭、侯禳之祭、釁祀、積柴以祀，則供其羊牲

　　沈、辜、侯禳之祭或云沈、辜、侯、禳四祭者，其說已於小子職說明矣，茲不另述。釁祭，即如春官天府職曰：「上春，釁寶鎮及寶器。」之類，又如小子職曰：「釁邦器及軍器。」等。積柴以祀者，祀天神有禋祀、實柴、槱燎三法，三法皆積柴實牲體為之（見大宗伯文）。上述諸祭祀皆此官供羊牲與充人繫養，以待用。是故羊人職曰：「凡沈、辜、侯禳、釁、積，共其羊牲。」此官於祭祀止主供羊牲，若所用非止特羊，則與牛人、豕人等聯事，並供牲。

（二）若無毛物純色、角體完具之羊牲可用於祭祀，則使賈人買牲共之

　　羊人為供牲之官；牧人為養牲之官。六牲皆牧人所蓄育長養，總主供給祭祀之六牲，而使牛人、羊人、雞人……等供之。若牧人無毛色角體純正之羊牲，則羊人亦無法取之給用，此時當受泉布於司馬，使其屬賈人買牲於市，而后供之。故羊人職曰：「若牧人無牲則受布于司馬，使其賈買牲而共之。」今欲觀牧人職與羊人等職之牽連，茲附錄牧人職文如后以作參考。牧人職曰：「掌牧六牲，而阜蕃其物，以共祭祀之牲牷。」鄭注云：「六牲謂牛、馬、羊、豕、犬、雞。鄭司農云：牷，純也。亦謂牷體完具。」孫詒讓周禮正義疏曰：「……江永云：『遠郊有牧田，以授九職中之藪牧，使牧六牲，即以牲物為貢，牧人掌之，國有祭祀，牧人共之於王朝，牛入地官牛人、充人及司門；羊入夏官羊人，豕入多官豕人；犬入秋官犬人，而豢於地官之槁人，雞入春官雞人；馬入夏官圉人，馬牲唯有事於四海山川，及喪祭遣奠用之。將祭祀，則各官供之，小宗毛而辨之，頒之司徒、宗伯、司馬、司寇、司空，使供奉之。……羊人云：『若牧人無牲……買牲而供之。』此謂牧人有時偶乏羊牲，則於長官受布買牲，以供王朝之用，非謂供之於牧人也。……此牧人是養牲之官，牛人等是供牲之官，共牲當由牧人供入牛人等。」

服不氏

　　服不氏之職主掌養猛獸。猛獸若虎、豹、熊、羆之屬，其元是山林之健獸，野性甚不拘，今必食養之，則使此官教習而馴服之。官名服不，固取馴

服猛獸，服不服之意（見《周官新義》卷十二服不氏），亦兼取「王者之教無不服」（服不氏鄭注）之義得之。服不氏未司罟獸，所養猛獸之源，蓋獲自於獸人也。見《天官獸人職》曰：「掌罟田獸，辨其名物。冬獻狼，夏獻麋，春秋獻獸物。時田則守罟，……」。養猛獸於何處？經文未言，然則觀囿人職曰：「掌囿游之獸禁。牧百獸。」牧百獸於苑囿，從而推知服不養猛獸亦於苑囿中。猛獸有堪食者，有不堪食者；譬若熊蹯之類，是其堪食者。其堪食而中膳羞，則可使供祭祀，故服不亦供祭祀之猛獸。若有賓客之事，服不氏之受皮帛，舉而藏之；皮或有虎豹之皮，此亦示服猛之義，故使服不主其事。又服不氏與於射禮；射之先，與量人、巾車共張侯，且以旌負侯；射之時，居乏以待獲；矢發，若中射，則舉旌唱獲。此皆佐射人，故祭侯時必獻服不（詳見射人職）。綜括上文，均可見於服不之職，故服不氏職曰：「掌養猛獸而教擾之。凡祭祀共猛獸；賓客之事則抗皮。射則贊張侯，以旌居乏而待獲。」

射鳥氏

射鳥氏主掌射鳥。凡庖人、膳夫所供膳羞內有禽鳥之屬，皆此官射取之。烏鳶，似鷹（爾雅釋鳥狂茅鴟郭注），鴟屬，鳥中之貪惡者（詩大雅旱麓鄭箋），善鈔盜，又以便汙人（射鳥氏鄭注），故射鳥氏於祭祀、賓客、會同、軍旅等皆主毆此惡鳥。或深究其毆烏鳶之故。竊以為蓋祭祀有俎豆祭品，懼此鳥掠奪及遺菌，損及敬神之義而毆之。賓客、會同、軍旅亦毆之者，射鳥氏賈疏云：「以其會同皆有盟詛之禮、殺牲之事，軍旅亦有斬牲巡陳之事，故須毆烏鳶。」竊欲補足賈疏，以為賓客「會同皆有貴賓來，毆鳶使勿擾污；軍旅之事尚密，鳥起則知有伏兵，獸駭者知有襲兵（參見蔣百里孫子淺說之孫子行軍篇）。類此，烏鳶巡飛，易洩軍機，生敵戒心，以故毆之。又，王射，使此官主取其矢，倘若矢在侯高處，則以司弓矢所給之鉗箭具取之以下（司弓矢職曰：「大射、燕射共弓矢如數、并夾。」）故總上即射鳥氏之職曰：「掌射鳥。祭祀以弓矢毆烏鳶；凡賓客、會同、軍旅亦如之。射則取矢，矢在侯高，則以并夾取之。」此為射鳥氏之兼職也。

羅氏

羅氏主掌羅烏鳥。蜡祭時，時節既冬（羅氏先鄭注），昆蟲已蟄，可以火田。王制曰：「昆蟲未蟄，不可以火田。」，故用細密之羅以捕小鳥。王制曰：

「周人養國老於東膠，養庶老於虞庠」，又曰：「君子耆老不徒行，庶人耆老不徒食」，又曰：「凡養老：有虞氏以燕禮，夏后氏以饗禮，殷人以食禮，周人脩而兼用之。」謹案：國老即君子耆老也，凡國之卿大夫、元士之致仕者之謂也。庶老即庶人耆老也，凡庶士以下及庶人並謂之也（此兼採王制、孔疏、熊氏、皇氏說及陳祥道之說，見周禮正義羅氏疏引）。羅氏春羅獻春鳥與鳩，以養國老，乃是兼云春入學釋菜合舞及秋頒學合聲，於斯時養國老也（黃以周說，見周禮正義羅氏疏引），是國老，蓋兼攝君子耆老與庶人耆老而言。周人尚文，兼用三代之禮（禮記集說王制篇衛注），蓋即謂春養用饗禮，秋養用食禮也（周禮正義羅氏疏孫說）。司裘職曰：「中秋獻良裘，王乃行羽物。」鄭注云：「行羽物，以羽物飛鳥賜群吏。……此羽物小鳥鶉雀之屬，鷹所擊者，中秋鳩化為鷹，中春鷹化為鳩，順其始殺與其將止，而大班羽物。」司裘職言行羽物，羅氏職亦云行羽物，其義相同，羅氏職意謂鳩與春鳥變舊為新，宜以養老、助生氣（羅氏鄭注），固宜惠及國之耆老，然則斯羽物亦得獎賜群吏，使並養之也。綜上可明羅氏之職，其職曰：「掌羅烏鳥。蜡則作羅襦。中春羅春鳥、獻鳩以養國老。行羽物。」

掌畜

　　掌畜主掌養家鳥，使盛大蕃息，且掌其教習馴服之職。家鳥即鵝鶩之屬也（掌畜鄭注）。祭祀，掌畜共卵與鳥。鳥牲則供予牧人；牧人職曰：「凡祭祀，共其犧牲，以授充人繫之。」鄭注云：「毛羽完具也。」雞人雖掌供雞牲，而不主養雞，其犧牲所須則取自牧人，牧人則得之此官也。又庖人掌「共六畜、六獸、六禽」，斯六禽亦取于此官，即如內外饔共膳羞之鳥物亦取于此官。職是之故，供羽牲及膳獻之鳥並為此官之職焉。卵則因時鮮而薦新；禮記王制篇曰：「庶人春薦……韭以卵……」是庶人有薦卵之法，此官祭祀供卵，則王祭祀蓋亦有薦卵之法矣（見孫詒讓周禮正義掌畜疏）。掌畜「歲時貢鳥物」之文文意顯然，乃謂歲以四時進貢鳥物。此官所掌即為蕃育家鳥，或間有馴養野鳥，若鷗鴇、野雁之屬，則為射鳥氏及羅氏所捕，而鄭玄注此句云：「鴇雁之屬，以四時來。」意謂所貢非掌畜所畜之鳥物。賈疏云：「不言鵝鶩雞者，所畜非貢物，故以野鳥為貢者也。」賈意所貢即野鳥也。孫詒讓疏亦然。然則祭祀之羽牲已有雞人供之，此官此處所貢鳥物非關祭祀及膳用歟，又射鳥氏及羅氏之職皆不見供祭祀及貢獻鳥物，蓋羽牲則總由雞人供給，鳥物之貢與膳羞則均由此官獻之也。以上所云即是此官之職，其職曰：「掌養鳥，而阜

蕃；教擾之。祭祀，共卵鳥。歲時貢鳥物。共膳獻之鳥。」

第三節　職掌侍衛於王之侍從官

天子爲政治中樞之領袖，不僅一身繫天下之安危，而且爲萬民所仰望，倚賴焉。其巡守殷國、大會同、大師、大賓客、大祭祀皆躬自蒞事，因之，夏官中於周衛王之事，殊爲重視，於王衛思慮布置之周全及侍衛之眾多，亦牽連諸多職官（侍從官佔夏官參分之一），本節將敘述王之車從侍衛、步從侍衛、起居侍衛等三大類侍從官，凡此三者之外六官中尚有許多職官亦與之聯事，見王衛雖多不嫌重複。如此層層護衛，乃鞏固領導中心於萬全也。

一、職掌車從侍衛之職官

司右、戎右、齊右、道右並爲勇力之士，且皆爲王之車右，主披鎧甲，執戈以衛王。大馭、戎僕、齊僕、道僕、田僕、馭夫均是王車之馭僕。綜此二者稱曰王之車從侍衛。今將分兩方面說明此十職官之職掌。其一車政之探討；其二車從侍衛之職分。

（一）車政之探討

車政從十官皆侍從護衛王者也，然循其職掌中言及馭右配合，車乘編組、乘車威儀等職文追究之，或可察見邦國之車政矣。本文將其職官中關連車政部分抽取羅列，益以周禮及他書中有關文字，彙合研究，細剖縷析，庶幾乎可得邦國車政之片鱗半爪焉。大要言之，得五點分述如下：

1. 車路馭、古職掌之配合

司右職曰：「掌群右之政令。凡軍旅會同合其車之卒伍，而比其乘，屬其右。凡國之勇力之士能用五兵者屬焉，掌其政令。」鄭注云：「群右、戎右、齊右、道右。」

謹案：群右者，五路之右除外，凡乘門、兵車之右皆屬焉。車右皆有政令，司右掌其政令之常法；五路之右各自掌其本職之政令，以故不屬之，鄭注群右爲三右之非，實不待辯矣。

司右於車政職重、員多、事繁，今殊爲詳述，以剖明其職所在。司右自掌司右之政令，同於五路之右各主其政令，然則司右與五路之右之政令固有其同異乎？黃以周曰：「案戎右中大夫，齊右下大夫，道右上士，群右之政令司右掌之，非謂以政令治群右也，下曰掌其政令，斯乃司右之政矣。」（禮書

通故職官四）其說洵然。古者兵車凡介士三人（兵車常法乘三人），中爲御，左主射，古主刺擊；王出，則有爵者乘諸從車以後，從車皆司右掌其右之政令也。車右之常識若何？大僕賈疏云：「以車右，恐車傾覆，備非常……，宜有車右勇力者也。」賈說車右乃備非常之勇士是也。司右職云：「凡軍旅，會同合卒伍、比其乘、屬其右」即爲司右政令之一事。合者會也。合卒伍，人車會聚也。比者次也。比其乘，言排比整頓兵車也。屬者，囑也。屬其右，於車右發號施令也。穀梁定公十年「退而屬其二、三大夫」之屬字義與茲同。此合、比、屬乃一連貫之作爲，是故司右鄭注：「合、比、屬，謂次第相安。」此句既云比乘，則上句卒伍當分指車之編組與徒之編組，二句連文，必不詞複，此卒與伍分說二事，此其一。大司馬職文中大閱車徒之軍事演習，多以車徒並舉，故軍旅會同以車徒配合乃是不爭之事實，「比其乘」、「屬其右」是車徒配合，合卒伍正是總合「比其乘，屬其右」而言也。況「伍」是通說步兵之編組。卒在周禮職文中常作倅，是貳車之義，或有車隊之義，尤可說明「合卒伍」句中之卒與伍是分二事言之矣。此其二也。

　　又戰車與徒卒爲周時攻戰之兩大力量；徒卒之編制已見大司馬職文，車乘之編制雖眾說紛紜，此處猶見其端倪焉。車右皆勇力之士爲之，是勇力之士尚多，然求其能用五兵者蓋不多矣。凡國中能用五兵者自成部伍，而司右所屬固在選中也。司右掌眾乘車及兵車之右，職重員多，故司士謂之大右，然王五路之右則非其屬（周禮正義司右孫疏）其徒八十人，於平時充王車之右，執干戈以衛王（序官司右賈疏）；有事時，益求能五兵之勇士，使自爲屬隊，疑似後世之特遣隊（有戎事）及示範儀隊也（在國）。司右所執持兵器爲何？司右鄭注云：「勇力之士屬焉者，選右當於中。」司馬法曰：「弓矢圉（惠棟以爲當作圍，古禦字作圉。見周禮正義司右孫疏引）、殳矛守、戈戟助，凡五兵，長以衛短，短以救長。」此弓矢、殳、矛、戈、戟五兵孫詒讓謂勇力之士所用，非車之五兵（周禮正義司右孫疏），車之五兵有夷矛而無弓矢（參見司兵鄭司農注），二鄭之說非是，孫說亦未盡然，其詳見本編第四節司兵。此處見能五兵之勇士，雖皆爲車右，或不必固限於車戰歟？

　　戎右職曰：「掌戎車之兵革使，詔贊王鼓，傳王命于陳中，會同充革車。……」

　　序官戎右鄭注云：「此充戎路之右，田獵亦爲之右焉。」

　　齊右職曰：「掌祭祀、會同、賓客前齊車，王乘則持馬，行則陪乘。……」

鄭注:「齊車,金路,王自整齊之車也。……陪乘,參乘;謂車右也。齊右與齊僕同車,而有祭祀之事,則兼王路之右,然則戎右兼田右與?」

序官齊右鄭注:「充玉路、金路之右。」

道右職曰:「掌前道車,王出入則持馬。陪乘,如齊車之儀。自車上諭命于從車。詔王之車儀。王式則下前馬,王下,則以蓋從。」

道右鄭注:「道車、象路也。」

周禮正義道右孫疏:「竊謂凡王出入有副車十二乘,又有從車,則無定數。副車者,備王自乘,爲王路之副;從車者,諸臣從王者所乘,非王路之副也,此從車即從臣之車,凡王出入不論乘何路,皆有從臣,即皆有從車,大戴禮記侯遷廟篇云:『君升車,從者皆就車也。』即此從車之確證。」

大馭職曰:「掌馭玉路以祀。……凡馭路,行以肆夏,趨以采薺;凡馭路儀,以鸞和爲節。」

戎僕職曰:「掌馭戎車。掌王倅車之政,正其服。犯軷,如玉路之儀,凡巡守及兵車之會,亦如之。掌凡戎車之儀。」

鄭注云:「戎車,革路也。師出王乘以自將。」

齊僕職曰:「掌馭金路以賓。朝、覲、宗、遇、饗食皆乘金路,其法儀各以其等爲車送逆之節。」

道僕職曰:「掌馭象路。以朝夕燕出入,其法儀如齊車。掌貳車之政令。」

田僕職曰:「掌馭田路,以田以鄙。掌佐車之政。設驅逆之車,令獲者植旌。……凡田,王提馬而走;諸侯晉,大夫馳。」

鄭注云:「田路,木路也。又云:「驅,驅禽使前趨獲,逆衛還之,使不出圍。」

周禮正義田僕孫疏曰:「倅、貳、佐皆有副義,分言之則戎路之副曰倅車,田路之副曰佐車,通言之則戎田二路之副並得稱佐車。左成二年傳安革之戰亦云鄭周父御佐車,宛筏爲右,載齊侯以免。周書大武篇云:佐車舉旗,並以戎路之副爲佐車、與檀弓少儀合。……佐車又通稱貳車。……」孫詒讓疏又曰:「設驅逆之車者,馭夫掌馭使車。注云驅逆之車則此車亦馭夫馭之。田僕掌其陳設之事,不掌馭也。」

馭夫職曰:「掌馭貳車、從車、使車,分公馬而駕治之。」

馭夫鄭注:「貳車,象路之副也。從車,戎路、田路之副也。使車,驅逆之車。」

周禮正義馭夫孫疏：「王安石云：貳車、副車。姜兆錫云：貳車通謂諸僕、倅車、貳車、佐車之屬，對文則分倅貳佐，散文則通名貳也。曾釗亦據少儀乘貳車必式，注貳車，副車；謂非象路獨得是名。……據道右云自車上諭命于從車，彼官掌馭象路，而有從車，則從車非戎路田路之副明矣。」

序官曰：「司右上士二人、下士四人、府四人、史四人、胥八人、徒八十人。」

序官曰：「戎右。中大夫二人、上士二人。」

序官曰：「齊右。下大夫二人。」

序官曰：「道右。上士二人。」

序官曰：「大馭。中大夫二人。」

序官曰：「戎僕中大夫二人。」

序官曰：「齊僕下大夫二人。」

序官曰：「道僕上士十有二人。」

序官曰：「田僕上士十有二人。」

序官曰：「馭夫中士二十人、下士四十人。」

春官巾車職曰：「掌公車之政令，辨其用與其旗物，而等敘之，以治其出入。王之五路，一曰玉路，……建大常以祀，金路……建大旂以賓，同姓以封；象略……建大赤，以朝，異姓以封；革路……建大白，以即戎，以封四衛；木路……建大麾，以田，以封蕃國；……。」

春官車僕職曰：「掌戎路之萃、廣車之萃、闕車之萃、革車之萃、輕車之萃。凡師、共革車，各以其萃，會同亦如之。人喪，廞革車；大射，共三乏。」
周禮正義車僕孫疏曰：「注云萃猶副也者，……王安石、王昭禹並釋萃為隊，義似較長，蓋此掌五戎之萃，當與諸子掌國子之倅義同。萃，即謂諸戎車之部隊，亦即縣師、司右所謂車之卒伍也。萃者通正副尊卑之言，非專指副倅諸子。……」

春官典路職曰：「掌王及后之五路；辨其名物與其用說。若有大祭祀、則出路、贊駕說；大喪、大賓客亦如之。凡會同、軍旅弔于四方，以路從。」

大司馬職曰：「既陳乃設驅逆之車」鄭注：「驅，驅出禽獸，使趨田者也。逆，逆要不得令走。設此車者田僕也。」

大僕職曰：「王出入，則自左馭而前驅。」

春官司常職曰：「及國之大閱，贊司馬頒旗物，……道車載旞，斿車載旌。」

鄭注云：「道車，象路也，王以朝夕燕出入。斿車，木路也，王以鄙。……
大閱王乘戎路，建大常焉，玉路、金路不出。」

根據以上各官職文注疏，分析其資料，可得知下列數事：

(1) 五路之馭右配對分明；貳車、倅車（含五戎之倅）、佐車、從車、使
車馭者知爲馭夫，車右何人？不見經文云及。

(2) 司右，夏官官府之殷輔，即大司馬屬官，見其序官編制是幕府組織，
其攝作行政業務必無疑。

(3) 五路之車石馭僕自有其政令法儀，司右位卑，職也難涉及，故不容其
置喙施令；司右之「掌群右之政令」必不爲齊右、道右、戎右等。

(4) 經文於貳車、倅車、從車、佐車說法相當紛紜，今整治經文及注疏之
結果，歸納：

① 分言之貳車爲象路之副；倅車爲戎路之副（含五戎之副）；佐車爲
木路之副。散言之五路之副皆可稱曰貳車，亦可稱曰倅車、佐車，
即貳車、倅車、佐車通言之皆可爲五路之副也。

② 從車爲群臣隨從於王之從車，所載有卿、大夫、士及眾國子。從
車不得稱曰副車。蓋此二者有別也。副車爲王之備車，從車爲臣
之乘車，二者安能不別乎？

③ 使車即驅逆之車。使車爲使者使於四方，或備王役使傳遽之用。
其稱又與上云諸車不同矣。

(5) 司右爲夏官掌車政之職官，兼作五路副車之右，亦是王之車從侍衛；
車政之職掌通邦國上下而施爲，群車右皆受令焉，顧五路之右爲王親
右，必不爲所掌，然則從車、使車、五路副車之屬均在掌握矣。因而
推知：

① 群右即指從車、使車、貳車、倅車、佐車之右。

② 副車、從車、使車等之車右爲司右之徒屬兼攝，司右掌其政令也。

③ 馭夫與車右之職雖卑，但所司則較五路爲繁重；就其職掌之政令
而言，則與五路之馭，右職權之行使平等且無遜差，且於車政上
當彼此協調。譬若道僕、戎僕、田僕分掌貳車、倅車、佐車之政
令，則與馭夫關聯，又如司右主群右之政令，亦與馭夫關聯。且
不止如此，五路之馭與五路之右亦當協調；五路之正車與副車、
從車間；從車與副車間，其等馭、右亦有聯事。

④ 見馭僕之間，車右之間之政令法儀得有相通處，其不同處則自是
　　其職官不同之因及官法所守處。

⑤ 於大馭、齊僕、道僕、戎僕、田僕、馭夫、齊右、道右、戎右、
　　司右諸職官中，僅司右具幕僚組織，殆車政或即司右主掌歟？

綜合上述，於路車與馭右職掌之配合當可知大略矣。今據諸馭右職掌，
作路車、馭右職掌配合表，見附表。

路車馭右職掌配合表

（依據司右、戎右、齊右、道右、大馭、戎僕、齊僕、道僕、田僕、馭夫之職之經、注、賈疏、正義孫疏而作）

路車名稱	馭僕	車右名稱	車乘又名	職掌政令及法儀	車乘用途	王自乘所建旗	王朝有大事建以表示之旗	備　考
玉路	大馭	齊右（兼）		玉路之政令法儀（參見其餘四路可知梗概）	以祀（大祭犯軷時）	大常	大常	
金路	齊僕	齊右	齊車	其法儀各以其等為車送逆之節	以賓（朝覲宗遇饗食迎賓時）	大常	大旂	
象路	道僕	道右	道車	掌貳車之政令，其法儀如齊車	以朝以朝夕燕出入	大常	大赤	
革路（戎路）	戎僕	戎右	革車（戎車）	掌王服車之政。正其服、犯軷，如玉路儀。凡巡守及兵車之會，亦如之。掌凡戎車之儀。	以即戎（兵事）	大常	大白	
木路（田路）	田僕	戎右（兼）	斿車	掌佐車之政。設驅逆之車、令獲者植旌。凡田、王提馬而走，諸侯晉；大走馳。	以田（四時田獵）	大常	大麾	
貳車倅車佐車從車使車	馭夫	車右（司右暨其徒屬）	象路之副戎路之副木路之副驅逆之車	群右之政令及法儀	王出入之備車王即戎之備車王田獵之備車諸臣從王行用之奉使傳遽用之			貳車，一曰象路之副，一曰五路之副。從車，諸臣（卿、大夫、士、群子）從王者乘車。賈疏以為驅逆之車即是使車。賈疏云：以使役勞劇之車，故知是驅逐之車也。王安石云：使者所乘。義同。

2. 車乘之編組

車乘之編組，略可分為單乘之編組及車隊之編組，今分別說明如下：

（1）單乘之編組

戎右職曰：「會同，充革車。」鄭注：「會同王雖乘金路，猶以革路從行也。充之者謂居左也。《曲禮》曰：「乘君之乘車，不敢曠左。」周禮正義孫詒讓疏曰：「云充之者謂居左也者，圉師注云：充猶居也。凡乘車，尊者居左，御者中者，右而三，若王自在軍乘革路，則王居中，戎右居右，御居左。今王既不乘革路，則止有御右二人，故以戎右充王之虛位，居左者從王平時乘車法也。其馭則依常法居中，其右則虛之，不參乘，與大僕前驅之車小異而大同也。……臣若乘此車不敢空左，若曠左則似祥左，近於凶時，故乘者自居左也。」

齊右職曰：「掌祭祀、會同、賓客前齊車，王乘則持馬，行則陪乘。」鄭注：「陪乘，參乘，謂車右也。」

大馭職曰：「……及犯軷，王自左馭，馭下稅，登，受轡，犯軷，遂驅之。」鄭注云：「王由工馭禁制馬，使不行也。」周禮正義孫疏曰：「凡王平時乘路皆居左，馭者執轡居中，今大馭將下祝，故王由左暫代馭者執轡，以禁制馬，使止不行，以俟祭軷也。……此車止而王暫自馭，行時大馭仍居中馭也。又戎僕犯軷為王在軍乘革路當居中，戎僕則居左馭，其犯軷亦王暫居中代馭，與乘王路異也。」

大僕職曰：「王出入，則自左馭而前驅。」鄭注云：「前驅如今道引也，道而居左，自馭，不參乘，辟王也，亦有車右焉。」周禮正義孫疏：參乘者謂乘者居左，與馭居中，及右為三。……黃以周云：大僕居則在王左右，行則乘王之副車，凡乘副車者從王後，而大僕為王道引則在前，前驅者多步行在塗，而大僕驅以車，與小臣之前道異，故曰馭，明非徒行也。乘副車者多參乘，而大僕乘王路之次路，尊宜辟王，與有爵者乘卒車異，故曰自左馭，明不敢曠左，亦不敢參乘也。《曲禮》曰：「乘君之乘車，不敢曠左，左必式。」專為乘君次路者言與此相發明，自左馭，正當式左也。若乘倅車不必自馭，故馭夫掌馭貳車、從車，明乘副自有馭也。案黃釋自左馭之義，與戎右注合，是也。此經注不云大僕乘何車，黃以為副車於義亦近是。副車即十二乘之貳車，亦即倅車，又即鄭書顧命注之次路。凡五正路，王自乘其一，餘四路從行，皆以其路之右充之，非大僕所乘也，乘五路者必自左馭，依曲禮自是常

法，乘副車者，本不必居左自馭，大僕以前驅特自左馭，非常法也。……詒讓案……戎右云：『會同充革車』注云：『會同王雖乘金路，猶以革路從行也。充之者謂居左也，依彼注說則乘五路者，亦不參乘，而以右居左，馭居中而虛其右。……』

序官司右周禮正義孫疏曰：「案御覽兵部引五經要義云：國君及元帥戎車，將在中央，當鼓，御者在左，勇力之士執戈在右，彼據王侯元帥戎車法也。乘車則尊者居左，御居中，尋常兵車將卒所乘與乘車同，而右則常充車右，是中左有時更易，右則有常位，故以右爲名也。」

序官戎右周禮正義孫疏：「……月令注云：人君之車，必使勇士衣甲居右而參乘。賈疏云：『若在軍爲元帥，則將居鼓下，將在中，御者在左，若凡平兵車，則射者在左，御者居中。若在國則尊者在左，御者亦中央，其右是勇力之士，執干戈常在右，故云右者參乘也。』詒讓案書甘誓云：左不攻于左，汝不恭命；右不攻于右，汝不恭命，御非其馬之正，汝不恭命。僞孔傳云：左，車左，左方主射。右，車右，勇力之士，執戈矛以退敵。詩魯頌閟宮箋云：『兵車之法，左人持弓，右人持矛，申人御。』續漢百官志劉注引劉劭爵制說：古車戰，兵車，車大夫在左，御者處中，勇士居右，此平兵車三人共乘之法。鄭風清人箋云：兵事之法，將居鼓下，左成二年傳說鞌之戰云：晉解張御卻克，鄭立綏爲右，卻克傷於矢，未絕鼓音，張侯曰：自始合而矢貫余手及肘，余折以御，左輪朱殷，此將在中，當鼓下，御當左輪，是元帥兵車三人共乘之法。公羊成二年傳謂齊頃公在軍居車右，與禮家說不合，非也。凡乘車法與平兵車同，尊者在左，一車之上乘者與御得右而三，故即謂右爲參乘。……兵車又有四人共乘之法，乘者與御右之外。其一人，其一人即謂之肆乘，在文十一年傳云：侯叔夏御莊叔縣，房甥爲右，富父終甥肆乘，是也。」

凡上諸說余據以作圖解說（如車乘單乘編組圖）同時歸納爲下列八點：

① 一般乘車法及王車、兵車乘車法大半皆三人共乘一車。一車四人、二人均非乘車之常法。

② 一般乘車（在國）與尋常兵車（平兵車）之乘法相同；平兵車乘者在左主射，車右居右司刺擊，中御。乘者尊者在左，車右居右，中御，乘法與平兵車不異。五路之副車乘法與一般乘車法同，三者皆常法也。

車乘單乘編組圖

戎右孫疏	齊大右馭王	戎戎右王僕	○戎僕右	
右御尊				
一般乘車法	王平時乘車法	王乘革路法	王不乘革路（革路從王行）（革路從王平時乘車法，但不參乘右虛位）	

禮記月令賈疏		（帥）右將御		
右御尊				
在國之乘車法		元帥在軍乘車法		
右御尊				
平兵車法				

甘誓偽孔傳				
車右御左射				
平兵車法				

序官司右孫疏				
右御將				
尋常共車乘法（與乘車同）				

五經要義		帥右將御		
		王侯元帥戎車法		

黃以周說法（見大僕孫疏引）				大右○僕
右馭乘夫者				
乘倅車貳車從車法（五路之副車乘車法）				大僕前驅乘車法（非常法、與有爵者乘卒車法異）（大僕居左自馭、中虛位）

大僕孫疏

四路之右　四路之馭　○

孫氏據戎右鄭注以爲四路從王行時之乘車法（右充左、右則成虛位）
（王乘一路，餘四路從行法）

大馭孫疏

齊石　大馭　（代御）王
玉路犯軷法
（祭時王在左代御）

戎右　戎僕　（代御）王
革路犯軷法
（祭祀時王居中代御）

詩魯頌閟宮箋

右矛　御　左弓
兵車之法

劉劭爵制說

勇士　御　車大夫
古門戰平兵車
三人共乘法

鄭風清人箋

鄭立綏右　郤克將　解張御
元帥兵車三人共乘法
（將居鼓下）

左傳文公十一年傳

寅
侯房甥右御　父終甥夏　莊叔縣△乘
兵車四人共乘法
（寅父終甥爲肆乘）

③ 王平時乘車法與國人一般乘車法同。

④ 王侯元帥乘戎車法與平兵車乘法不同。王侯將帥皆居中，當鼓下，御者馭於左，是其異處也。

⑤ 犯軷之法止玉路、革路有之，其車之乘法與王乘玉路、革路時無異，僅於馭僕下車道祭時，王暫代御耳。

⑥ 二人共乘之法，唯五路有之；若王在前路，餘四路在後從王行，此時隨行之四路各以車右充左位，示不曠左也。如此，右位則虛位矣，是止有二人共一乘也。

⑦ 大僕為王前驅之乘法，是乘車之殊法。此法，大僕居左而自馭。居左，亦示不曠左之意；自馭，為王前驅也。若此，中則成虛位矣，然仍有車右，故亦二人共一乘也。

⑧ 兵車四人共乘法，當非常例，經傳中固不多見耶！

（2）車隊之編組

① 大司馬職曰：「以旌為左右和之門，群吏各帥其車徒，以敘和出左右陳，車徒有司平之，旗居卒間以分地，前後有屯百步，有司巡其前後，險野人為主，易野車為主。」鄭注云：「軍門曰和，今謂之壘門，立兩旌以為之。敘和出，用次第出和門也。左右，或出而左，或出而右。有司平之，鄉師居門。正其出入之行列也。旗，軍吏所載，分地調其曲疏數。前後有屯百步，車徒異群相去之數也。車徒畢出和門，鄉師又巡其行陳。鄭司農云：『險野人為主，人居前，易野車為主，車居前。』」

定國謹案：車隊如同士徒於軍旅中固有編組，觀此文已可窺見其全豹之一斑矣。只是輿司馬、軍司馬之職文闕佚，今存於周禮書中之記載，蓋不足以得其全豹也。

② 黃以周以為周代之古軍禮與司馬法關係頗為密切，其曰：「儒家不談古兵法則已，欲談古兵法，舍此何所從事？」（見曹元忠輯司馬法古注黃序）司右周禮正義孫疏引黃以周云：「司馬法偏有九乘、十五乘、二十五乘之異。九乘為偏之小，十五乘為偏之大；小偏大偏者於一偏中分之，而非正偏，偏之定名自以二十五乘為正。兩其偏謂之兩，五其偏謂之伍。兩，五十乘；伍，百二十五乘，皆由二十五乘之偏得名，然兩其二十五乘之偏謂之兩，兩其十五乘之大偏亦曰偏之兩，偏之兩非正兩也。參其小偏謂之參，重其小偏謂之專。參，二十七乘；專，八十一乘，皆由九乘之小偏得名。」

司右賈疏云：「按宣十二年傳云：其君之戎分爲二廣，廣有一卒；卒，偏之兩。司馬法曰：二十五乘爲偏。又云以百二十五乘爲伍。注：伍重。故百二十五乘是其車之卒伍也。

左傳昭元年孔疏「服虔引司馬法云：五十乘爲兩，百二十五乘爲伍，八十一乘爲專，二十九乘爲參，二十五乘爲偏。」

左傳成七年杜預注引「司馬法云車九乘爲小偏，十五乘爲大偏，並車乘部伍之名也。」

謹案：黃氏綜合賈疏、孔疏、杜注而得司馬法車乘編組之全豹，其說甚爲明晰，且與左傳經注疏皆無不合（其中服注二十九乘爲參，黃氏以爲九爲七之誤）。

設如黃氏之說，則可知：

小偏，九乘

大偏，十五乘

正偏，二十五乘

兩，五十乘。兩其正偏謂兩。

伍，百二十五乘。伍其正偏謂之伍。

偏之兩，三十乘。兩其大偏也。

參，二十七乘。參其小偏。

專，八十一乘。重其小偏也。

然而，司馬法與周代兵制是否全同，今以爲猶未能徵實確然可依，且存疑而暫附錄之。

③今人石璋如《周代兵制探源》一文中曰：「我們於以下的若干種籍去窺察車兵組織的痕跡。

A. 周禮：按周禮所載，車大都是五輛一組，或者說五乘一組，試舉中車及車僕所掌之車爲例以說明之：

（A）王之五路：Ⓐ玉路……Ⓑ金路……Ⓒ象路……Ⓓ革路……Ⓔ木路……。

（B）王后之五路：Ⓐ重翟……Ⓑ厭翟……Ⓒ安車……Ⓓ翟車……Ⓔ輦車……。

（C）喪車：王之喪車五乘：Ⓐ木車……Ⓑ素車……Ⓒ藻車……Ⓓ駹車……Ⓔ漆車……。

(D) 服車：服車五乘：Ⓐ孤乘夏篆Ⓑ卿乘夏縵Ⓒ大夫乘墨車Ⓓ士乘棧車Ⓔ庶人乘役車。

(E) 五戎：車僕掌Ⓐ戎路之萃Ⓑ廣車之萃Ⓒ闕車之萃Ⓓ萃車之萃Ⓔ輕車之萃。

B. 古今兵書：茲察古今兵書，凡車隊的編制，率以五車爲一隊。如：

左傳昭元：晉中行穆十敗無終及群狄於太原。崇卒也，將戰魏舒曰：彼徒我車，所遇又扼，以什共車必克，困諸扼，又克。請皆卒，自我始。乃毀車以爲行，五乘爲三伍。

從五乘爲三伍這句話裏，可以看出來很可能的五乘是一個單位。

六韜犬韜均兵

武王曰：車騎之吏數陳方奈何？太公曰：置車之吏數，五車一長，一車一吏，五十車一率，百車一將。易戰之法，五車爲列，相去四十步，左右十步，隊間六十步。險戰之法，車必循道，十車爲聚，二十車爲屯，前後相去二十步，左右六步，隊間三十六步。五車一長，縱橫相去二里，各返故道。

六韜雖是晚出的僞書，但其中卻保存著許多眞實的材料，而且可以實際用到戰陣上的，書儘僞，僞中存眞。

曹操注孫子（見吉天保集注）

孫子作戰篇：「故車戰，得車十乘已上，賞其先得者」。曹注：「……陳車之法，五車爲隊，僕射一人，十車爲官，卒長一人，車滿十乘將吏二人。……」

李公問對所言漢魏兵制：

「五車爲隊，僕射一人，十車爲師，率長一人。凡車十乘，將吏二人，多多倣此。」

又有三對法，如登壇必究引李衛公問對：

「李靖曰：荀吳用車法爾，雖舍車而法在其中。一爲左角，一爲右角，一爲前拒，分爲三隊，此一乘法也，千萬乘皆然。按曹公新書云：攻車七十五人，前拒一隊，左右角二隊，守車一隊，炊子十人，守裝五人，廐養五人，樵汲五人，大率荀吳舊法也。」

曹操與李衛公所言的漢魏兵制，實際上是荀吳的舊法，連他自己也承認的。如果一隊爲五車的話，則三隊應爲十五輛車，如乘廣的編制。

左傳宣十二年邲之戰：欒武子曰：……其（楚）君之戎，分爲二廣，廣有一卒，卒，編之兩，古廣初駕，數及日中，左則受之，以至於昏，內官序

當其夜，以待不虞，不可謂無備。楚子爲乘，廣三十乘，分爲左右，右廣，雞鳴而駕，日中而說；左則受之，日入而說。許偃御右廣，養由基爲右；彭名御左廣，屈蕩爲右。

杜預曰：「十五乘爲一廣。司馬法曰：『百人爲卒，二十五人爲兩，車十五乘爲大偏。』今廣十五乘亦用舊編法，復以二十五爲承馴。」

從這些記載中可以看出來，車隊的編制也是以五爲單位的，增加的方法，或十，或十五，或二十五，都是五的倍數。」（本條文字錄自《大陸雜誌史學叢書》第一輯第三冊）

定國謹案：石氏所引除周禮、左傳尚可信外、餘皆後起之書，殆不足據也。而周禮、左傳之記載實過鮮少，仍不見車乘編組之大要也。

3. 附論車與馬之配合

一車乘得用駕馬若干？查周禮、尚書、詩經、春秋穀梁傳、國語、戰國策、孫子等書，皆曰一車（一乘）四馬，凡乘車、兵車並同。經傳言及一車四馬者頗多，今約言數條，以爲舉證。

(1)《校人職》曰：「乘馬一師四圉，三乘爲皁，皁一趣馬」鄭司農注云：「四匹爲乘，養馬爲圉。」案此見王車一車四馬也。

(2)《尚書文侯之命篇》曰：「王曰：父義和！……用賚爾……盧矢百，馬四匹。」孔氏注云：「馬供武用，四匹曰乘。」案此見戎事一車四馬也。

(3)《詩秦風駟鐵》曰：「駟驖孔阜，六轡在手」鄭箋云：「四馬六轡，六轡在手，言馬之良也。」孔疏云：「每馬有二轡，四馬當八轡矣，諸文皆言六轡者，以驂馬內轡納之於觖，故在手者唯六轡耳。」案此爲田車四馬也。

(4)《小雅車攻》曰：「我車既攻，我馬既同；四牡龐龐，駕言徂東。田車既好，四牡孔阜，東有莆草，駕言行狩。……四黃既駕，兩驂不猗；不失其馳，舍矢如破。」案此見田車四馬也。

(5)《小雅裳裳者華》曰：「裳裳者華，或黃或白。我覯之子，乘其四駱；乘其四駱，六轡沃若。」毛傳云：言世祿也。箋云：「我得見明王德之駁者，雖無慶譽，猶能免於讒諂之害，守我先人之祿位，乘其四駱之馬，六轡沃若然。」案此見仕者得乘四馬也。

(6)《大雅崧高》曰：「王遣申伯，路車乘馬。」毛傳云：「乘馬，四馬也。」

案此見諸侯乘四馬也。

(7) 穀梁文公十四年「長轂五百乘」范注云：「長轂，兵車。四馬曰乘，一乘甲士三人，步卒七十二人。……」

(8) 《國語周語太子晉諫靈王雍穀水章》引「詩曰：四牡騤騤，旗旐有翩」案此引大雅桑柔之文，亦見一車四乘也。

(9) 《戰國策周策嚴氏為賊章》「周君留之十四日，載以乘車駟馬而遣之。」鮑注：「乘，四馬也。一車駕四馬，所謂駟馬車。」

(10) 《孫子作戰篇》「孫子曰：凡用兵之法，馳車于駟，革車于乘。」案此處亦可見一乘四馬也。

觀以上十例，綜合而言之，春秋戰國以前一車四馬是為常法。

然則據田野考古資料顯示駕馬有駕兩、駕三、駕四、駕六四種方式，此可補經傳諸說之不足。原報告乃依春秋戰國時墓中之簡文記載而作說明，其報告曰：「簡文裏關於駕馬制度的資料也值得注意。所記有駕兩、駕三、駕四、駕六四種情況。駕兩稱為麗、駕三稱為驂。駕兩時所用的馬稱左服（原作「驌」下同）、右服。駕三時稱左驂、左服、右服。駕四時稱左驂、左服、右服、右驂。駕六時稱左飛（騑）、左驂、左服、右服、右驂、右飛（騑）。古書注解一般說為驂、騑異名同實。簡文記駕六馬，兩服外邊的兩匹必稱驂，最外邊的兩匹必稱騑，可見這兩個字應是散文則通，對文則別。」（見《文物》1979 年七期，《湖北隨縣曾侯乙墓發掘簡報》第三點提供關於古代馬車的資料）

（二）乘車之威儀

威儀三十，是禮也。禮之所節，考之所成也。是故乘車自有乘車之威儀，欲其合於禮也。今亦先錄經文及有關車儀之文等，然後略作闡釋，茲說明如后：

大馭職曰：「凡馭路，行以肆夏，趨以采薺。凡馭路儀，以鸞和為節。」鄭注：「凡馭路謂五路也。肆夏、采薺、樂章也。所謂大寢至路門。趨謂路門至應門。」周禮正義孫疏：「詒讓案：應門外不得聞樂，當即以鸞和為節。」

齊僕職曰：「朝、覲、宗、遇饗食皆乘金路，其法各以其等為車送逆之節。」鄭注云：「節謂王乘車迎賓客及送相去遠近之數，上公九十步、侯伯七十步、子男五十步。司儀職曰：車逆拜辱，又曰及出車送。」周禮正義孫疏：「……

禮賓與饗食同有車迎之法，實朝、覲、宗、遇之通禮也。……又案詩小雅蓼蕭箋云：諸侯燕見天子，天子必乘車迎於門，是燕禮輕，亦有車迎，此經注並不具也。」

道僕職曰：「掌馭眾路，以朝夕、燕出入，其法儀如齊車。」

周禮正義孫疏：「朝夕者，謂王乘車出視朝，自路門外治朝至皋門內外朝皆是。燕出入則出入游燕，其地甚廣，不必在三朝。故小臣云：王之燕，出入，則前驅。注云：燕出入若今游於諸觀苑，是燕出入自專屬燕游，與朝朝夕夕為二事。

戎僕職曰：「掌王倅車之政，正其服。……掌凡戎車之儀。」

鄭注云：「服謂眾乘戎車之衣服。」賈疏云：「鄭注坊記云：僕、右恆朝服；據非在軍時。若在軍則服韋弁服，眾乘戎車者之衣服謂此服也。」

《論語鄉黨篇》云：「升車，必正立，執綏。車中不內顧、不疾言，不親指。」

《少儀篇》云：「乘貳車則式，佐車則否。」鄭云：「貳車、佐車皆副車也。朝祀之副曰貳，戎獵之副曰佐。惠士奇云：「佐車者武車也。戎車不式，豈徒諸侯。」（見田僕周禮正義孫詒讓疏所引）

《少儀篇》云：「武車不式，介者不拜。」鄭注云：「兵車不以容禮天下人也。」

《少儀篇》云：「乘兵車，出先刃，入後刃。」鄭注云：「不以刃鄉國也。」

《坊記篇》云：「子云：君不與同姓同車，與異姓車不同服，示民不嫌也。」

《曲禮篇》云：「凡僕人之禮，必授人綏，若僕車降等，則受；不然則否。若僕者降等，則撫僕之手，不然則自下拘之。客車不入大門。婦人不立乘。犬馬不上於堂。故君子式黃髮，下卿位，入國不馳，入里必式。君命召，雖賤人，大夫士必自御之。介者不拜，為其拜而蓌拜。祥車曠左，乘君之乘車不敢曠左；左必式。僕御婦人，則進左手，後右手；御國君，則進右手後左手而俯。國君不乘奇車。車上不廣欬，不妄指。立視五巂，式視馬尾，顧不過轂。國中以策彗卹勿驅，塵不出軌。國君下宗廟，式齊牛。（據周禮齊右鄭注考）大夫、士下公門、式路馬。乘路馬，必朝服載鞭策，不敢授綏，左必式。步馬路，必中道。以足蹙路馬芻，有誅。齒路馬，有誅。」鄭注：

「撫，小止之，謙也。自下拘之，由僕手下取之也。僕與己同爵則不受。御當爲訝；訝，迎也。君雖使賤人來，必自出迎之，尊君命也。袈則失容節。袈猶詐也。奇車，獵衣之屬。奇邪不正之車。何云：不如法之車。立平視也。崶，猶規也。謂輪轉之度。彗，竹帚。卹勿，搔摩也。路馬，君之馬。誅，罰也。」

《曲禮篇》又云：「兵車不式。武車綏旌，德車結旌。」鄭注：「尚威武不崇敬。盡飾也；綏謂垂舒之也。武車亦兵車。不盡飾；結謂收斂之也。德車，乘車。」

少儀：「賵馬入廟門。賻馬與其幣，大白兵車不入廟門。」鄭注云：「兵車，革路也。雖爲死者來，陳之於外。戰伐田獵之服，非盛者也。」

賈誼《新書容經篇》：「坐乘以經坐之容。手撫式，視五旅，欲無顧，顧不過轂、小禮動、中禮式、大禮下，坐車之容也。立乘、以經立之容。右持綏而左臂詘，存劍之緯，欲無顧，顧不過轂。小禮據，中禮式，大禮下，立車之容也。禮，介者不拜。兵車不式、不顧、不言、反抑式以應武容也。兵車之容也。若夫立而跛，坐而蹁，體怠懈，志驕傲，趨視數顧，容色不比，動靜不以度，妄咳唾疾，言嗟，氣不順，皆禁也。」

以上乘車之容可分「君車之容」、「兵車之容」、「一般乘車之容」三者而闡釋之。

1. 君車之容

（1）「國君不乘奇車」者，鄭注以爲不乘奇邪不正之車也。此乃守君車之容也。案：奇車，或是不單乘之意。懼有失誤險巇也。君乘，必有勇力之士持戈以衛，有馭僕以御，此爲參乘，是君以國爲重也。

（2）「德車結旌」者，尚崇敬故歛飾而不威武也。（德車指戎車外之四路）

（3）「國君下宗廟，式齊牛」，敬神祖也。

（4）王五路之乘在應門內有樂音以調節車儀，應門外則以車之鸞和爲節。又五路各自有其官守之法儀，革路除外，餘四路之法儀大體相同，乘者皆著朝服；戎路自有戎車之法儀，乘者服韋弁服。

（5）王乘玉路，禮賓與饗食有車迎之法。

（6）「君不與同姓同車，與異姓同車不同服」，經文言示民不嫌是也。

2. 兵車之容

（1）兵車（武車、革車、佐車）尚威武，其不式是通禮也。鄭注言兵車不

以容禮下人是也。

（2）出入兵車之刃不鄉己國。示不內伐也。

（3）「武車綏旌」者，尙威武而盡飾之也。

（4）「兵車不入廟門」者，兵車非重容禮，故不宜入廟門也。

（5）兵車之容，簡言之，不式、不顧、不言，反抑式？以應武容也。

3. 一般乘車之容

（1）「客車不入大門」、「犬馬不上堂」者，敬主人也。

（2）「婦人不立乘」，以其不宜也。

（3）「君子式黃髮，下卿位」，此是敬老尊賢之意。（見鄭注）

（4）「入國不馳」，恐馳急躪傷人也。「入里必式」，一里之中必有所敬者。

（5）「君命名，雖賤人，大夫、士必自迓之者。」尊重君命也。（見鄭注）

（6）「祥車曠左，乘君之乘車不敢曠左；左必式。」此言臣雖得乘君路，但不自安，恆憑式也。（見鄭注）又乘君路必衣一定之服飾，及守一定之儀節。

（7）僕人有僕人所守之禮節。如：授綏之儀，御婦人、御國君之儀等。

（8）「車上不廣欬，不妄指」，此乃免於乘者以驕氣驚眾及惑眾也。

（9）「大夫、士下公門，式路馬」，此爲仕者當守之禮節也。

（10）乘車，欲視前後，或立時，或坐時，皆有一定之視界。立視不遠出五車輪爲限；式時，視馬尾；回顧遠不過於車轂。

（11）坐車有坐車之容；立乘有立乘之容。

（12）若「立而跛」、「坐而蹁」、「體怠懈」、「志驕傲」、「趨視數顧」、「容色不比」、「動靜不以度」、「妄咳唾疾」、「言嗟氣不順」皆爲乘車威儀之所禁，此乃路、車通禁之儀乎？

綜上所述，全爲乘車之威儀也。

（三）車制

車之構造，周禮多官考工記總序及輪人、輿人、輈人諸職已言之頗詳盡，本文不欲贅錄，謹參考今人李雲光三禮鄭氏學發凡所附影印日人林已奈夫著中國先秦馬車一文之周禮考工記車圖而附錄之。今略述田野考古發掘殷墟西區墓葬，見車之形制之資料，錄爲參佐。原報告曰：「車的形制結構：M43 車

馬坑車輪部分被破壞，雨糖壓扁，呈橢圓形，……以東側車輪爲例，輪最小徑 1.34 米，最大徑 1.47 米（公尺）。兩輪之間的軌距（按兩輪外緣計算）2.23 米。輪牙（罔）高 6、厚 4 厘米（公分），剖面圓角長方形，著地和承輻處齊平。轂扁鼓形，通長 12、徑 18、最大徑 22 厘米；露出輪內外長均爲 4.9 厘米。輻十八根，斷面圓形；輻條通長 57 厘米，近轂的一端（骹）徑 11.3 厘米，近牙片一端（股）徑 2 厘米；輻骹和股端分別插入轂和牙上的凹窩中。軸通長 3.09 米，兩輪間軸徑 10 厘米，軸兩端插入轂內部分直徑 9.5 厘米。軸兩頭各套有銅軎一個，軎長 19、口徑 6、頂端徑 4 厘米。在軎上有一長方形穿孔，孔長 4、寬 12 厘米，在長方形穿孔中插有木轄，在轄頂端套一銅獸形轄帽。轅由車箱（輿）前至轅前端大部分被破壞……轅通長 2.92 米，斷面圓形，直徑 0.1 米。轅放在軸上，相交成十字形。轅在軸后長 0.36 米，軸前長 2.46 米。轅和軸結合的情況不明。……車箱（輿）被夯打壓壞，結構不太清楚。從遺痕看，車箱長方形，長 1.37、寬 0.73、殘高 0.22 米。車箱後面供上下用的缺口，寬 0.40 米。車衡已被破壞，未見任何痕跡。……M698 墓道中的車馬坑……埋一車二馬一人，……四車輪存完好，車輪最大徑 1.56、最小徑 1.40 米。……輪牙（罔）片厚 4～5、寬 5 厘米。兩輪軌距（按兩輪外緣計算）2.4 米。轂扁鼓形，最大徑 23、通長 22 厘米。輻十八根，斷面圓形，長 49～58 厘米。軸長 2.98、直徑 0.10 米。軸兩端各套銅軎一。……」（《考古學報》1978 年第一

車之各部名稱圖

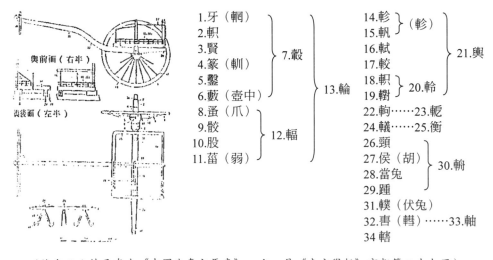

（錄自日人林巳奈夫《中國先秦之馬車》一文，見《東方學報》京都第二十九冊）

期，1969～1977 年殷墟西區墓葬發掘報告）案：睹此文可對古代車制有一較清晰之理解。又自田野考古資料中發現車轡、車傘蓋等物品，其中尤以帶矛車轡於車戰之用途頗大，尤值得注意。原報告曰：「車轡……共七十六件，有的錯金紋飾，個別的有銘文。有帶矛車轡二件，矛的雙刃制成五道連弧，鋒、刃皆利。這種車轡顯然是為戰車特制的，通長分別為 42 和 37.5 厘米。此外尚有帶環車轡。」（見《文物》1979 年七期，湖北隨縣曾侯乙墓發掘簡報）案此出土帶矛車轡顯示車戰劇烈之情況。其作用顯然欲以矛刃傷對方馬腿而敗敵車之用也。

（四）車祭（犯軷）

　　大馭、戎僕並有車祭犯軷之事，此乃祭道路之行神也。其所以止斯二官有之者，孫詒讓云：「蓋兵、祭大事在國外則行之，餘路並無此禮。」（周禮正義大馭孫疏）今據其職文及經注簡述其儀，曰：王將出廟門及國門，馭得下祭道神。此時，王居左自左代馭。馭下，則封土立壇為山象，隨取菩蒭、棘、柏等茅草物樹為神主，使神依之，而後釋酒脯之奠，告神祝禱，祈前行無險難也。祝畢，馭登，受取王手中之轡，及祭行神，則酌酒予馭僕，馭僕居車上，左手執轡，右手持爵祭兩軹（兩邊轂末）及軓（軾前），然後自飲。祭畢，馭僕使車侵所伏犬羊牲物，磔轢之，遂驅車行去。是故大馭職曰：「掌馭玉路以祀。及犯軷，王自左馭；馭下祝，登，受轡；犯軷，遂驅之。及祭，酌僕；僕左執轡，右祭兩軹、祭軓，乃飲。」鄭注：「行山曰軷。犯之者，封土為山象，以菩蒭、棘、柏為神主，既祭之，以車轢之而去，喻無險難也。……故書軷作罰，杜子春云：罰當為軷……謂祖道犯軷之祭也。聘禮曰：乃舍軷飲酒于其側。禮家說亦謂道祭。故書軹為軒，軓為範。杜子春云：文當如此，左不當重，重非是。書亦或如子春言。又云軒當作軹，軹謂兩轊也。其或言軷亦非是。又云軓當為軶，軶謂車軾前也。」周禮正義孫疏：「……竊疑宮內廟門外之行與國門外之祖二者同祭行神而以脩等配之……，行道有遠近之殊，其祭之時地及禮之隆殺遂迴異。廟門外之行，天子常所出入，歲必一祭，此恆禮也；國門外之祖，則非王出國門無祭法，祭亦無常時，以此為異。」

　　禮記少儀篇亦有車祭行神之文，茲附錄以為參證。

　　《禮記少儀篇》曰：「酌尸之僕如君之僕。其在車則左執轡，右受爵，祭左右軹范乃飲。」鄭注：「周禮大御祭兩軹、祭軓，乃飲軓與軹於車，同謂轊

頭也。軌與范聲同，謂軾前也。」周禮正義大馭孫疏引「賈疏云：此云軹，少儀作軌，軌與車轍之軌同名；此云軹，少儀云范，同是軾前也。案賈說是也。」戎僕職曰：「犯軷，如玉路之儀。」

（五）車從侍衛之職分

車從侍衛於護衛王事而言，車右之職任極重，蓋其為持馬陪乘之親隨勇士也。而馭僕主馭，其繫王安危之責，亦不多讓耶。今探究二者侍從之職，睹其職文所可得而言者有五，列述如下：

1. 勇力之士能五兵者，得自為屬隊，成為勁旅。平時是邦國威武儀隊，耀兵諸侯四方。戰時受命特遣，萬死不辭，是堅強之衛隊也。
2. 凡車右皆有持馬陪乘及詔王車儀之職。此為其備制非凡之常職也。
3. 兵革之役使事，由我右掌之。且田、戎之事助擊以贊王鼓，號令四方；又軍旅悾憁之際傳達王命於陳中，其職權殊重矣。而戎右之職又有言及「以玉敦辟盟」與「贊牛耳桃茢」之事，此為戎右於盟事有侍從役使之事也。
4. 王車與從車間，王命之傳達乃道右掌之。以朝、夕、燕常隨從也。
5. 凡馭僕職重在御馬。其必不得疏失，蓋乘坐者為天下之主也。於一身繫天下之安危者，安可疏誤耶！《檀弓篇》曰：「魯莊公及宋人戰于乘丘。縣賁父御，……馬驚，敗績，公隊。……縣賁父曰：『他日不敗績，而今敗績，是無勇也。』遂死之。……」是其屬也。

黃以周御禮通故引「鄭玄云車右就車，門閭溝渠必步，車右，勇力之士，備制非常者，君行則陪乘，君式則下步行。孔穎達云：車行則有三人，君在左，僕人中央，勇士在右也。門閭，君當式則車下溝渠險阻，下之者，將以捍衛也。」上說是也。睹禮記曲禮篇即可為之證明。《曲禮篇》曰：「君車將駕，則僕執策立於馬前；已駕，僕展軨效駕，奮衣由上取貳綏，跪乘，執策分轡，驅之五步而立。君出就車，則僕並轡授綏。左右攘辟，車驅而騶。至於大門，君撫僕之手而顧，命車右就車；門閭溝渠，必步。」此文可與周禮馭右職相備。

今下列周禮車右及馭僕之職文，以證以上所說侍從之事。

司右職曰：「掌群右之政令，凡軍旅、會同合其車之卒伍，而比其乘，屬其右。凡國之勇力之士能用五兵者屬焉，掌其政令。」

戎右職曰：「掌戎車之兵革使，傳王命于陳中。」又曰：「盟則以玉敦辟盟遂役之。贊牛耳桃茢。」

齊右職曰：「掌祭祀、會同、賓客前齊車，王乘則持馬，行則陪乘。」

道右職曰：「掌前道車，王出入則持馬陪乘，如齊車之儀，自車上諭命于從車。詔王之車儀。王式則下前馬；王下，則以蓋從。」

大馭職曰：「掌馭玉路以祀……凡馭路行以肆夏，趨以采薺。凡馭略儀，以鸞和為節。」

戎僕職曰：「掌馭戎車。」

齊僕職曰：「掌馭金路以賓。朝、覲、宗、遇饗食皆乘金路，其法儀各以其等為車逆之節。」

道僕職曰：「掌馭象路，以朝夕燕出入，其法儀如齊車。掌貳車之政令。」

田僕職曰：「掌馭田路，以田以鄙。掌佐車之政。役驅逆之車，令獲者植旌，及獻，比禽。凡田，王提馬而走；諸侯晉；大夫馳。」

馭夫職曰：「掌馭貳車、從車、使車，分公馬而駕治之。」

二、職掌步從侍衛之職官

本類步從侍衛之職官，分述虎賁氏、旅賁氏、節服氏、方相氏四職官。虎賁、旅賁乃王出入時先後左右夾衛王之步行隨從侍衛。節服氏節正王祭祀、朝覲時衰冕之服（非起居之服），且仍有持大常旗旒、執戈從車送逆王尸等步從役使衛守之事；方相氏為王毆除不祥疫怪，亦屬侍衛之事，二者並與虎賁旅賁為王之步從侍衛，合為一類焉。

虎賁氏

虎賁氏之職掌可分述為四點：

（一）虎賁氏之主要職掌乃是率領虎士居王先後以衛王。王出，則以卒伍之編組群行而護王以前趨。軍旅會同時，其職掌亦如此。王出在道，遇止舍時則守王閑；王在國則守王宮；國有兵戎、大喪則守王門，此皆為王周衛，以備制非常之難也。故虎賁氏之職曰：「掌先後王，而趨以卒伍；軍旅會同亦如之。舍則守王閑；王在國則守王宮；國有大故則守王門，大喪亦如之。」鄭注云：「王出，將虎賁士居前後，雖群行亦有局分。舍，王出所止宿處。閑，楗柅。……非常之難要在門。」周禮正義孫疏：「云閑楗柅者，說文門部云：閑，闌也。……蓋楗柅所以遮闌行人，故亦謂之閑。賈疏云：按掌舍云掌王

之會同之舍，則設柣柜再重。杜子春以爲行馬。後鄭云：行馬再重者，以周衛，有內外列。」案，行馬，即今拒馬之屬。

（二）大喪，及葬，隨從王之遣車而哭（巾車職曰：「大喪飾遣車，遂廞之行之。」周禮正義孫疏云：「大喪飾遣車者，共明器之車。……既夕禮注云：『遣猶送也。』賈疏云：『……遣車，謂葬遣送之車入壙者也。言飾者還以金象革飾之，如生存之車，但麤小爲之耳。』」），如平時侍衛於王之事。故虎賁氏職曰：「及葬，從遣車而哭。」鄭注云：「遣車，王之魂魄所馮依。」

（三）王有小聘之事，則使虎士從於士大夫之使者而行四方。此以王命隨從士大夫出使而周衛之也。故虎賁氏職曰：「適四方使，則從士大夫。」鄭注云：「虎士從使者。」周禮正義孫疏：「注云虎士從使者者，明經士大夫即使者也。依鄭大宗伯大行人注義則諸侯聘天子及自相聘皆大聘使卿，小聘使大夫，則天子聘諸侯當亦然。」

（四）若有匪寇作亂，或其他因由而使道路阻塞，則使虎士持奉簡書突圍，徵求師役於四方。故虎賁氏職曰：「若道路不通，有徵事，則奉書以使於四方。」鄭注云：「不通，逢兵寇，若泥水奉書徵師役也。」

旅賁氏

旅賁氏之職，掌執戈盾從王備守，夾王車左右而前進，左右各有八人；車止則立輪旁維持之。此王衛之尤親者也（周禮訂義卷五十一王與之說）。凡祭祀、會同、賓客，偕王皆服齊服而隨車前進。若軍旅則披鎧甲而趨以衛王。若大喪紀則服斬衰葛絰保衛嗣王。是故旅賁氏之職曰：「掌執戈盾、夾王車而趨，左八人，右八人，車止則持輪。凡祭祀、會同、賓客，則服而趨。喪紀則衰葛、執戈盾。軍旅則介而趨。」鄭注云：「夾王車者其下士也。下士十有六人，中士爲之帥焉。服而趨，夾王車趨也。會同、賓客王亦齊服服衰冕，則此士之齊服服玄端。葛，葛絰；武士尙輕。介，披甲。」周禮正義孫詒讓疏云：「此官夾王車蓋亦夾兩轂。……持輪亦謂立輪旁，若扶翼維持之也。……喪紀則衰葛執戈盾者，此亦謂大喪紀，王及后喪則衛嗣王也。」

節服氏

節服氏掌節正王祭祀、朝覲衰冕之服，且有節服氏六人，分二旁以縷維持王之旌旒，勿使曳地也。惠士奇云：「官以節服爲名，則王之車服旂常皆其職掌。」（見周禮正義孫疏所引）是也。諸侯則以節服氏四人，分二旁以持旌

旒；其服亦如儀所服。郊祀，王服裘冕；有節服氏二人執戈，送尸、迎尸皆從車行。《曲禮孔疏》云：「天子祭天地、社稷、山川、四方、百物及七祀之屬皆有尸也。……」是也。節服氏世為王節所衣服（序官節服氏鄭注），以節王之祭祀朝覲等禮服為主。若使之持大常旌旗之旒及執戈從車送逆尸則具是步從役使之事也。以上即如節服氏之職曰：「掌祭祀朝覲袞冕，六人維王之大常；諸侯則四人，其服亦如之。郊祀，袞冕晚；二人執戈，送逆尸從車。」鄭注云：「維，維之以縷，王旌十二旒，兩兩以縷綴連，旁三人持之，禮天子旌曳地。袞冕者亦從尸服也。袞，大袞也。凡尸服卒者之上服。從車，從尸車送逆之往來。」周禮正義孫疏云：「掌祭祀朝覲袞冕六人，維王之大常者，此當讀袞冕句，鄭賈讀誤。」

方相氏

方相乃放想可畏怖之貌（序官方相鄭注），即指室中之疫鬼。方相氏職掌帥領群隸民，而依時節入室搜毆疫鬼出郊，除不祥也（月令鄭注：「王居明堂，禮曰：季春出疫于郊。」）難有三時，季春，有國者難；仲秋，天子乃難；季冬，民庶亦難，此大難也。春官占夢職曰：「遂令始難毆疫」鄭注云：「令，令方相氏也。難，謂執兵以有難卻也。……故書難或作儺。杜子春儺讀為難問之難，其字當作難。月令：季春之月，令國難，……。仲秋之月，天子乃難……。季冬之月，命大司大難，……。」通典卷七十八時儺引「月令：季春，命國儺，九門磔攘，以畢春氣。『洪範傳云：言之不從，則有犬禍。犬屬金也，故磔之於九門，所以抑金扶木，畢成春功；東方三車不磔，春位不殺，且盛德所在無所攘。』仲秋，天子乃儺，以達秋氣。『此儺儺陽氣瘵陽暑至此不衰，害亦將及人，故儺以通秋氣，方欲助秋，故不磔犬。』季冬，命有司大儺，旁磔，以送寒氣。『又儺為歲終逐除陰疫以送寒氣。旁謂王城四旁十二門也。磔謂磔犬於門也。春磔九門；冬禮大，故徧磔於十二門，所以扶陽抑陰之義也。犬屬金，冬盡春興，春為木，故殺金以助木氣。』凡此三時之儺祭為方相氏時難之意。難之儀為：狂夫者，頭蒙熊皮，以黃金鑄目四綴其面閒，狀似威猛面目之假面（周禮訂義卷五十一引鄭鍔曰「熊之為物猛而有威，百獸畏之，蒙熊皮所以為威也。」是也，故王射三侯，以熊侯居首，亦示服威猛之意）。服玄衣、朱裳，一手執戈，一手揚盾，舞讙呼（見《通典》卷七十八時儺）即驚毆疫癘之鬼出宮室而逐郊外。若有大喪出葬，則使其先道尸入柩，以毆除凶邪；至墓入壙，又使其戈擊四隅以毆除木石之怪名曰方良者，

因此怪能害損棺椁之木石，故必毆逐之。以上如方相氏職曰：「掌蒙熊皮、黃金四目、玄衣朱裳、執戈揚盾，帥百隸而時難，以索室毆疫。大喪先匶，及墓入壙，以戈擊四隅，毆方良。」鄭注云：「蒙，冒也。冒熊皮者，以驚毆疫癘之鬼，如今魌頭也，時難，四時作，方相氏以難卻凶惡也，月令季冬命國難。索，廋也。葬使之道（指先匶）。壙穿地中也。方良，罔兩也。天子之椁柏黃腸爲裏而表以石焉。國語曰：木石之怪，夔、罔兩。」周禮正義孫疏云：「云黃金四目者，鑄黃金爲目者四綴之面閒，若後世假面具也。」方相氏主毆除不祥之疫怪，亦王之侍衛也，故並上節服、旅賁、虎賁三官，合而爲步從侍衛之職官。

三、職掌起居侍衛之職官

本類所述之職官有大僕、小臣、祭僕、御僕、隸僕、弁師等六官。大僕爲親近王所之官（大僕賈疏）；僕，侍御於尊者之名，大僕其長也（大僕序官鄭注）。凡言僕、御者是武衛之事（大僕序官賈疏），而大僕及其屬所掌非止此一端，但多與王之起居生活關係密切，故並爲一類，屬起居侍衛焉。大僕王之近臣，御僕之長、小臣、祭僕、御僕皆其屬官；隸僕雖不與之同官，但仍當屬大僕。大僕爲王前驅、正王服位、出入王之大命；小臣、御僕、祭僕、隸僕，或掌王之小命，或爲王路寢之常衛，或受王命視祭事，或掌王之燕令，甚掌躂宮中之事，皆爲王之嬖臣近侍甚或爲王之褻臣，凡此均與王之起居生活關係密切，是故共爲一類，屬於王之起居侍衛之職官。

大僕

大僕掌正王之儀服及位處等起居職事，亦掌出王之教令，傳達於外，群臣之所行事報奏於王，斯即大僕職曰：「掌正王之服位，出入王之大命。」除此之外大僕所掌尚有侍從瑣事，今就大僕是二項職掌分述如下：

（一）掌正王之服位，出入王之大命

1.關於大僕正王服位及相法儀之職掌

（1）王眂治朝則大僕從本位（路門之左）前進引導王就宁南向之治朝位，正位訖則退還路門之左。王入路寢聽事時，大僕亦前正王位，而後退還本位。是故大僕職曰：「王眂朝則前正位而退；入亦如之。」鄭注云：「前正位而退，道王，王既立退居路門左，待朝畢。」

（2）王祭祀、賓客於壇廟，喪紀於寢皆有拜立之儀服與位處，故皆使此官正之，且告王祭祀、賓客、喪紀典禮之細節。大僕職曰：「祭祀、賓客、喪紀、正王之服位，詔法儀。」

（3）燕朝朝於路寢，王視燕朝則掌正王位及詔告王儀法，其事與治朝正服位、相法儀等同。王與諸侯、群臣燕飲，亦大僕左右助勖且告王儀法。故大僕職曰：「王燕朝則正位，掌擯相。」又曰：「王燕飲，則相其法。」鄭注云：「燕朝朝於路寢之庭，王圖宗人之嘉事則燕朝。」賈疏云：「此燕飲謂與諸侯燕，……或與群臣燕之等，皆是其法，有主人酌酒獻賓、賓酢主人、主人酬賓、洗爵、升降之法，皆左右相助，故云相其法也。」周禮正義孫疏引江永云：「王視內朝（燕朝）有四種情形，而其中與群臣燕飲非屬朝禮，當去之，其餘三種皆是內朝，引其文曰：「一為與宗人圖嘉事，……一為君臣有謀議，臣有所進言，則治朝既畢，復視內朝，……一是君臣以玄端服夕見，亦是有事謀議也。」

2. 關於出入王之大命之職掌

（1）諸侯為萬民之喉舌，民間有困苦隱疾諸事，當據實奏白上聞，使萬民之上書能上達天聽，即天官宰夫職曰：「諸臣之復萬民之逆」正是其事，如此天下大治矣。」天視自我民視，天聽自我民聽」（尚書泰誓），天子之責在焉，諸侯之責亦在焉，而大僕掌其事之出入也。是故大僕職曰：「掌諸侯之復逆。」鄭司農注云：「復謂奏事。」宰夫鄭注云：「玄謂復之言報也，反也；反報於王，謂於朝廷奏事。自下而上曰逆；逆謂上書。」

（2）秋官朝士掌以肺石使窮民之冤情得以上達；大僕掌路鼓之政，其作用亦如此。路鼓建於路寢門外內朝之中，日掌其政即指掌擊路鼓之節。其節有三，鼓以聲早晚一也；秋官朝士達窮民之冤情，故代為擊鼓，此達窮者擊以聲冤情二也；江永云：擊鼓建於大寢之門外，其地森嚴，肺石之窮民不能至其地擊鼓也，朝士既得其情，則為擊鼓而大僕遣官達之耳（周禮正義大僕孫疏引）。謹案：周時制度井然，當如江氏之說較為合理。又國有變事及警事告急者擊而告之三也。

上文後二者所鼓殆非常時之擊鼓，御僕、御庶子宿值於路門外之鼓所，若有非常之擊鼓，其即已知情，而大僕聞鼓聲，則速迎此二者，訊得其情，將以達王。軍情緊急，冤情重要，均關係至鉅，此皆使大僕轉報，大僕出入王命之職權重矣，地位親王矣。以上即大僕職曰德「建路鼓于大寢之門外，

而掌其政。以待達窮者與遽令。聞鼓聲，則速逆御僕與御庶子。」鄭注云：「大寢，路寢也。其門外，則內朝之中，如今端門下矣。政，鼓節與早晏。」鄭注又云：「鄭司農云：……遽，傳也。若今時驛馬軍書當急聞者，亦擊此鼓，……大僕主令此二官，使速逆窮遽者。玄謂達窮者謂司寇之屬，朝士掌以肺石達窮民，聽其辭，以告於王。遽令，郵驛上下程品。御僕、御庶子直事鼓所者，大僕聞鼓聲，則速逆此二官，當受其事以聞。」周禮正義大僕孫疏引：「沈彤云：御庶子即宮伯所掌王宮之庶子，而直事路鼓所者。汪德鉞云；庶子宜指宮伯所領之士庶子，云御者蓋宿衛王宮，其數甚多，其直左右於王者則曰御庶子也。庶子與小臣、寺人、內豎皆分日直事，文王世子云內豎之御者，可以類推也。且經文明言御僕與御庶子，斷不可合爲一，又御僕亦不可稱以庶子……。」沈、汪之說是也。

（3）大僕出入王命；值軍旅、田獵時，王擊路鼓之一面以爲爲通鼓之倡（參見鼓人《周禮正義孫疏》），大僕與戎右皆受令而贊王鼓、傳王命，廣義言之，斯亦出入王命也。求日、月蝕，王亦親鼓，此所以免天地之災，而解四境之患也（〈白虎通義災變篇〉），大僕贊王擊鼓者，亦此出王命之意歟？王喪、母后喪、后喪等大喪，其始崩擊鼓爲戒，及葬下棺，亦擊鼓爲戒，此國有大故，視同軍旅、田役般戒慎其事，故以鼓聲相傳於四方，駭眾而戒備。且懸大喪首服之法以示百官爲式。殆此亦秉平時出入王命之職歟？（若王喪，嗣君與冢宰亦宜有警戒之令）大僕職曰：「凡軍旅、田役贊王鼓，救日月亦如之。大喪始崩，戒鼓傳達于四方，窆亦如之。縣喪首服之法于宮門。」鄭注云：「王通鼓，佐擊其餘面。」又云：「戒鼓擊鼓以警眾也。……鄭司農云：窆謂下棺也。」謹案：通鼓，王或軍將先以倡鼓，而後使倡鼓之令傳達周徧之謂，鼓人賈疏云：「言通鼓者，兩司馬振鐸，軍將已下即擊鼓故云通鼓也。」是也。

贊王鼓之事鄭賈以爲大僕、戎右、戎僕與王四人共乘故戎右、大僕得贊王鼓；孫詒讓以爲不然，兵車雖有駟乘之法，復於車上建鼓，車不得容，故實於事理不通（參見周禮正義大僕孫疏），大僕孫疏曰：「竊疑大僕於軍旅、田役亦如前王出入左馭前驅，當別乘副車，不與王同車，其贊王鼓者亦謂別自擊鼓。佐王號令諸軍帥，非與王同擊一鼓也。」謹案孫說極是。路鼓雖四面鼓，王擊鼓只擊一面，先倡令耳；戎右贊鼓，乃自車右擊餘面，非與王同時共擊，否則鼓音不明，軍令必亂。戎右以車右爲專職，夫贊鼓者，僅續傳

王令，殆亦擊不多時；大僕居前驅，其贊王鼓亦續傳王令，不多時則各級軍將、軍吏各依令鼓之令意，擊鼓及振鐸等，直至傳徧全軍，此之謂通鼓，蓋斯乃古代戰爭軍令傳達之方式歟！

（4）王無事必日視朝（周禮正義大僕孫疏），若王有事故，不能視朝，大僕則以王不視朝之意告於侯甸外朝之三公及孤、卿，使不疑且無久竢也（大僕孫疏）。群臣眾多，不能一一告之；告於三公孤卿者一以示尊貴，二則群臣亦得知曉矣。此亦出入王大命之一事也。

（二）掌其他侍從之職事

1. 王以朝覲、會同、祭祀、巡狩、征伐等諸大事出入國門，大僕居左自馭副車，為王之前驅而前導之。大僕居則在王左右；行則乘王之副車（黃以周說，參周禮正義大僕孫疏），此亦侍從護衛之職矣。故大僕職曰：「王出入則自左馭而前驅。」鄭注云：「前驅如今導引也。道而居左自馭，不參乘，辟王也，亦有車右焉。」

2. 三公、孤、卿或居喪，或於師、役有勤王之事，王若有事故，不克親弔、勞問，則使大僕代為致意焉。大僕職曰：「掌三公孤卿之弔、勞。」鄭注云：「王使往。」

3. 天子大射，以弓矢授受，贊王。故大僕職曰：「王射則贊弓矢。」鄭注云：「贊謂授之，受之。」

4. 祭祀之時，王有射牲、割牲，及以匕載牲體之事，故大僕當贊之。大僕職曰：「贊王牲事。」鄭注：「牲事，殺、割、匕載之屬。」司弓矢鄭注云：「射牲示親殺，殺牲非尊者所親，惟射為可殺。」

小臣

小臣之職大小與大僕相備；大僕掌路寢內外之事，小臣佐之。其職主掌王因時因事有所語問時之小命，且以趨行拱揖之小法儀相王、告王。小臣鄭注云：「小命，時事所勑問也。」周禮正義孫疏曰：「勑即敕之借字。」其職次掌三公、孤、卿奏白於王及上書等事。又王於燕寢燕居之服位小臣正之，至於王出入燕寢則執戈步行在前引導。士喪禮曰：「君若有賜焉則視斂……小臣二人執戈先；二人後。」喪大記亦曰：「大夫、士既殯，而君往焉……小臣二人執戈立於前，二人立於後。」可見小臣為王之近侍，亦是路寢之常衛（參見周禮正義小臣孫疏）。孫詒讓小臣疏引：「左襄二十八年傳說：齊慶舍臣盧

蒲癸、王何，二人皆嬖，使執寢戈而先後之，然則小臣執戈先後，亦即王之寢戈，蓋祭祀、會同、賓客王出入則旅賁氏執戈先後，燕出入則小臣執戈先後，職掌亦互相備也。謹案：小臣亦親王所之侍衛也。據田野考古資料發現東周時期姬姓諸侯曾侯之戈，上有銘文曰寢戈，而為親信侍臣所持，可證小臣近侍之地位及寢戈確有其事。原報告曰：「在放置曾侯棺木的東室裡，發現了鑄有『曾侯乙之寢戈』字樣的戈頭，墓葬的棺室相當於宮室的寢，所以寢戈放在這裡。左傳襄公二十八年記盧蒲癸和王何為慶舍之臣，『二人皆嬖，使執寢戈而先后之』，可見寢戈一般為親近侍臣所執持。」（見《文物》1979 年第七期，談談隨縣曾侯乙墓的文字資料）

　　大祭祀朝踐獻尸時，小臣執匜盛水以就王盥手、洗爵，然後王乃酌獻（參見周禮正義小臣孫疏）。大朝覲王有饗禮之事，亦有盥，則小臣亦如之。小祭祀、小賓客、小饗食，皆蒙小字為小事，使小臣掌事；賓射對大射言，雖君臣通該，亦小，故並使掌事。掌事者，掌其事如大僕正君服位、詔法儀也。又賓射與燕射儀大同，小臣既掌正王之燕服位，而燕射在寢，宜亦使小臣掌事，雖經文不具，當可推知。周禮正義小臣孫疏云：「此官掌正王之燕服位，則王燕射在寢，亦當掌其事，……」。大夫、士有居喪及師役勤王之勞，則使小臣弔唁及慰勞之。以上小臣之職掌皆就小事而言；若大事，凡大僕有職事者，小臣皆當佐之。總上即小臣職曰：「掌王之小命，詔相王之小法儀。掌三公及孤卿之復逆，正王之燕服位。王之燕，出入則前驅。大祭祀、朝覲沃王盥。小祭祀、賓客、饗食，賓射掌事如大僕之法。掌士大夫之弔勞。」賈疏云：「大祭祀朝覲沃王盥者，大祭祀天地宗廟酌是，王將獻尸，先盥手、洗爵，乃酌獻，故小臣為王沃水盥手也。」

祭僕

　　祭僕與大僕、小臣、御僕並同官異職（序官大僕賈疏云：大僕已下至御僕乃是別職同官）。祭僕所掌皆關連祭祀之職事，其名僕者，蓋以祭事侍御於王。因連官於大僕、小臣、御僕等，故仍置於起居侍衛，而不別置一類。其職，簡要言之，掌王有故不克親祭時，受王命於大祭祀之前視與祭之官吏誓戒及滌濯事，且校錄百官所當供祭之牲物等。其事與宰夫職曰：「以式法掌祭祀之戒具與其薦羞，從大宰而眡滌濯。」大致類同。已祭，則帥與祭之群有司反報王命，告祭事已成禮。且以王命勞問與看，而誅罰有不敬謹者。

　　王喪、后喪、世子之喪，祭僕皆復於小廟。復者，士喪禮鄭注云：「復者，

有司招魂魄也。天子則夏采、祭僕之屬，諸侯則小臣爲之。」案：大廟、四郊夏采復，小寢、大寢隸僕復也。二官並聯事。凡同姓公卿有先王之廟，自祭其先祖，則王不與祭，但賜之鳥獸犧牲耳。至於王子弟有封地之都及大夫有采地之家，若乃先王之子弟，均與王同姓，並有先王之廟，故亦賜禽使自祭。臣有祭事必致祭肉於君，所謂歸胙也（祭僕鄭注）。凡祭祀歸胙，祭僕錄視其牲體數（祭僕鄭注）而受之。綜上所云即祭僕之職曰：「掌受命于王，以眡祭祀，而警戒祭祀有司，糾百官之戒具。帥群有司而反命，以王命勞之，誅其不敬者。大喪，復于小廟。凡祭祀，王之所不與，則賜之禽。都家亦如之。凡祭祀致福者，展而受之。」鄭注云：「小廟，高祖以下也。」又云：「王所不與，同姓有先王之廟。」

御僕

御僕之職，掌群吏以下至庶民之奏告於王及上書之事。御僕鄭注云：「群吏，府史以下。」賈疏云：「此官所云群吏對庶民是府史以下兼胥徒。若然不見大夫士者，小臣孤卿中兼之矣。」周禮正義孫疏云：「案鄭、賈說非也。群吏猶言群臣，凡大夫士皆爲群吏。小臣職孤卿中不得兼大夫、士也。」孫說是也。大夫、士之弔唁、勞問亦其掌之；若庶民或於軍旅、大役等事，有效死服勞（見周禮正義御僕孫疏）特殊功勳者，亦使弔勞之。

大祭祀時，春槃授巾予王，且爲王以七升載牲體於俎。（參祭僕鄭注云：相盥者謂奉槃授巾與！登謂爲王登牲體於俎）王喪，則持棺飾，以夾蜃車而行；蜃車者，遂師鄭注云：「蜃車，柩路也。柩路載柳，四輪迫地而行，有似於蜃，因取名焉。」

御僕亦爲王之起居近侍，故掌王燕居時之號令施之於外，且值守於大寢門外路鼓之所，以序而更之，其所以如此者，一以訊達窮者擊鼓之緣由，備大僕詢問。二則與大僕、小臣並是寢門之常衛也。綜上即御僕之職曰：「掌群吏之逆及庶民之復，與其弔勞。大祭祀，相盥而登。大喪，持翣。掌王之燕令；以序守路鼓。」鄭注云：「翣，棺飾也。」又云：「序，更。」周禮正義孫疏云：「守之者，亦於大寢之門外，大僕建路鼓之所。」

隸僕

隸僕，掌事雖褻，亦屬大僕，但不同官耳（周禮正義序官隸僕孫疏曰：隸僕亦當屬大僕，但不同官耳）。其職掌五廟後之寢之滌蕩，棄除污穢等事。

若將有祭祀於寢，則脩埽除糞灑之事。王將乘車出行，則洗滌王所登車之乘石。又掌王若有祭事於宮中，則清道而止行者，此與周衛於王之諸侍衛關連，又與宮伯「凡邦之事蹕，宮中廟中則執燭」之職聯事互備。王、后、世子之喪則復魂於王所居之小寢、大寢。以上所述即隸僕職曰：「掌五寢之埽除糞灑之事。祭祀，脩寢。王行洗乘石。掌蹕宮中之事。大喪，復于小寢、大寢。」鄭注云：「五寢，五廟之寢也。周天子七廟，唯祧無寢。詩云：『寢廟繹繹』，相連貌也。前曰廟，後曰寢。氾埽曰埽；埽席前曰拚。洒，灑也。……」周禮正義孫疏曰：「云氾埽曰埽，埽席前曰拚者，葉鈔本釋文云：拚本又作坋。……案糞即𡊄之隸變，糞與坌音義略同，經典多借拚爲坌，故鄭據少儀之埽拚釋此經之埽及糞也。坋者亦坌之假借字，少儀孔疏云：氾，廣也。謂內外俱埽，止埽席前不得名埽，但曰拚也。坌是除穢，埽是滌蕩。」

弁師

弁者古冠之大稱（序官弁師鄭注）。古者首服有冕、弁、冠，三者散文則通，是故弁師所掌即爲侍御王之首服，冕弁兼掌，而以弁爲官名。又掌諸侯及其孤、卿、大夫首服等差之禁令。

王之冕有六，弁師所掌爲五，即袞冕、鷩冕、毳冕、希冕、玄冕等，鄭注以爲大裘之冕無旒故不計數（參見春官司服職文及弁師鄭注。柯尚遷周禮全經釋原卷十云：「大裘與袞同一冕也」其說非是。定國案裘冕袞冕經文分爲二，則有不同矣）王之五冕皆外以玄色，裏以朱色，有延、紐。弁師鄭注云：「延，冕之覆在上，是以名焉；紐，小鼻在武上，笄所貫也。」故知延即覆蓋於冕上，其向冕之前後延長，故以稱名延。黃以周采大小夏侯氏說以爲「冕前圓後方」，觀黃氏禮書通故名物一之天子袞冕圖，似即指延前圓後方。紐乃冕兩旁之小孔，髮笄可貫穿之，使冕得以固持不斜。五冕皆以五采繅絲繩爲旒，凡一旒十有二就，每就閒蓋一寸，皆飾有五采玉，故每旒五采玉亦十有二；又貫髮、冕之笄爲玉質，謂之玉笄；冕纓以朱色綬帶爲之，謂之朱紘。《禮記雜記篇》曰：「孔子曰：管仲鏤簋而朱紘」鄭注：「言其僭天子諸侯……冠有笄者爲紘，紘在纓處，兩端工屬，下不結。」此言冕帶下無結，從下屈而上，屬之於兩旁。弁師鄭注云：「繅，雜之名也。合五采絲爲之繩，垂於延之前後，各十二，所謂邃延也。就，成也。繩之每一帀而貫五采玉，十二斿則十二玉也，每就閒蓋一寸。朱紘以朱組爲紘也。紘一條屬兩端於武。」謹案：武蓋指延下冕之兩旁，此云紘一條屬兩端於武者，實屬笄之兩端，笄雖貫紐，

亦在武之近處也。又「就」乃帀也，猶今人言一周也。一環也。《禮記禮器篇》：「大路繁纓一就。」注云：「五采一帀曰就」。組，緩之屬。又案：後鄭弁師注緣玉藻云：『天子玉藻十有二旒，前後邃延』之文而誤以爲延前後有旒，其實止延前有旒，意取蔽明；王應電、江永、金榜、戴震、黃以周等諸家說皆同正鄭注之非。以上言王之五冕。

諸侯之冕，以三采繅絲爲繩旒，每旒有九就，每就飾有三采瑌玉，其餘冕亦以玄色爲外表，朱色爲裏襯，有延紐等均與王冕同。且有玉筓貫髮固冕及玉瑱垂飾塞耳。鄭注：「玉瑱，塞耳者。故書瑱作瑉。鄭司農云：瑉，惡玉名。」以上言諸侯之冕。

王之皮弁，形若合乎銳頂之狀，凡縫合處有縫中，故每貫有五采玉十二結繫於皮弁之縫中爲飾，謂之璂。其弁以象骨爲弁之下邸，而以玉筓貫髮固弁。弁師鄭注云：「……玄謂會讀如大會之會；會，縫中也。璂，讀如薄借綦之綦；綦，結也。皮弁之縫中，每貫結五采十二以爲飾，謂之綦。……邸，下柢也；以象骨爲之。」周禮正義弁師孫疏引：「任大椿云：考釋名以皮弁爲合手之形，下廣上銳，其制當取鹿皮一幅分解之，每片廣頭向下，狹頭向上，片片縫合，自成合手銳頂之狀。縫中曰會，蓋皮之分解者必以箴功會合之也。」孫疏又引曰：「任大椿云：初學記載魏臺訪議；邸，以象骨周緣弁下根柢，如魏武帝所作弁柢，據此則邸在弁下，有周緣之形，其象冠之有武歟？」任氏之說是也。以上云王之皮弁。

弁経爲王弔所服（見弁師鄭注），其制：弁如爵弁而素，謂之素冠，且又加環経。凡弔事弁経服，故戴弁経以爲禮之飾。案環経，以麻爲體，一股環纏於首而不糾絞，是首経也。弁師賈疏云：「此環経以一股纏之不糾，粗細同耳。」周禮正義弁師孫疏云：「凡経有首有要……此環加於弁，則首経也。」以上言王之弁経。

諸侯及孤卿大夫之冕、韋弁、皮弁、弁経各以其爵次等差爲之，而弁師掌其禁令，使不得相僭踰也。弁師鄭注釋「各以其等」之義曰：「繅旒玉璂如其命數也。」周禮正義弁師孫疏云：「賈疏云：『及孤卿大夫者，此文既承諸侯之下，故鄭以爲諸侯之孤卿大夫解之。……又云自此一經總包諸侯及臣，不言天子之臣。』但天子三公八命、卿六命、大夫四命，士三命。以下，冕弁之屬亦各以其等爲之。案：此等自據爵次言之，諸侯及卿大夫冕旒飾並不依命數。」謹案：孫說爲是，鄭注非矣。以上言諸侯及其孤、卿、大夫首服

之制之禁令弁師掌之。天子之臣首服之制當亦弁師掌之，經文雖不具，依孫詒讓說以為仍可據爵等推知。

總上如弁師職曰：「掌王之五冕，皆玄冕朱裏延紐；五采繅十有二就，皆五采十有二，玉笄朱紘。諸侯九就，瑉玉三采，其餘如王之事，繅斿皆就，玉瑱玉笄。王之皮弁會五采玉璂，象邸玉笄。王之弁絰，弁而加環絰。諸侯及孤卿大夫之冕、韋弁、皮弁、弁絰，各以其等為之，而掌其禁令。」

第四節　職掌戎器及其供輸之職官

本類職官包括司甲、司兵、司戈盾、司弓矢、繕人、槀人六官。司甲掌甲兵之藏，司兵掌五戎兵械，司戈盾掌戈盾之物，司弓矢掌弓弩矢箙之用法、守藏及出入，繕人、槀人並為司弓矢之屬官，掌制作弓矢之事也，凡此六官並掌戎器，故歸屬為一類。

司甲

今本《周禮》中不見司甲之職掌，蓋已闕也。序官司甲鄭注云：「甲，今之鎧也。」此蓋以漢制況古制。注又云：「司甲，兵、戈盾官之長。」由此可見司甲之職掌雖闕，仍可從司兵、司戈盾職掌窺及其大概。賈疏云：「言甲今之鎧者，今古用物不同，其名亦異，古用皮謂之甲，今用金謂之鎧。……」《周禮正義孫疏》云：「書費誓孔疏云：……經典皆言甲，秦世以來始有鎧之文，古之作甲用皮，秦漢以來用鐵……武億云：鄭蓋以漢制況之，謂漢名甲為鎧，其實用皮用金，在古並有此制。管子地數篇：葛盧之山發而出水，金從之，蚩尤受而制之以為劍、鎧、矛、戟，蚩尤已以金作鎧。韓子：共工之戰……此又在蚩尤以前已云鎧。……春秋時此制益廣，吳越春秋，……又戰國策當敵則斬堅甲盾、鞮鍪、鐵幕，劉氏云：謂以鐵幕為臂脛之衣。呂氏春秋……。則甲用金與革古蓋兼之，諸說妄為區分，其義非也。案武說是也，賈疏亦與孔同誤。」孫氏以為古鎧甲兼用金革。然陳祥道《禮書》卷一百十六云：「……經言甲而不及鎧則古者之甲以革為之，後世乃用金耳，管子曰蚩尤以金為鎧不可考也。……」是陳氏不以武氏、孫氏之說為然。謹案：考工記函人為甲，係以犀、兕之革為甲，孫詒讓所引管子、韓子、吳越春秋、戰國策、呂氏春秋等書皆晚出，當不早於春秋末年以前（參張心澂偽書通考），又其書所記載未必不以今制況古制，故此一問題尚未可定論也。周初或仍以

皮革爲之歟？

　　今據田野考古資料，於湖北隨縣一墓中出土戰國髹漆皮甲冑，包括戎士之甲、冑及甲片、編綴用絲帶，又有戎馬之馬甲，馬冑，此一項資料顯示，戰國時期以皮革制作甲冑之證據，至於古代戰爭中甲冑防護之作用及其影響戰爭之意義亦可有所瞭然。原報告曰：「……出土皮甲均由各式甲片編綴而成，甲片均爲皮質，外表髹漆，漆膜厚薄不一，除少數甲片髹紅漆外，均髹黑漆，……。甲片上均開有用以組合編聯的孔眼，有的還保存著編聯用的絲帶。清理出的皮甲中，以 III 號甲（帶冑）和 VII 號甲（帶冑）保存較完好，現重點介紹如下：……全套甲冑可分甲身，甲裙，甲袖和冑四部分。……甲裙，由四排甲片編成，每排十四片，共計五十六片……甲裙最上一排，用絲帶與甲身最下一排編聯在一起，形成垂綴于其下的上小下大的活動垂裙，護住戰士的腹、臀及大腿根部，……。……在第一組甲片中清理出兩件比較完整的皮馬冑（IV 號、II 號）和一些皮馬甲片（VI 號、VII 號、XIV 號）現分述于下：（一）IV 號、V 號馬冑：……兩件大小相同，但殘損情況不同，固此可以互相補充而復原出較完整的馬冑形狀。皮馬冑表裏均髹黑漆，制成馬面形，以從頂經鼻樑至口脣爲中線，左右兩部分對稱，折下遮護馬的兩頰，耳部有透孔，以使馬的雙耳伸出冑外，眼部亦有透孔，以使馬向外視物。在兩腮及頂部均有穿孔，用以係帶或與馬甲的其他部分相編綴。……（二）VI 號馬甲甲片……這些甲片長 17 厘米，寬 14 厘米，是倒置的火焰形，上緣凹曲，並有雙層的小襯條鑲在邊上可用于垂掛，表面髹紅漆，裏面髹黑漆，表面并以黑漆勾邊和繪出幾何形勾連紋圖案。這些甲片均兩相對稱，據其圖案及形狀推測，也許是馬胸中的半環狀裝飾。……關於甲片分類及組合：……除了裙片的橫排甲片基本相同外，其餘部位甲片形式多樣，幾乎沒有完全相同的甲片，說明原來制作時需要用多種模具來加工，在工藝上是很費事的，表明當時甲冑製造應是具有相當規模的。……小結：……隨縣發現的戰國髹漆皮甲冑，其出土數量之多和保存情況之好，都是空前的……爲研究我國古代甲冑提供了重要的資料，……。春秋戰國時期皮甲的製造技術已很精密（考工記）中已有比較清楚的敘述，分析了原料的選擇，區分了制革、鍛革、鑽孔等工序，並且指出製造時應注意的事項。《左傳》中也有關於髹漆皮甲及用絲帶編組皮甲的記載（宣公二年、襄公三年）。這是隨縣出土的皮甲，正合於古代文獻中所說的情況。在同墓出土的竹簡裏，有許多關於甲的記錄，說了甲

的種類和所用滕組等具體情況，說到甲有吳甲和楚甲兩類，……。在竹簡文字中，還有很多關於馬甲的記錄，馬甲有彤甲、畫甲、素甲、漆甲等不同種類。這次清理中沒有能獲得整件馬甲……但是獲得了兩件較完整的馬冑，……對研究當時車戰中轅馬的防護裝備，是很有意義的。……」（《考古》1979 年六期，湖北隨縣擂鼓墩一號墓皮甲冑的清理和復原）從上述資料，得知戰爭中人馬皆有防護措施，其所以如此，爲力求戰勝也，故推知是時之戰爭傷亡已大，競爭亦激烈矣。又黃以周禮書通故軍禮通故引：「毛詩傳云：俴駟，四介馬。」，……以周案：春秋傳曰：「不介馬而馳之，詩曰駟介彭彭是馬有甲之證。……」黃氏之言足補上文馬甲防護之說。

司兵

司兵主掌五兵與五盾，以待軍事之用。五兵，鄭司農云：「戈、殳、戟、酋矛、夷矛。」此先鄭所謂五兵也。然則後文「建車之五兵」，鄭注云：「車之五兵，鄭司農所云者是也。步卒之五兵則無夷矛而有弓矢。」後鄭之意車之五兵與步卒之五兵或有異，是也。又鄭玄司右注引「司馬法曰：弓兵圍、殳矛守、戈戟助，凡五兵，長以衛短，短以衛長。」此五兵乃後鄭步卒之五兵乎？司弓矢職曰：「凡鷙，夾庾利攻守，唐大利車戰、野戰」又曰：「凡矢，枉矢、絜矢利火射，用諸守城車戰」，是弓矢亦用於車戰歟？凡兵車左主射（檀弓注云：「射者在左」），弓矢宜爲兵車所建五兵之一。謹案：「建軍之五兵，可長大；步卒之五兵宜輕巧，二者或有不同，然五兵之名稱未必盡如二鄭所說，蓋五兵者略舉其眾兵中之五兵也，此言五者喻眾之意也。」五盾，鄭注云：「干櫓之屬，其名未盡聞也。」是也，大抵五兵、五盾言兵盾種類眾多，非謂兵止五、盾有五；夫五兵五盾者不定而眾多之詞也。凡五兵五盾，司兵各辨其物與其等。鄭注云：「等，謂功沽上下。」賈疏云：「五兵五盾各有物色與其善惡長短大小之等。……功謂善者爲上等，沽謂粗惡者爲下等也。」及授兵，司兵從司馬長官之法，以知師旅卒兩人數所用多少而頒之。及師還，有司還兵，司兵受之，亦量人數所多少而收繳入庫。及有衛守之用兵，亦用此法授兵受兵。以上即司兵職曰：「掌五兵五盾，各辨其物與其等，以待軍事。及授兵從司馬之法以頒；及其受兵輸，亦如之。」鄭注云：「從司馬之法，令師旅卒兩人數所用多少也。兵輸，謂師還，有司還兵也。用兵，謂出給衛守。」

司兵授五兵，以軍事爲主，故不尚文飾，其祭祀授舞者兵器，恐亦不文。

司兵鄭注云：「授以朱干玉戚之屬」，是鄭氏以爲司兵所授有文飾，但司干職云掌舞器，且以舞器爲職，以干名官，有文飾之朱干玉戚自是司干所掌，司兵所授戎器，無飾矣。此官授舞者兵器與司干、諸子聯事也。鄭注明堂位云：「朱干、赤大盾也。戚，斧也。」此又見司兵所掌兵器有斧戚，是上文二鄭所云之五兵未包括者，又見五兵之稱未必如二鄭所云，所論已見上文，茲不贅言。

　　大喪兼云王、后、世子之喪也。大喪時，司兵所陳列明器中有五兵。此陳列明器之儀爲古葬禮之節儀也。儀禮既夕禮論及士之葬儀曰：「陳明器、役器、甲冑、干笮。」田野考古資料亦論及此，其父曰：「據儀禮既夕禮所記的士的葬儀，遷柩于祖廟後，要左庭中陳車和明器（包括兵器），行荐馬之禮，并「書賵于方」、「書遣于策」到墓地後，車馬和明器都陳于墓前。下葬時，明器埋入墓內，車馬不隨葬。」（見《文物》1979 年第七期，談談隨縣曾侯乙墓的文字資料），上云乃士之葬儀有陳明器之事。而周禮春官巾車職陳列有遣車（既夕賈疏云：遣車，謂遣送之車，入壙者也……如生存之車，但麤小爲之耳）；春官典路有出路陳車之事；春官車僕有陳革車之文（周禮正義車僕孫疏云：「謂葬前一日則陳於祖廟之庭，葬日至壙則陳於墓道也」）；圉人有「牽馬而入陳」與陳遣車之馬；校人職曰：「大喪，飾遣車之馬，及葬埋之」又司弓矢職曰：「大喪，共明弓矢。」凡此皆見大喪陳列之明器中含明弓矢、明五兵、遣車、遣車之馬，另陳有戎車、王路。蓋明器、遣車、遣車之馬等則從葬，但餘車馬，若戎車、王路等則以爲華國之容，至墓地後又返回。大司馬職曰：「喪祭，奉詔馬牲」亦指大遣奠告於柩、藏於棺旁椁內也（大宰鄭注），是古葬禮有此等事。戎器持以御敵者也，故爲貴族及戎士所重，因之以斯陪葬，其故良有以也。今之軍禮有國葬，其儀盛隆，古者當亦有之。又司兵於軍事當建車之五兵，以爲戒備；會同時亦復如此。車之五兵插建於車上，故禮記少禮有云「出先刃，入後刃」之事。以上即司兵職曰：「祭祀授舞者兵。大喪，廞五兵。軍事建車之五兵；會同，亦如之。」

司戈盾

　　司戈盾主掌戈盾之物，及其領授，且兼掌殳之頒授。故以殳頒授旅賁氏以與於祭祀之用；若旅賁氏夾衛王車所持之戈盾亦其所頒（旅賁氏職曰：「掌執戈盾夾王車而趨。」）其又以戈盾頒授宿衛宮中之王族故士，此乃王族故士與祭，亦有衛守事之故。若武舞之用有殳、戈、盾者，司戈盾亦授之。以上

即司戈盾之職。曰：「掌戈盾之物而頒之。祭祀，授旅賁殳，故士戈盾；授舞者兵，亦如之。」鄭注云：「故士，王族故士也。與旅賁當事則衛王也。殳，如杖，長尋有四尺。」周禮正義司戈盾孫疏曰：「賈疏云：案旅賁氏掌執戈盾而趨，此執殳者，以其與故士同衛王時以為儀衛，故不執戈盾。云殳如杖者，說文殳部云殳以杖殊人也，禮殳以積竹八觚，長丈二尺，建於兵車，旅賁以先驅，又云殳，軍中士所執殳也。司馬法曰：執羽從殳。釋名釋兵云：殳，殊也。長丈二尺而無刃，有所撞挃於車上，使殊離也。……文選西京賦薛注云：殳，杖也。入棱，長丈二而無刃，或以木為之，或以竹為之。案殳、杸聲義並同。殳以竹木為之而無刃，與杖相似，故高誘、薛綜即稱為杖也。……」《考工記廬人職》曰：「殳長尋有四尺……凡為殳，五分其長，以其一為之被而圍之，參分其圍，去一以為晉圍，五分其晉圍，去一以為首圍。……」鄭注云：「八尺曰尋。」、又云：「被，把中也。圍之，圓之也。大小未聞；凡矜八觚。」是鄭注、賈疏、孫疏及諸書注解皆以殳為無刃，或以為執殳乃所以儀衛也。然據田野考古資料得知戰國以前殳業有二種，一是無刃，如杖，有儀仗之性質，如古書記載；一是有刃，此殳與古書所載有異，而其器上有銘文曰殳。殳之刃為銅質，出土時鋒刃仍銛利，殳之柲多為積竹、木柲，原報告曰：「殳，七件。……殳頭呈三棱矛形，其後部和殳杆上段各有一個球狀銅箍，二個箍相距 33～51 厘米（公分）。銅箍為花球狀的殳六件。刺球狀的一件。受杆通長約 3.29～3.40 米（公尺），直徑約 2.8～3 厘米。此種殳與古書記載不同，而自銘為殳。北室還出土一種帶環長杖……通長 3.13～3.23 米。杖杆兩端各套一銅飾，一端的銅飾為圓筒形，筒長 6～8 厘米，頂部有一紐，環狀，可以穿繫繩子之類；另一端的銅飾是八棱筒形，長 11 厘米。這些長杖……它既無刃也無鋒，很可能是古書上所說的殳。……許多兵器上有銘文……見于殳者，有『曾侯郎之用殳』等等。……（《文物》1979 年第七期，湖北隨縣曾侯乙墓發掘簡報）

軍旅授戈盾於革路之副車，會同諸侯則授戈盾於金路之副車。副車從王車，仍有車右掌同衛車，且利因應非常，故置載戈盾焉。周禮正義司戈盾孫疏曰：「鄭珍云：車箱外三面皆有闌，其式前之闌金鼓干盾弓矢皆在焉。……案鄭說是也。戈則迆插於車騎外之闌……」王乘車之戈盾此官建之，故職曰「建乘車之戈盾」，然他兵車之戈盾據「軍旅會同授貳車戈盾「推知，當亦此官供給矣。上文已云「授旅賁殳」，此又云「授旅賁及虎士戈盾」，則旅賁持

殳與戈盾之儀，疑有不同。執殳，祭祀時也，彼時執殳蓋儀衛歟？此時執戈盾爲「夾王車而趨」（含軍旅、會同、喪紀及平時從王而周衛等）蓋周衛王之時歟？又虎士即虎賁氏，其「先後王而趨以卒伍」及平時衛守王宮，大故衛守王門，凡此皆執戈盾而司戈盾所授也。以上即司戈盾職曰：「軍旅、會同，授貳車戈盾，建乘車之戈盾，授旅賁及虎士戈盾。」鄭注云：「乘車，王所乘車也。軍旅則革路，會同則金路。」察祈上文司戈盾所授殳與戈盾，其用有四，以授祭祀儀衛之用，二則授舞者之用，三則授乘車藩衛之用，四則授侍衛值守之用。

軍旅會同常舍於途，故設盾爲藩衛；盾乃此官所給，設者當是掌舍「掌王之會同之舍，設梐枑再重……凡舍事則掌之。」之職責。舍官衛守者除王之近侍外，虎賁氏「舍則守王閑」，是亦直任衛守之職也。司戈盾賈疏云：按掌舍王行止住不言設藩盾者，當宿衛之事，非止一重，除梐枑車宮之外，別有此藩盾之等也。」賈說極是。止者設盾爲藩，行則撤去。此即司戈盾之職曰：「及舍，設藩盾，行則斂之。」

以下附論殳、戈、盾之形制。今出土春秋戰國時期之殳，其形制已如上文所述，茲不贅述。黃以周禮書通故名物四之殳圖近似出土之無刃殳。陳祥道禮書卷一百十五之殳圖，與出土之殳形制不合，陳圖蓋有誤。

戈爲擊兵，與戟略似，古書有混淆者。程瑤田考工創物小記戈戟橫內秘鑿旁證記云：「戈，擊兵也。可句可啄而非所以刺也。是以橫而弗縱。」其說是也。考工記所載戈之形制，見冶氏職云：「戈廣二寸，內倍之，胡三之，援四之，已僻則不入，已句則不決，長內則折前，短內則不疾，是故倨句外博，垂三鋒。」又盧人職云：「戈秘六尺有六寸」。今湖北隨縣季氏梁西側出土春秋墓葬之銅器中有戈二件，形制完整，可爲戈制之參考（見附圖），原報告曰：「戈二件。形制略有區別，內部均有銘文。一件通長 18.5、援長 11.8、援寬 2.5、內長 6.7、內寬 2.8 厘米。前鋒呈三角形，上刃平直，欄側二穿，援後上角一穿，援後部有一凸起成浮雕狀的獸形紐，紐內側後伸出，越攔以嵌戈秘，長方直內，內中一穿，內尾兩面均有銘文。一面兩行六字：李（季）剢（息）孔^{周王孫}，另面兩行六字：^{戉（臧）元武}元用戈。另一件通長 22.4、援長 15.5、援寬 2.8、內長 6.9、內寬 2.9 厘米。前鋒呈三角形，援中有脊，上刃平直微昂，欄側三穿，長方直內，內中一穿。內尾有銘文四行十六字：^{穆王之子西宮之孫}曾大攻（工）尹季辪（息）之用

……。」（《文物》1980 年第一期，湖北隨縣城郊發現春秋墓葬和銅器）又田野考古資料談及湖北隨縣曾侯乙墓所發掘之兵器中亦有戈，其戈有短柲單戈，長柲雙戈及三戈一矛同柲之長戟，據報告曰短柲單戈，長約 1.3～1.4 米，長柲之戈均長 3 米以上。其甚可注意者，爲墓中所出三戈一矛同柲之戟，且於曾侯內棺之彩繪中亦有此多戈戟之圖象。原報告曰：「三戈戟比較完整的有三。……通長約 3.43 米。三戈一矛同裝於一柲上；矛裝於柲的頂端，往下爲一件有內的戈和兩件無內的戈。戈之間的距離 4.7～5.3 厘米。三件戈援長略有差別，自上而下依次遞減。……有內戈有在銘文中自稱爲戈的，也有自稱爲戟的；無內戈則只稱戟而不稱戈。有些有內戈和無內戈的銘文是相連……傳世的無內戈都應該是多戈戟的第二或第三個戈頭。……」（《文物》1979 年第七期，湖北隨縣曾侯乙墓發掘簡報）聶榮義三禮圖卷九之戈圖，形制近似今出土之戈。陳祥道禮書卷一百十五之戈圖，與出土之戈異，形制亦誤。黃以周禮書通故名物四之戈圖，形制與出土之戈不同，尤以橫刃大異，殊誤。程瑤田考工創物小記之所錄戈圖，與出土之戈極近同，所擬鄭注戈圖亦極確實（見附圖）謹案：程氏考工創物小記戟圖附文云：「……綜考之覺其內有刃而援之倨句極大，略如磬折者，當即方言之區戟，曩泥於倨句中矩之文，遂棄之，以爲此不合記文之別一體，不知其內之刃即所謂刺，而所以與戈異者正在於此……」程氏所云戈戟之異在於戟之內有刺，而田野考古資料無內戈自銘戟，若此無內則無刃矣，又何以銘戟？程氏之言有可疑者乎？鄭注云：「戟今三鋒戟（見程氏《考工創物小記》所引）。」此三鋒程氏以爲胡、刺、援，然三戈戟有三戈，是否關連於此體之形制歟？有內戈與無內之銘文相連串成三戈之戟，此制是否與戈戟之異有關？此疑不能決，闕，待後來者明之。」

盾之制考工記未言及。三禮圖及禮書通故名物圖僅載朱干之形制，亦未詳盡。今自田野考古所得資料知盾面髹漆，皮革所制，盾把則木質。原報告曰：「盾……等防護武器均用皮革制成，外面髹漆，並漆繪花紋……從出土的木制盾把數目得知漆盾原爲四十六件。」（《文物》1979 年第七期，湖北隨縣曾侯乙墓發掘簡報）

以上敘述司戈盾之職掌，且附論及戈盾之形制。

司戈盾職附圖

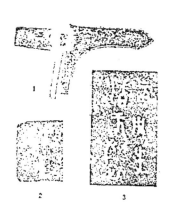
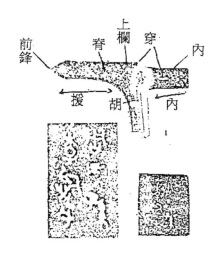

季氏梁出土銅戈之一（背面）　　　　　季氏梁出土銅戈之一（正面）

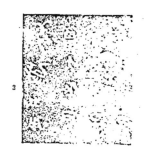
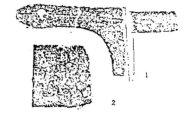

季氏梁出土銅戈之二（文均見司戈盾職）

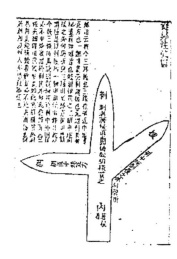
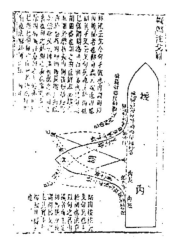

（右錄程瑤田考工創物小記之擬鄭注戈圖及擬鄭注戟圖）

司弓矢

司弓矢主掌六弓四弩八矢之法，其職為分別其名號與物色，而掌管其守藏之府與出入之數。六弓者弓有六種，名曰王弓、弧弓、夾弓、庾弓、唐弓、大弓也。此乃就弓之體性而予以分別，司弓矢鄭注云：此六者為弓異體之名也。因之王弓、弧弓強勁有力，授射甲革及木椹之質者；夾弓、庾弓勁力較弱，授射犴侯與射鳥獸者；唐弓、大弓勁力介於王弧、夾庾之間，授學射者、出使者及問勞遠臣（問勞遠臣從孫詒讓說），此言弓之頒用有斯三等。四弩者，弩有四種，名曰夾弩、庾弩、唐弩、大弩也。夾弩、庾弩勁勢較弱，利於攻城守戰；唐弩、大弩勁較強，利於車馳之戰、野地之戰，故司弓矢鄭注云：「攻城壘者與其自守者，相迫近，弱弩發疾也。車戰、野戰，進退非強則不及。八矢者，枉矢、絜矢、殺矢、鍭矢、矰矢、茀矢、恆矢、庫矢也。司弓矢鄭注以枉矢、殺矢、矰矢、恆矢為弓所用，以絜矢、鍭矢、茀失、庫矢為弩所用，而枉矢與絜矢矢行疾且利於結火以射，用於守城、車戰；殺矢與鍭矢中物深，同用於近射及田獵之射；矰矢與茀矢宜飛高，同用於弋繳之射，恆矢、庫矢利平穩，可用於一般禮射、習射。故司弓矢鄭注云：「枉矢者取名變星飛行有先，今之飛矛是也，……絜矢象焉，二者皆可結火以射敵、守城、車戰；前於重後微輕，行疾也。殺矢言中則死，鍭矢象焉，……二者皆可以伺侯射敵之近者及禽獸，前尤重，中深而不可遠也。結繳於矢謂之矰。矰，高也。茀矢象焉，……二者皆可以弋飛鳥，……前於重又微輕，行不低也。……恆矢安居之矢也，庫矢象焉，二者皆可以散敵也，謂禮射及習射也。前後訂其行平也。」

矢與箙，從於其弓而為一組。箙以安矢，鄭注一箙百矢，而荀子議兵「負箙矢五十個」，是有二解，今仍不曉一箙盛矢多少，然據田野考古資料已知「……出一矢箙，內裝銅鏃十枚。箙圓筒形，平底，似皮革制成，殘長 56 厘米，直徑 7 厘米。厚 0.5 厘米。鏃鋒向下，緊貼箙底。鏃鋌上有繩紋痕，箭桿已朽，其綁紮方法是將桿端劈開，插入鏃鋌，再用細繩綁住，在矢箙附近還出銅弓形容器一……」（見《考古學報》1979 年第一期，1969～1977 年殷墟西區墓葬發掘報告）若據此箙直徑 7 公分，宜容五十矢為是。且本職云：「田弋充籠箙矢」鄭注云：「籠，竹箙也，」是箙有革箙，有竹箙矣。又據田野考古資料知曉春秋戰國時「前鏃有扁體雙翼、三棱、四棱等，多數有鋌。三棱鏃中有三倒刺、六倒刺，甚至九倒刺的，刺如針一樣尖銳。弓有竹制和木制

的，分長弓、短弓、雙層弓和單層弓。」（見《文物》1979 年七期，湖北隨縣曾侯乙墓發掘簡報）司弓矢所掌管之弓矢自是弓人菎人所製給，弓弩矢箙各宜春秋以成，故司弓矢之職中掌弓弩之獻成，中秋掌矢箙之獻成。李光坡云：「弓人爲弓，夏秋多造，至春被弦，故弓弩中春獻之。菎人職矢箙春秋成，故矢箙中秋獻之。」（見周禮正義司弓矢孫詒讓疏所引）弓之制作乃由弓人爲之。其制作之體，司弓矢鄭注以爲往體寡來體多，則合多；往體多來體寡，則合少。天子之弓之體，以合九而成規範，諸侯弓則合七而成規範，大夫弓則合五而成規範，士弓則合三而成規範。弓過於句曲者則不利用，故謂之弊弓。士弓則近似之。弓以適用爲主，未可拘泥其體（參見周禮正義司弓矢孫疏），是故上文已各云弓弩之用。

　　司弓矢既掌弓矢頒用之法，而所供用之時有五：一供凡祭祀射牲之弓矢及祭前澤射射木堪之質之弓矢；二供大射、燕射之弓矢及並夾；三供大喪明器之弓失；四供田弋之矢箙及矰矢；五則軍旅師役、會同亦頒弓弩。凡亡矢，無故則當償賠；有用則耗而不償。司弓矢職中提及「從授兵甲之儀」，云師役、會同頒弓弩有儀式，據此推得「援兵甲之儀」司甲、司兵、司戈盾。司弓矢皆蒞預之，其儀疑司甲職文當述及之，然今已亡矣，僅於此文窺一豹，惜哉！綜上所述，即司弓矢職所云：「掌大弓、四弩、八矢之法，辨其名物而掌其守藏與其出入。中春，獻弓弩；中秋，獻矢箙。及其頒之，王弓、弧弓以授射甲革椹質者；夾弓、庾弓以授射豻侯鳥獸者；唐弓、大弓以授學射者、使者、勞者，其矢箙皆從其弓、凡弩、夾、庾利攻守；唐、大利車戰野戰。凡矢，枉矢、絜矢利火射，用諸守城車戰；殺矢、鍭矢用諸近射、田獵；矰矢、茀矢用諸弋射；恆矢、痺矢用諸散射。天子之弓，合九而成規；諸侯，合七而成規；大夫合五而成規；士合三而成規。句者，謂之弊弓。凡祭祀，共射牲之弓矢；澤，共射椹質之弓矢。大射、燕射，供弓矢如數，並夾。大喪，供明弓失。凡師役、會同，頒弓弩各以其物從兵甲之儀。田弋，充籠箙矢，供矰矢。凡亡失者茀用則更。」

繕人

　　繕人掌王弓、弩、矢、箙、矰、弋、抉、拾八物之用，此八物皆與弓矢有關，繕人亦司弓矢之屬官（參序官鄭注及賈疏）；前六物司弓矢之文已言之，後二爲抉與拾。繕人後鄭注云：「抉拾既次。詩家說或謂抉，謂引弦彄也；拾謂講扞也。玄謂抉，挾矢時所以持弦飾也。著右手巨指。士喪禮曰：「抉，用

正玉棘若檡棘，則天子用象骨與？韝扞著左臂裏，以韋爲之。」後鄭所注既是，然猶未顯明。禮經言及射矢之輔助物有抉（禮經並作決）、韘、拾（周禮正義繕人孫疏云：「凡拾、遂、韘、扞四者同物」）、極四者，四者皆不同物。抉，所以鉤弦，蓋開弓注矢於弦，必用右巨指鉤弦，著抉者爲挾矢時以持弦使不脫，又以爲飾也（參見繕人孫疏引大射儀注）。段玉裁、胡培翬並謂即今之板指是也（見繕人孫疏引），或用棘爲之，或用象骨爲之。韘者，以韋爲之，環於右手巨擘，其作用類似於決。黃以周云：「鄭意決以象骨爲之，韘以韋爲之，所以摳沓手指者，即士喪禮注所謂決以韋爲之藉，有彄是也。韘以藉、決分別言之，固屬二物……通言之韘自統于決……至禮經之極，又別一物，非即韘也。決之韘，以擐右手巨擘；極以韜食指、將指、無名指。韘以鉤弦，極以放弦，二物迥然不同。」（見繕人孫疏所引），黃氏將韘與極之別，析之甚詳。韘與決二者鉤弦之作用相同，亦同環套於右巨指，但韘、決是二物，或大小亦略異，又不知韘環於決之裏乎？抑是決環於韘之裏韋皮鉤弦較不易滑動，其宜環於外歟？至於「拾」者爲臂衣，著於左臂裏，以韋爲之，所以遂弦時捍擋弦震之用，鄭注所謂韝扞也。大射儀鄭注云：「遂，射韝也。以朱韋爲之，著左臂，所以遂弦也。」又云：「其非射時則謂之拾。拾，斂也。所以蔽膚斂衣也。」內則鄭注云：「捍謂拾也，言可以捍弦也。」

繕人又掌告王當射之節（繕人鄭注），並贊助王授受弓矢之事，李鍾倫云：「蓋大僕授受於王，此官掌弓矢，又以弓矢授受於大僕。」是其事也（見繕人孫疏所引）。凡王之五路乘車，應備預非常，此官供矢以充籠箙，並與弓弩置車乘間。鄭珍云：「車箱外三面皆有闌，其式前之闌，金鼓在焉，金鼓之下則置矢房弓弢。」（見繕人孫疏引），鄭說足全置車乘間之義。王射既畢，則此官斂受弓矢而藏於府庫，且不計亡敗之多少，優尊之也。綜上即繕人職曰：「掌王之用弓、弩、矢、箙、繒、弋、抉、拾。掌詔王射；贊王弓矢之事。凡乘車，充其籠、箙，載其弓弩。既射，則斂之。無會計。」

稾人

箭幹謂之稾，而此官主弓弩箭矢故謂之稾人（參見序官稾人鄭司農注），亦司弓矢之屬官。稾人主給作弓弩矢箙之兵器，而職金職曰：「掌受士之金罰、貨罰入于司兵」，是此官亦受財於職金，且以市材用之值（稾人鄭注）予冶氏、矢人、弓人諸工，使良工得自擇材用。

弓有六種物色，弩有四種物色，矢有八種物色，箙有竹箙、革箙，凡此

皆分上、中、下三等之制，此三等制，各制其所宜之用也（參見橐人鄭注）。
韣橐之木未飾治者謂之素（見橐人孫疏），飾治畢者謂之成（見橐人賈疏）；
橐人職云：「春秋素，秋獻成」，則橐人按工進度而後獻成功也。器有上、
中、下，工亦各有其等，橐人書其功拙高下三等，俟其成以饗之厚薄（參橐
人先鄭注）。且計其事之成功多少及考試其弓弩矢箙之良窳，而定其上下秉食
與賞罰。故後鄭橐人注云：「玄謂考之而善則上其食，尤善又賞之；否則反
此。」

制弓弩矢箙之功成，乃入其成於司弓矢，以供師役、會同、田狩、祭祀、
喪、射等之用；又入其成於繕人，供王射與王乘車等用途。凡齎工之財與弓
弩矢箙之出入，其簿書皆在橐人，故待要會而考其出入，若亡失與爛敗者闕
除不計。小宰先鄭注云：「要會，諸計最之簿書。月計日要歲計日會。」

以上所述，即橐人之職云：「掌受財于職金，以齎其工。弓六物為三等，
弩四物亦如之；矢八物皆三等，箙亦如之。春獻素，秋獻成。書其等以饗工；
乘其事，試其弓弩，下上其食而誅賞。乃入功于司弓矢及繕人。凡齎財與其
出入，皆在橐人，以待會而考之，亡者闕之。」

第五節　職掌馬政之職官

馬為軍國之大用，周禮書中言及主買民馬而平其大小價值者為地官質
人，而主買軍馬平其大小價值者有馬質，且其又兼掌供給六軍之戎馬（參見
馬質序官注疏及孫疏）。夏官之馬政皆為戰事而備，校人以下趣馬、巫馬、牧
師、廋人、圉師、圉人七職均屬之，益以馬質，凡夏官馬政八職。校人定王
馬之政，趣馬、巫馬、廋人、圉師、圉人並為其屬；王馬雖多，此見王馬之
政之職官亦多。然則馬質職掌給六軍之馬，職掌馬數尤夥，職官止一耳，其
理安在？究其根由，乃馬質所給六軍之馬僅市馬給萬民，使鄉、遂民人養馬，
故凡料理之事不煩官府，因之官府無長養之費，而軍事有不竭之馬；六軍之
馬政，馬質足任焉。蔡方炳曰：「成周以夏官制軍，而以大司馬命官，以戎馬
定井田之賦，則知馬政之關於六軍至重矣。致其制國馬以行軍，公馬以稱賦，
而鄉師辨其牛馬之物，均人均其牛馬之力，縣師辨其六畜之稽，遂人遂師以
時登其六畜，遂大夫以時稽其六畜，而馬與焉，及其用之則司馬法甸出馬四
匹，此國馬之政也。校人則掌王馬之政，辨六馬之屬，……蓋五良一駑，因
其材質高下、毛色純駁而區分之，獨給公家之用，是為公馬也。惟天子有左

右廄；共十有二閑、馬六種；……卿大夫家四閑、馬止田駕二種，所以辨降殺爲國防也。而凡馬特居四之一，……息馬之道也。春祭馬祖而執駒，……冬祭馬步，獻馬，而講馭夫。凡軍事物馬而頒之。其趣馬則掌贊正良馬而齊其飲食，簡其六節，掌駕脫之頒，辨四時之居治，有巫馬掌養疾馬而乘治之；牧師掌牧地皆有屬禁而頒之；廋小掌十有二閑之政，教以阜馬、佚待、教駣、攻駒、執駒、散其耳；擇圉師掌教圉人養馬；擇圉人掌養馬芻牧之事，成周之于養馬如此，其重且詳也。」（蔡氏歷代馬政記）蔡氏於成周之有關馬政者言之頗詳盡，其中大抵不誤，尤以言國馬、王馬、公馬之分極確。案歷覽後世馬政，唐世較佳，其餘各朝利不多而弊有餘；若成周之馬政最爲善也。蔡方炳又曰：「考古今馬政之變，……其官民通牧者周也，……按成周之制，邱甸歲取馬四匹，平時則官給芻牧，有事則民供調發，以至邦國六閑、家四閑，則諸侯、士大夫之家未嘗不自養焉，不獨天子有十二閑也。此官民通牧者然也。……」謹案：「諸侯士大夫之家自養之馬雖供已役，國有事也未嘗不徵及之，蓋亦馬質軍馬之源也。其馬，因於諸侯、士大夫家之調教已有素習，至陣戰無不可用，是成周馬政宜所以良也。其牧於民者，官給芻牧，牧師之職，雖掌王馬之芻牧，王馬牧地外之牧場之屬禁亦掌之，此民馬之芻牧無虞矣。若馬徵隸於軍時，則巫馬、獸醫殆亦不能免於其治馬疾之職歟？若此廋人、趣馬、圉師、圉人又豈能免於兼掌調教戎馬之職者哉？戎事至重，職掌有限，以突發之重任加於常職，此爲權宜之計，不可謂之不宜，竊以爲天下之馬固宜散於四方，收之則皆爲國馬矣。是校人以下諸職官與馬質之職互備，則夏官之馬政盡在於斯矣哉。」今分敘馬政諸職如下：

馬質

秦蕙田云：「……考古天子之馬有二，一曰國馬，亦曰王馬，一曰民賦之馬。」民賦者井邑邱甸中所出戎馬，一甸出戎馬四匹；畿內提封萬井，出戎馬四萬匹，是皆民養之平日，有軍旅則賦之，故曰萬乘、千乘、百乘，此軍政也。國馬則天子使人自養之，……。」（《五禮通考》卷二百四十四）謹案：王馬天子使校人之屬養之者是也。民賦之馬，正是邱甸所出，然此非戎馬之常賦。唯國馬者，乃六軍之戎馬，即馬質所掌公家買馬，平其大小之價值而授予鄉遂之民長養者，六軍之戎馬其散於鄉遂，而給出於馬質也。秦氏之言有然者，有不然者也。馬質所市之馬，其物色有戎馬、田馬、駕馬三類；戎馬以即戎，田馬以出獵，駕馬以供冗役之用（《五禮通考》卷二百四十四引蔡

德晉說）。三類之中皆辨其物色優劣而定其貴賤價值，故馬質職曰：「掌質馬；馬量三物，一曰戎馬，二曰田馬，三曰駑馬，皆有物價。」高愈曰：「校人職馬有六種，而此止言三物者，蓋種馬不常有，齊馬、道馬皆王所乘，以給臣民之用者，唯三物而已。」（《五禮通考》卷二百四十四引）

　　馬有敗群者，謂之惡馬，鄭注以爲當以縻索維綱而狸習之（參馬質後鄭注），此養之教之乃盡馬之性也。鄭司農云；禁去惡馬而不畜，疑非養馬之道。凡民間受馬於有司者，馬質書其齒毛與其價值。旬之內馬死，此養之惡也，必責其償之；旬之外馬死，此任之不當也，亦應責其皮骨肉之償，入馬耳於有司，以驗明毛色然否。又於此之外，若馬死，殆死於多故，則不今養之者償矣。大抵此官所掌償馬有此三等。故馬質職曰：「綱惡馬。凡受馬於有司者，書其齒毛與其價。馬死則旬之內更；旬之外入馬耳，以其物更；其外否。」江永云：「……以其物更者，以馬之皮、骨、肉所值之物價償，不責其全償也。」（見《周禮正義馬質孫疏引》）江說是也。又孫詒讓云：「有司即謂馬質也。坊記孔疏引此文謂鄉遂出軍之馬亦國家所給，其說甚是。蓋鄉遂家賦一人，出兵而不出車馬，與都鄙立甸出車馬異，其馬蓋由官買，以給鄉遂之家，使於牧田共養之。《詩小雅出車》云：我出我車于彼牧矣。《毛傳》：出車就馬於牧地。明戰車之馬，非十二閑所畜也。其頒養之法……六鄉凡我車三千乘，戎馬一萬二千匹，其大數也。校人王馬戎馬唯四百三十二匹，不以給軍，則六軍之馬皆馬質所給可知矣。……」（見馬質孫疏）

　　調馬之道在任其力，齊其行，受養者當使其馬勞逸均衡，則不偏傷馬力，鄭注云：「識其所載輕重及道里，齊其勞逸，乃復用之。」是也。若有馬訟，此官既知馬大小貴賤價值，又明辨馬之物色，故聽斷之。訟，鄭注云：「謂賣買之言相負。」是矣。周禮中以法治主義爲段之思想至爲了然（參見賀凌虛《周禮及基本政治思想》），其司法欲獨立審判之思想，從秋官職官之訟獄皆有專官專職中諸可多見，雖云天、地、夏、秋四官皆有懸法之規定及刑禁之明文（本篇大司馬職掌中已述及，另參賀氏周禮及基本政治思想）然皆非行使審判權；而此處馬質聽馬訟，蓋止類似今日之行政處分耳。古者視蠶神與馬同形，是故二物同氣，凡物莫能二大，懼再蠶將危及馬之繁盛，故禁原蠶者。鄭注云：「原，再也。天文，辰爲馬；蠶書；蠶爲龍精，月直大火，則浴其種。是蠶與馬同氣，物莫能兩大，禁再蠶者，爲傷馬與？」以上即馬質職曰：「馬及行，則以任齊其行。若有馬訟，則聽之。禁原蠶者。」

　　歸有光《馬政志》云：「……或謂周蓋令民間養馬，考其實不然。邱甸之馬，蓋國有賦調，民自具馬以即戎；民之平日養馬，官何與焉？惟校人以下之職，乃爲王馬，而天子使人自養之者也。……」（《歸震川全集》卷四）歸氏所云大致不差，然猶有可辯說者，戎馬爲馬質所市，芻草出於牧師屬禁之牧地，謂「非令民間養馬」亦允，況且鄉、遂民人只代養馬耳，馬實馬質所給。至於邱甸出馬正如歸氏所說。戎馬之出待鄉遂不足，而後調發始及之（參校人孫詒讓疏），邱甸之養馬亦聽其自願也。惟言「民自具馬以即戎」，此意恐非。謹案：戰馬之調養非民間可爲，代養於民間之馬及邱甸所賦之馬，軍旅事起皆徵之於國，除諸侯、士大夫家之戎馬或有專職調教者外，其餘絕非民自驅之可即戎也。蔡方炳引魏武侯問吳起以畜卒騎之法曰：「夫馬必安其處所，適具水草，節其飽飢，冬則溫廄，夏則涼廡，刻剔毛鬣，謹落四下，戰其耳目，無令驚駭，習其馳逐，閑其進止，然後馬于人親，而可施勒御轡之用，此古人調養戰馬之法也。」（見《歷代馬政記》，頁 2）睹其養戰馬之法若此之專，民間豈能自爲乎哉？此必不然也。竊以爲戰時校人以下諸職官皆得調教閑習之，是時各級軍吏亦協同節制之。歸氏歷敘馬政沿革及得失，其文頗有可觀，此其小疵矣。

校人

　　校人爲馬官之長。主馬者必仍校視之，且掌左右校之馬，故謂之校人（參見《序官校人鄭注》及孫詒讓《周禮正義疏》）。上文馬質司六軍之馬政；校人以下之主王馬之政。王馬之政者爲官畜養馬，以給王事之用；除王事之用者外，王之副車、大僕前驅之車及隨從諸侯、卿大夫所乘之貳車、從車、使車皆爲王馬之屬，或又別稱公馬。公馬，給公家之用，是固屬於王馬也。校人所辦之馬物有六：即種馬、戎馬、齊馬、道馬、田馬、駑馬。前四者總稱爲國馬，馬皆高八尺；田馬七尺；駑馬六尺。因此，國馬與田馬、駑馬等雖種類毛物不同，蓋亦以馬之高卑相別異（見《周禮正義校人孫疏》）。《校人鄭注》云：「種謂上善似母者。以次差之，玉路駕種馬，戎路駕戎馬，金路駕齊馬，象路駕道馬，田路駕田馬；駑馬給宮中之役。」孫詒讓疏云：「雜記云：『凶年則乘駑馬』，明非凶年不乘駑馬，故知供役而已。但駑馬二閑不止給王宮中之役，宮中當作官中，謂給百官府之役也。穀梁莊二十九年，楊疏引正作官，不誤。」是也。凡頒授良馬予各屬官畜養駕乘之法：四匹馬有一圉師、四圉人長養之，十二匹聚養於皀，每皀設一趣馬；三十六匹聚養於

繫，每繫設一馭夫；二百一十六匹聚養於廄，每廄設有一僕夫。五良馬一駑馬總有六廄，六廄聚成一校，校又有左右，而駑馬乃三倍良馬之數，則良馬一種爲良馬廄之二倍，有四百三十二匹，五種共二千一百六十匹，駑馬一種爲良馬之三倍，共一千二百九十六匹，總計王馬凡三千四百五十六匹。二匹爲麗馬，一圉人長養之；六麗十二匹設一圉師；八師七十二匹設一趣馬；八趣馬四百三十二匹設一馭夫。以上即校人職曰：「掌王馬之政。辨六馬之屬，種馬一物、戎馬一物、齊馬一物、道馬一物、田馬一物、駑馬一物。凡頒良馬而養乘之，乘馬一師四圉；三乘爲皂，皂一趣馬；三皂爲繫，繫一馭夫；六繫爲廄一僕夫；六廄成校，校有左右。駑馬三良馬之數，麗馬一圉，八麗一師，八師一趣馬，八趣馬一馭夫。」鄭注云：「良，善也。善馬，五路之馬。鄭司農云：四匹爲乘……玄謂二耦爲乘。師、趣馬、馭夫、僕夫、帥之名也。趣馬下士，馭夫中士，則僕夫上士也。自乘至廄，其數二百一十六匹，……至校變爲言成者，明六馬各一廄，而王馬小備也。校有左右，則良馬一種者四百三十二匹，五種合二千一百六十匹；駑馬三，則爲千二百九十六匹，五良一駑，凡三千四百五十六匹，然後王馬大備。……駑馬自圉至馭夫凡馬千二十四匹，與三良馬之數不相應，八皆宜爲六字之誤也。師十二匹，趣馬七十二匹，則駭夫四百三十二匹矣，然後而三之，既三之，無僕夫者，不駕於五路，卑之也。」周禮正義孫疏並引易祓、黃度、李鐘倫、姜兆錫、吳廷華之說駁鄭玄注僕夫上士之誤，僕夫爲五路之通稱，孫疏所引以上諸家說並確。

　　天子有馬十二閑，馬六種；邦國諸侯則六閑四種；家則四閑二種。此即校人職曰：「天子十有二閑，馬六種；邦國六閑，馬四種；家四閑，馬二種。」鄭注云：「諸侯有齊馬、道馬、田馬；大夫有田馬各一閑；其駑馬則皆分爲三焉。」閑爲闌養馬之所（《漢書百官公卿表顏注》），十二閑馬即上文所云左右校畜闌者，凡六種。鄭注諸侯之馬四種。爲齊、道、田、駑有未妥處，故孫詒讓更加闡釋曰：「今謹依毛義定邦國四種之馬曰凡諸侯乘金路以下者，其馬爲齊、戎、田、駑，其金路、象路蓋共駕齊馬，以其事略同也。戎路以下所駕馬與王同。凡乘象路以下者，其馬爲道、戎、田、駑。以駕象路以下，亦與王同。至於四衛乘革路者，雖不得乘象路，而亦得具道馬，以賓祭行禮之馬，不可與戎事同也。……依此差之，則與此職及中車、馬質諸文無不符合，似較鄭說爲優。」謹案：「孫氏之說雖較鄭注爲優，然諸侯馬止四種，忽爲齊、

戎、田駕，忽爲道、戎、田、駕，終有未安之處，竊以爲齊路、道路、戎路皆不可無，田路與戎路事相當，則田路以戎路替之可也。駕馬仍供役使，凡諸侯有齊、道、戎、駕四種。如此，家則有戎、駕二種。」已知天子馬十二閑，供王事之用，非以給軍。故校人孫疏曰：「蓋此職十二閑之戎馬專以共王之戎路、倅車及從行公卿大夫、宿衞士庶子等所乘，非以給軍。」然則六軍之馬如何頒養？文邱甸戎馬何出？是否爲校人所掌？又家之馬何以有四閑之多？孫詒讓疏又曰：「……蓋六軍之馬當由馬質頒與六鄉之家使供養之，而鄉吏司其稽簡徵發之事。六遂副六鄉，其頒養之法，當亦如之。至都鄙丘甸出戎馬，則又民間自備，都鄙之吏縣師與稍人掌其事，二者之馬皆不畜於王閑，爲校人所不掌。然則此職王及邦國之馬自據官廏所畜言之，其不足以盡王國及侯國之馬亦明矣。至此經之家四閑，依鄭志說爲天子三公食大都者之制，此本畿內大國與邦國男國相等，故軍賦不過百乘，而家廏畜馬有八百餘匹之多；其卿食小都；大夫食縣者即不得備此數。……」

凡畜馬、牡馬當居四分之一，此息馬力也。春時既祭馬之先神馬祖者，又執幼駒使勿近母通淫，而免爲乘匹所傷害。夏時祭祀以始養馬者配食，且頒馬分與卿大夫當乘馬者（參見校人孫疏），又閹割牲馬之馬勢。秋時祭祀，以始乘馬者配食，且簡練五路之馭僕。冬時祭祀害馬之神，使勿災馬且獻馬於王，而簡習乘馬之馭夫。以上即校人職曰：「凡馬，特居四之一。春祭馬祖；執駒。夏祭先牧；頒馬攻特。秋祭馬社；臧僕。冬祭馬步；獻馬；講馭夫。」鄭司農注云：「四之一者，三牝一牡。」又云：「攻特謂騬之（孫疏引「廣雅釋獸云：……謂割去馬勢……」）。」鄭注云：「馬社，始乘馬者。……鄭司農云：臧僕謂簡練馭者，令皆善也。玄謂僕馭，五路之僕。」又云：「馬步，神爲災害者。獻馬，見成馬於王也。馭夫，馭貳車，從車、使車者。講，猶簡習。」

凡大祭祀、朝覲、會同、擇毛色齊同者分授與當乘馬之人。馬爲六幣之一，以馬遺人，校人當使刷治絜清之，所謂「飾幣馬」也；且執馬杖從馬後，以防牲畜不馴。凡賓客致幣馬來朝聘而享王者（參校人鄭注），則受其幣馬。大喪，則裝飾遣車之馬，及入壙則埋之。鄭注云：「言埋之，則是馬塗車之芻靈。」即《釋名釋喪制》云：「塗車，以泥塗爲車也。芻靈，束草爲人馬（引自校人孫疏）。此古葬儀從葬明器之節儀也。田獵，田僕設驅逆之車以逐獸，校人因主車馬而帥領之。凡將有祭事於四海、山川，則亦使刷治絜清黃駒，

以俟禮事之用。故鄭注云：「四海猶四方也。王巡守過大山川則有殺駒以祈沈禮。」凡國之使者有事於四方，校人供其幣馬，備聘禮私覿之用。周禮正義校人孫疏云：「聘禮云：喪覿，奉束錦，總乘馬。是私覿有幣馬也。……吳廷華云：享亦有幣馬，私覿特其一耳。案吳說是補鄭義。」是也。凡軍事，當齊馬力而分授與乘車之人。戎事主齊力，不主齊色，故校人孫疏：「……是戎事馬亦各從正色，但詩禮並謂主帥所乘。其他戎車固不嫌有雜色矣。」校人之戎馬不為六軍兵車之馬，為王戎車及其隨行者從車、貳車、使車所用。又校人之職兼掌等差馭馬之僕夫、馭夫、趣馬等之俸祿及圉師、圉人、府、史、胥、徒以下庶人在官者之賜穀稟食等事。以上即校人職曰：「凡大祭祀、朝覲、會同毛馬而頒之。飾幣馬，執扑而從之。凡賓客，受其幣馬。大喪，飾遣車之馬，及葬埋之。田獵，則帥驅逆之車。凡將事于四海山川，則飾黃駒。凡國之使者，供其幣馬。凡軍事，物馬而頒之。等馭夫之祿，宮中之稍食。」案：「宮中之稍食」句，鄭注云：「師圉府史以下也。鄭司農云：稍食曰稟。」故知宮中當為官中之誤，宮中之稍食非校人所掌也。師、圉、府、史以下當有胥徒之等（案語以下並參見校人詒讓疏）。

趣馬

養馬事繁，此官董督令促疾也（周禮正義序官趣馬孫疏）。其職掌贊佐校人正良馬之政；於良馬之飲食，使飢飽得宜，吳子治兵篇云：「適其水草，節其飢飽。」是也。於良馬六節之調教，簡練之。王應電曰：「凡馬驅之而晉，旋之而反，此進退之節；提之而走，控之而止，此行止之節；驟之而趨，馳之而奔，此馳驟之節。簡者篤策之，使合節，此教導之法也。」（《周禮傳》卷四下見四庫珍本）是也。蓋趣馬職佐校人調養良馬也。趣馬又掌用馬之第次（趣馬鄭注），使馬駕脫有時，勞逸均平。左傳宣公十二年云：「楚子為乘廣三十，乘分為左右，右廣雞鳴而駕，日中而脫；左則受之，日入而脫。」是其事矣。乃分辨馬四時牧庌所處及執駒攻特治理之法（參趣馬鄭注），而使聽馭夫之所乘。此既善養之、善教之，而後使善用之也。以上即趣馬之職曰：「掌贊正良馬，而齊其飲食，簡其六節。掌駕說之頒。辨四時之居治，以聽馭夫。」典路先鄭注云：「說謂舍車也。」趣馬鄭注云：「居謂牧庌所處，治謂執駒、攻特之屬。」謹案：居謂所居處，即如圉師云：「春始牧，夏庌馬。」又如吳子治兵篇：「冬則溫廄，夏則涼廡是也。」《周禮正義》趣馬孫疏云：「此讀頒為班也。……小爾雅廣詁云：班，次也。」

巫馬

巫乃指醫也。巫醫古得通稱，《說文酉部》曰：「古者巫彭初作醫。」《廣雅釋詁》曰：「醫，巫也。」又俞樾云：巫馬職但云掌養馬疾而乘治之，相醫而藥攻馬疾，無一字及祭，然則巫馬非巫也，巫猶醫也。」說文、廣雅俞說等並確。（以上並參序官巫馬孫疏）。巫馬主掌養疾馬，而治療之。且自校人處受市藥材所需之布泉而助醫師以藥攻治馬疾。若馬死，則使其屬賈人賣之，入其所得之布泉於校人。此受授布泉於校人，乃其官成歟？亦當有簿書會計。以上即巫馬職曰：「掌養疾馬而乘治之。相醫而藥攻馬疾，受財于校人。馬死，則使其賈粥之，入其布于校人。」鄭注：「乘謂驅步以發其疾，知所疾處乃治之。又莊存與云：「此為騎乘之乘，謂使人壓試，以知其疾之所在，……」（《周官說補二》）謹案：凡此皆止治馬疾之一端，於義未周。乘，治也。乘治猶治也。《詩豳風七月》云：「亟其乘屋。」箋云：「乘，治也。」是其義。巫馬鄭注又云：「布，泉也。……粥，賣也。」案：泉即錢也。地序官泉府鄭司農注云：「故書泉或作錢」。徐養原云：「泉、錢同聲，古蓋通用」（周官故書考地官泉府）。

牧師

牧地之草為繁馬之根本。牧師掌可牧馬之處，使其地之官民遮護禁止，不得使人輒牧牛馬（見牧師孫疏），此所謂牧地皆有屬禁。山虞光鄭注云：「屬謂遮列守之。」是也。牧地有屬禁而後方可頒馬，分別牧地予囿者牧處。囿者，囿師、囿人掌養馬者也。秦惠田曰：「案馬必就牧，雖官馬之在閑者，當水草茂盛之候，亦皆當置之牧地也。」（見《五禮通考》卷二百四十四）秦氏之說是也。孟春則焚牧地，鄭注云：「焚牧地，以除陳生新草。」中春陰陽交，萬物滋生之時，以合馬之牝牡（參見牧師鄭注），此遊牧孳息，以求繁盛也。牧師掌牧地牧馬之政令，焚萊是素習，凡田事則使贊助山虞、澤虞以焚萊草。故鄭注云：「焚萊者山、澤之虞。」以上牧師之職曰：「掌牧地，皆有屬禁而頒之。孟春焚牧；中春通淫。掌其政令，凡田事贊焚萊。」

庾人

此官掌王馬十二閑之政教；王馬之政教有阜馬、佚特、教駣、攻駒、祭馬祖、祭閑之先牧、執駒、散馬耳、圉馬等九事。其中祭馬祖、祭閑之先牧為馬政之祭祀；而餘七事則為實際教養馬之技巧。斯九事庾人掌其政令，使

圉師、圉人行之。鄭注云：「九者皆有政教焉。阜，盛壯也。……杜子春云：佚當爲逸。鄭司農云：馬三歲曰駣，二歲曰駒，……玄謂逸者，用之不使甚勞，安其血氣也。教駣，始乘習之也。攻駒，騬其蹄齧者。閑之先牧，先牧制閑者。散馬耳，以竹括押其耳，頭動搖則括中物，後遂串習，不復驚。」廋人除掌上述馬之政教外，又重視圉師、圉人人選之簡擇，擇其有才智者，可預備爲師圉之選，而廋人平定其等差。王應電曰：「馭夫而下可以備員于校人，而中其選者，廋人差而正之也。」（見四庫珍本周禮傳卷四下）王氏之說是也，但馭夫當指圉師、圉人庶人在官者，馭夫職不低於廋人，非其可差正；此選舉馬官之事也。馬之大小其名不同，優劣亦殊；馬八尺以上稱龍，七尺以上稱騋，六尺以上則通稱馬。以上即廋人職曰：「掌十有二閑之政教，以阜馬、佚特、教駣攻駒及祭馬祖、祭閑之先牧及執駒、散馬耳、圉馬。正校人員選馬八尺以上爲龍，七尺以上爲騋，六尺以上爲馬。」鄭注云：「校人謂師圉也。正員選者，選擇可備員者平之。」

圉師

　　圉師、圉人爲知馬而親馬者也。知馬言其能養馬、辨物色也；親馬，言其能知馬性，日夕常相處也。夏官序官曰：「圉師乘一人，徒二人。圉人良馬匹一人，駑馬麗一人。」若依良馬五種二千一百六十四計之，圉師五百四十人，圉人二千一百六十人；而駑馬一千二百九十六匹，若依六麗一圉師，麗一圉人則圉師百人以上，圉人六百四十八人，凡圉師六百四十人以上而圉人二千八百零八人，掌王馬之教養者已如此龐大，姑不論鄉遂代養者及民間自養者，已足見周朝養馬之盛況，且又可窺成周武功盛況之一豹矣。

　　圉師之職，主掌教導圉人養馬，且兼掌養馬有關之瑣事。譬如春時除蓐、殿成釁之，出馬於牧；夏時養馬於庌；冬時，獻業經養教之成馬。至儲備置設習射於澤宮時木樴之質及翦斷茅草，此次蓋成牆屋之事，並與養馬事有關，且爲圉人所習，故圉師亦督作之。以上圉師之職曰：「掌教圉人養馬：春除蔚、釁廄、始牧；夏庌馬；冬獻馬。射則充樴質，茨牆則翦闑。」鄭注云：「蓐，馬茲也，馬既出而除之。新釁焉，神之也。……玄謂庌，廡也，廡所以庇馬涼也。充猶居也。茨，蓋也。闑，苦也。樴質翦闑，圉入所習也。……樴質，所射者習射處。」周禮正義圉師孫疏曰：「注云蓐馬茲也者，謂以草薦馬也。……云新釁焉神之也者，謂新作廄則以牲血釁之，以神明之也。其禮蓋與釁廟略同，其牲經無文，疑當降於廟，與門、夾室同用雞也。……云充

猶居也者……漢書張湯傳顏注云：居謂儲也。此充椹質亦儲備置設之意。云茨蓋也者，《說文艸部》云：茨，以茅葦蓋屋。《釋名釋宮室》云：屋以草蓋曰茨，……此草爲之也。云闆苫也者，闆即蓋之借字……《說文艸部》云：蓋，苫也。云椹質翦闆圉人所習也者，賈疏云：莝，取椹斬莝則苫蓋之類也，皆圉人所習之事。……云椹質所射者習射處者，明唯在習射處射，乃以椹爲質的也。……」

圉人

圉人受教於圉師，故亦受役於圉師。其主掌養馬芻秣牧養之事。兼掌凡賓客來，若王賜之馬，則使此官牽馬就館而陳之。賈疏云：「……賓客則在館，天子使人就館而陳之。」是也。凡喪紀，陳設明器，其中薦馬之儀有三，尤以啓後所薦馬爲重，故鄭注云：「喪記之馬，啓後所薦馬」，亦此官牽薦馬而入陳。周禮正義圉人孫疏曰：「雜記孔疏云：『按士喪禮下篇薦馬之節凡有三時，一者柩初出至祖廟設奠，爲遷祖之奠訖乃薦馬，是其一也。至日側祖奠之時又薦馬，是其二也。明日將行設遣奠之時又薦馬，是其三也。』詒讓案：薦馬雖有三節，要在啓殯後，故鄭云啓後昄之，明皆此官牽而入陳矣。」又至入廟及就壙時廞馬，亦使圉人牽而入陳。故鄭注云：「廞馬，遣車之馬。人捧之，亦牽而入陳。」以上即圉人之職曰：「掌養馬芻牧之事，以役圉師。凡賓客、喪紀牽馬而入陳。廞馬亦如之。」鄭注云：「役者，圉師使令焉。」又云：「賓客之馬，王所以賜之者。」周禮正義圉人孫疏云：「云人捧之者，謂入廟及行就壙時，皆須人捧之，校人注以遣車之馬爲塗車芻靈，明不可駕引以行也。……依巾車注說，遣車亦陳駕，則入廟陳明器時，當以馬就車駕而陳之；至葬將行時乃解脫而別捧之以如墓；至壙陳於墓道，亦當駕之；窆時，復解脫藏之椁內見外。……」

第六節　職掌辨四方利害職貢、民情政教、地形地物及溝通中央與地方意見之職官

軍禮五目有大均之禮；「大均之禮恤眾也」（春官宗伯職文），宗伯鄭注云：「均其地政、地守、地職之賦，所以憂民。」此均平征賦之事，僅止於畿內（從孫詒讓說，見春官宗伯孫疏）；而職方氏之職王四方之職貢（序官職方鄭注），則遍天下皆均矣。序官職方賈疏曰：「司馬主九畿，職方制其貢，事相

成」是也。五目又有大封之禮，「大封之禮合眾也」（春官宗伯職文）宗伯鄭注云：「正封疆溝塗之固，所以合聚其民。」正封疆者固由王城爲中心，自畿內、遠郊而外鄉遂，直至於四方邦國都鄙，而形方氏者正爲四方邦國之體國經野之官也（序官形方氏孫疏：「⋯⋯此官主正邦國之封疆，故亦以形方爲名，猶營國謂之體國矣。」）本類職官以掌天下地與圖而周知九州之人民、財用大要及其利民害民之事之職方氏爲主。職方主使四方之民能共事利而不失其所，各因邦國民之所能與國之所有而分職施貢，是主四方官之長（序官職方鄭注）。又益以土方，懷方、合方、訓方、形方、山師、川師、邍師、匡人、撢人諸職官。諸官之前五官或主四方地政、或主懷遠、或主合同、或主教導人民、或正四方邦國封疆，故自土方氏至形方氏五職並掌四方疆域教治之官（參見土方孫疏），並與邦國民情政教有關。後者山師、川師、邍師則並掌邦國土地名物之官（見序官山師孫疏），於四方邦國之山川物產、地形險要知之甚詳。又後者匡人、撢人主巡行邦國諭達教治之官（序官匡人孫疏），於溝通中央與地方及宣導政令之事盡力最多。綜此十一職官以安定四方，使地有定域，民有常主，職有常貢，利害一致，所以合邦國以固天下也。軍禮之用意，在於集眾志而成城，「軍禮以用其命爲主，以合其志爲終始」（王安石周官新義卷八），此所以職方、土方、訓方⋯⋯撢人爲夏官職官之故也。

職方氏

　　天下之圖與天下之地職方氏皆掌之。職方氏之職主掌此二者，以辨別邦國、都鄙以及四方之夷蠻、閩、貉、戎、狄之人民數，其財用之數、九穀六畜之數，凡此人民、財用、九穀、六畜皆有簿書可稽覈計數。凡邦國、都鄙、及四方夷、蠻、閩、貉、戎、狄等地之事物利害皆周知之。於是按圖能辨九州之國，使共同致力於生財利之事業，而民不流離顛沛也。以上即職方氏職曰：「掌天下之圖，以掌天下之地，辨其邦國、都鄙、四夷、八蠻、七閩、九貉、五戎、六狄之人民與其財用、九穀之數要，周知其利害。」鄭注云：「天下之圖，如今司空輿地圖也。⋯⋯國語曰：⋯⋯四、八、七、九、五、六，周之所服國數也。⋯⋯《爾雅》曰：九夷、八蠻、六戎、五狄謂之四海。」

　　以上爲職方之主要職掌，下文據以辨九州、九服、計天下邦國之法、邦國維繫之道、邦國職貢之制及頒邦國之戒令。關於職方氏所辦之九州，乃使民同其事利，不失其所也。九州者，東南曰揚州、正南曰荊州、河南曰豫州、

正東曰青州、河東曰兗州、正西曰雍州、東北曰幽州、河內曰冀州、正北曰
并州。大此九州者，職方氏掌天下之圖以掌天下之地者也。周禮中非止職方
掌圖，即大司徒、司會、司險之屬亦有圖，然其所繪種類、疏密及作用當有
殊異。職方所作圖，供司馬之參佐也。而其所重者自其所辦九州中可知。凡
圖中每州必云：其山鎮、其大小澤、藪、其川河、其川河之浸沈，或區域、
或支流，其物產之利、其人民男女比例，其宜畜之物、其宜農之物（王與之
周禮訂義卷五十六、鄭鍔亦有類此之分析，可並參之）。前四者爲地形，後四
者爲地物，統其地形地物，益以民情、政情等則爲戰爭判斷之基礎，古人所
謂知己知彼之工夫也。王建東先生分析孫子始計篇大意中，曰：「……計劃作
爲之程序：第一步做知己之工作，……乃將國家之政治、經濟、外交、教育、
生產、交通、建設、氣候、領土等狀況，以及政略、戰略、軍備、訓練、指
揮、民心士氣等，和各種制度法令規章與現狀加以研究分析；亦即國防之狀
況判斷，以備國防建設動員準備爲依據者。繼之做知彼之工作，……亦即敵
情之判斷及敵我各種作戰因素之比較……。以此比較之結果，作爲戰爭（作
戰）計劃策定之依據。以上判斷完成後，已可獲得如何達成作戰制勝之計劃
大綱，以決定戰爭目標及戰略運用之方針矣。」（見孫子兵法思想體系精解）
王氏之說極是，職方氏及其屬官之入於夏官之作用在茲，斯乃先賢注疏周官
時多未言及者矣。以上乃略析職方辦九州及制圖之用意所在。茲錄職方氏此
段職文曰：「乃辨九州之國，使同貫利。東南曰揚州，其山鎮曰會稽，其澤藪
曰具區，其川三江，其浸五湖，其利金錫竹箭，其民二男五女，其畜宜鳥獸，
其穀宜稻。正南曰荊州，其山鎮曰衡山，其澤藪曰雲瞢，其川江漢，其浸潁
湛，其利丹銀齒革，其民一男二女，其畜宜鳥獸，其穀宜稻。河南曰豫州、
其山鎮曰華山，其澤藪曰圃田，其川滎雒，其浸波溠，其利林漆絲枲，其民
二男三女，其畜宜六擾，其穀宜五種。正東曰青州，其山鎮曰沂山，其澤藪
曰望諸，其川淮泗，其浸沂沭，其利蒲魚，其民二男二女，其畜宜雞狗，其
穀宜稻麥。河東曰兗州，其山鎮曰岱山，其澤藪曰大野，其川河沛，其浸盧
維，其利蒲魚，其民二男三女，其畜宜六擾，其穀宜四種。正西曰雍州，其
山鎮曰嶽山，其澤藪曰弦蒲，其川涇汭，其浸渭洛，其利玉石，其民三男二
女，其畜宜牛馬，其穀宜黍稷。東北曰幽州，其山鎮曰醫無閭，其澤藪曰貕
養，其川河沛，其浸菑時，其利魚鹽，其民一男三女，其畜宜四擾，其穀宜
三種。河內曰冀州，其山鎮曰霍山，其澤藪曰楊紆，其川漳，其浸汾潞，其

利松柏，其民五男三女，其畜宜牛羊，其穀宜黍稷。正北曰並州，其山鎮曰恆山，其澤藪曰昭餘祁，其川虖池嘔夷，其浸淶易，其利布帛，其民二男三女，其畜宜五擾，其穀宜五種。」鄭注云：「貫，事也。」賈疏云：「使同其事利，不失其所也。」又青州之二男二女，鄭注云：「二男二女數等似誤也，蓋當與兗州同二男三女」孫詒讓周禮正義職方氏疏云：「云二男二女數等似誤也、蓋當與袞州同二男三女者，漢地理志敘及周書職方正作二男三女，與鄭所定合。……俞樾云：男女相等當云一男一女，不當云二男二女，其誤明矣。」以上辨九州者乃以地形、山川、地物、民、畜之分布爲別同，其次第則由遠而近。

　　九服者以邦國服事天子之遠近爲分別，其次第由近而遠。孫詒讓以九服爲職方制畿服之官法，受之於大司馬者也（參職方孫疏）。九服乃以方千里之王畿爲中心，每五百里爲一服，自近而及遠，分別爲侯服、甸服、男服、采服、衛服、蠻服、夷服、鎮服、藩服。九服與九州之範疇總言之則不殊，事天子之義亦相同。以上即職方氏職曰：「乃辨九服之邦國，方千里曰王畿，其外方五百里曰侯服，又其外方五百里曰甸服，又其外方五百里曰男服，又其外方五百里曰采服，又其外方五百里曰衛服，又其外方五百里曰蠻服，又其外方五百里曰夷服，又其外方五百里曰鎮服，又其外方五百里曰藩服。」

　　職方計天下邦國之法，云邦國共方千里，率以方五百里封公，則有四公；以方四百里封侯，則有六侯；以方三百里封伯，則有七伯；以方二百里封子，則有二十五子；以方百里封男，則有百男；以此可周知天下公侯伯子男之數矣。職方鄭注云：「以此率遍知四海九州邦國多少之數也。」是矣。然所云公侯伯子男之地數，並非定制，僅預爲他日增封之地。故周禮正義職方氏孫詒讓疏曰：「……一州之內不必果有四公，六侯之等，但假設此數，以爲異日增封之地，若有功之人本無封地者，則差其功之大小敘爵而授地。如率其本有封地者，則就而益之，……」以上即職方氏之職曰：「凡邦國千里，封公以方五百里，則四公；方四百里，則六侯；方三百里，則七伯；方二百里，則二十五子；方百里，則百男；以周知天下。」

　　邦國之間小大不同，強弱有別，其交際如何？其賦貢又如何？前文大司馬職曰：「建牧立監，以維邦國；……施貢分職，以任邦國；……比小事大，以和邦國。」此乃大司馬九法輔佐天子平定邦國者，而職方氏亦有類是職掌，以佐大司馬焉。即職方氏職曰：「凡邦國大小相維。王設其牧。制其職，各以

其所能；制其貢，各以其所有。」此乃使大國親小國，小國事大國，邦國之間維繫相安，蓋安平天下之基也。王設侯伯功高者，加其命數，建爲州牧，使牧理邦國，連成天下，以事天子。民各有職，故制其九職，因職而稅之，各以其所能任職事及出賦稅。諸侯國地有大小，施貢亦有多少，故制其國之常貢，各以其國地物之所有爲度。職賦與常貢爲王國經濟之主源也。（以上並參本篇第一節大司馬之職掌及職方鄭注）

王將巡守，抑或殷國時，職方氏頒戒令於四方，其戒令曰：「各脩平乃守，考乃職事；無敢不敬戒；國有大刑。」及王巡行前，此官先導帥其屬，預爲巡行，以視察戒令執行之情形及其他豫設警備事。巡守者，乃王十二歲一巡守（大行人鄭注），此王考察四方邦國之常法也。殷國者，王出在侯國，使四方諸侯一時盡來畢會。是職方鄭注云：「十二歲，王若不巡守，則六服盡朝，謂之殷國。」周禮正義職方孫疏補充之。云：「……金鶚云：『殷國者王不巡守而殷國諸侯畢會於近畿。國者侯國也。……大行人、掌客皆連言巡守殷國，可知殷國與巡守略相似，故職方氏亦有戒令之事，其不在畿內城外明甚。……』……案……殷國者謂王出在侯國，而行殷見之禮也。蓋常禮王巡守遍四方，則朝當方諸侯於方岳，若不遍巡守，則不能遍有方岳之朝，故或合諸侯於國城外謂之殷同；或合諸侯於近畿之侯國；抑或巡守未訖在道，適遘事故，不能終行，亦即於所至之國徵諸侯而行朝會之禮，皆謂之殷國。」以上即職方氏職曰：「巡守則戒於四方。曰：各脩平乃守，考乃職事；無敢不敬戒；國有大刑。及王之所行，先道帥其屬，而巡戒令。王殷國，亦如之。」鄭注云：「乃，猶女也。守謂國境之內。職事，所當共具。」此見大司馬、職方氏佐王行黜陟諸侯之法也。

土方氏

此官主掌四方邦國土地之政。其掌地政有三：一掌土圭之法測量日影之長短，用以辨別四時變化、天日早夕及定土地方位、深度等，此並與農事、宮室有關。大司徒之職與此聯事，大司徒職曰：「以土圭之法，測土深、正日景、以求地中，日南則景短多暑，日北則景長多寒，日東則景夕多風，日西則景朝多陰。」鄭注云：「土圭所以致四時日月之景也。……鄭司農云：測土深，謂南北東西之深也。……玄謂晝漏半而置土圭，表陰陽，審其南北……凡日景於地千里而差一寸。」大司徒孫詒讓疏曰：「戴震云：測土深，以南北言……古者宮室皆南嚮，故南北爲深，東西爲廣……表景短長即南北遠近，

必測之而得，故曰測土深，案戴說是也。」二掌測度土地，以知東西南北之深，察其地之可居與否而作爲營建邦國都鄙之依據。此測營宮室城廓之職也。三掌辨土地種植之所宜，土地化糞之方法，而授予任土地力勢所能生育者，使民耕作之。此農事之職也，並與草人、鄉、遂、閭、縣、載師諸吏民之官聯事。以上即土方氏之職曰：「掌土圭之法，以致日景。以土地相宅而建邦國都鄙。以辨土宜、土化之法，而授任地者。」鄭注：「土地猶度地，知東西南北之深，而相其可居者。又云云：「土宜，謂九穀植稺所宜也。土化，地之輕重糞種所宜用也。任地者，載師之屬。」周禮正義土方孫詒讓疏云：「云任地者載師之屬者，載師職云：掌任土之法。注云：任土者，任其力勢所能生育，且以制貢賦是也。」謹案：以上測影、度地雖與營建農事有關，然於軍事測量及建設亦有用焉。

土方氏之職又兼掌王巡守時樹王舍藩羅之事，此官亦與掌舍、司戈盾等聯事，於王舍止之處所外共周帀布防，以利衛守。此即土方氏之職曰：「王巡守，則樹王舍。」鄭注云：「爲之藩羅。」

懷方氏

懷遠方之民者，必求得其民心也。得民心之道，即如孟子之言曰：「……失其民者，失其心也。得天下有道，得其民，斯得天下矣。得其民有道，得其心，斯得民矣。得其心有道，所欲，與之聚之；所惡，勿施爾也。」是也。王若諭德延譽，天下無思不服，此掌來遠方之民之職者，於周官曰懷方氏。懷方氏掌懷遠民，以政令招致六服諸侯及蕃國之民，使納貢獻遠物，而此官兼掌送迎貢物財賄，且予致送者以旌節，璽節，使人與物得往來於道路。又供給致送者館舍飲食等。以上即懷方氏之職曰：「掌來遠方之民，致方貢，致遠物，而送逆；達之以節。治其委積館舍飲食。」鄭注云：「遠方之民，四夷之民也。……遠物，九州之外無貢法而至者。達民以旌節，達貢物以璽節。」賈疏云：「……上云致方貢謂六服諸侯，又云致遠物，宜是蕃國。」謹案：委積者往來道路者之息止處。遺人職云：「……三十里有宿，宿有委；五十里有市，市有積……」，故治委積館舍飲食即懷方鄭注云：「續食其往來。」是也。又案達之以節則亦如司險之職，於要害之道有禁，備姦寇、遞軍情也。

合方氏

合方氏之職主爲合同四方交通、工商、民風之事。（序官合方氏鄭注：

「主合同四方之事。」）其職掌；一者使天下之道路維持暢通無阻，如合方鄭注云：「津梁相湊，不得陷絕。」二者通四方之財利，使茂遷有無。三者使數器輕重均衡不差。大行人鄭注云：「數器，銓衡也。」即後世之秤、磅稱之類，能使物平衡而測知輕重者。四者使長短之度，大小之量制度畫一，如合方鄭注云：「尺丈、釜鍾不得有大小。」五者解除邦國之怨惡、侵虐之事，且維持其所喜尚之善良風俗。此亦邦國大小相維之道也。茲五者皆合方之職掌，其中暢達四方交通，平時可使商業發達，交際便利，蓋一旦鋒火舉，津梁絕亦有脩守道路之官矣。其於國防之利用至鉅。其餘畫一度、量、衡及解邦國之紛爭，同所好之善俗皆可使四方同事利而安定也。以上即合方氏之職曰：「掌天下之道路。通其財利，同其數器，壹其度量，除其怨惡，同其好善。」鄭注以通其財利為「茂遷其有無」。鄭注又云：「所好所善，謂風俗所高尚。」

訓方氏

訓方氏掌告王四方諸侯之政事與貫通君臣上下之志慮。孫詒讓云：「此官主通下情，與撢人主宣上德，職掌互相備也。」（見周禮正義訓方氏孫疏）是也。又為王道說四方世世所傳說往古之事。歲之正月，則將所誦道之古事，布告天下，使世人知所善惡，且將四時所為之新物出陳觀之，以知民志所好，而作為移風化俗政教之參考。以上即訓方氏之職曰：「掌道四方之政事，與其上下之志。誦四方之傳道；正歲則布而訓四方，而觀新物。」鄭注：「上下，君臣也。四方，諸侯也。傳道，世世所傳說往古之事也。」又云：「四時於新物出則觀之，以知民志所好惡，志淫行辟則當以政教化正之。」周禮正義孫詒讓疏云：「此誦與道義略同。」又云：「說文言部云：訓，說教也。」本文所論乃謂使諸侯之政事及四方邦國之民情、古事上達天聽，以為施政參考。而其中云及觀新者，即指新物出則觀之，以便模仿而通行也，類似今之展覽會。此古人重視研究發明，以利器用流傳之發達也。軍器亦當在其中歟！孫詒讓周禮政要卷二云：「謹案新物者，蓋謂物產珍異器械便利觀之者，所以資民用而勸藝事也。書盤庚曰：器帷求新。與此經之指足相印證。西國自數百年來討究聲光化電之學，研精闡微而通之於製造，故新法日出而窮，而吾中國凡百工藝器械悉拘守舊法，彼巧而我安其拙……此理勢所必至。……古經觀新物之義……不可不亟籌也。」其說可為圖強之殷鑑；古今勢異，蓋非古制之不良，實乃後世蔑行發明耳。

形方氏

形方氏主掌制定四方邦國之地域而正其封疆之界，不使其地有過偏長者而至去國遠離絕。封疆正界，此建國之基本，軍禮五目之一，亦爲周制封疆建藩要件之所在。此官又兼掌使小國事大國、大國親小國之職，此爲大司馬官法而使職方及其屬官行之者；孟子以此爲交鄰國之道也。（參梁惠王篇）以上即形方氏之職曰：「掌制邦之地域，而正其封疆，無有華離之地。使小國事大國，大國比小國。」鄭注云：「玄謂華讀爲觚哨之觚。正之使不觚邪離絕。」周禮正義孫疏引曰：「段玉裁云：華、觚古音同在魚虞模部，鄭易華爲觚，釋觚離爲觚邪離絕。觚邪謂地偏長，則去國遠；離絕，謂若間以他國之地，逾境而治之，皆爲邦國之不便。……」段說是也。

山師

山林之名與山林之產物皆此官掌之。故分辨其產物中動、植物之利於人者，與害於人者，然後頒給四方邦國，使其知所趨避而致送其國珍異之物進貢於王家。以上即山師職曰：「命掌山林之名，辨其物與其利害，而頒之于邦國，使致其珍異之物。」鄭注云：「山林之名與物，若岱畎絲枲、嶧陽孤桐矣。利，其中人用者。害，毒物及螫噬之蟲獸。」

川師

川師所掌爲川澤之名。亦掌分辨川澤之產物，其中或有利於人者，或有害於人者，皆當區分之，而後頒知四方邦國，使致其國珍異之物於王家。此即川師職曰：「掌川澤之名，辨其物與其利害而頒之于邦國，使致其珍異之物。」鄭注：「川澤之名與物，若泗濱浮磬，淮夷蠙珠暨魚澤之萑蒲。」

邍師

邍遠師掌四方之地名與分辨丘陵、墳衍、邍隰之名物所出及辨其地可以居民立邑，建爲城市者，以安民居。以上即邍師職曰：「掌四方之地名，辨其丘陵、墳衍、邍隰之名物之可以封邑者。」鄭注云：「物之謂相其土地可以居民立邑。」周禮正義邍師孫疏引：「俞樾云：鄭君於名字斷句，非也。之名物之可以封邑者，兩之字皆蒙丘陵、墳衍、邍隰而言，蓋既辨其丘陵、墳衍、邍隰之名物，又辨其丘陵墳衍邍隰之可以封邑者，若分言之則於文累矣。……案俞說是也。」謹案：以上山師、川師、邍師均以物產爲使邦國進貢之所資，而尤值得注意者在於辨山林、川澤、邍隰、丘陵、墳衍等之地名，此爲職方

氏作圖所當知者矣。

匡人

　　大宰稟王命，以八法治官府，以八則治都鄙。匡人掌傳達八法八則之法則，以匡正邦國且觀其陰慝姦偽之惡所在；此傳達執政之令而揭舉陰惡，故使邦國不敢背違法度，王命政令得以貫徹於民。即匡人職曰：「掌達法則，匡邦國而觀其慝，使無敢反側，以聽王命。」鄭注云：「法則，八法八則也；邦國之官府都鄙亦用焉。慝，姦偽之惡也。反側，猶背違法度也。」周禮正義孫疏云：「是陰慝姦偽之惡謂之慝也。」謹案：四方邦國去王畿甚遠，匡人既掌傳達政令，又掌無隱姦惡則邦國雖遠而無不及之虞矣。

撢人

　　撢人之職主上情下達，使各邦國曉喻中央之政令，略無迷惑之憂，因而步調一致，又使邦國人民知天子德意、德政而民心擁嚮之。故其所掌乃言王之志意，言國之政事，於巡行天下邦國時，告以王命及政事，又因之宣告王之德意、德政，使萬民生計和順，衷心悅服，而民心正嚮王矣。此即是撢人之職所云：「掌誦王志，道國之政事，以巡天下之邦國而語之。使萬民和說，而正王面。」鄭注云：「道，猶言也，以王之志與政事論說諸侯，使不迷惑。」又云：「面猶鄉也，使民之心曉而正鄉王。」周禮正義孫疏云：「此萬民即邦國之民也，撢人巡行誦道，萬民皆聞之，故得心曉而正鄉王。……」謹案：周禮諸官諸職官皆一一平列。本類職官中，職方為四方官之長，而職方之屬官土方氏、懷方氏……撢人凡十一職官均得共制邦國諸侯（周禮訂義卷五十七）王與之曰：「……司馬專主諸侯，得以兼制邦國之事。」不稍因職權大小不同而異，周官各官皆如此，本類職官中尤為顯然；此於周官政治思想之意義，顯現其極高深遠大。又夏官中有職方氏等十一職官，於四方邦國知之最詳，故於軍事之實質作為尤勝於軍事之實際行動，今之名無形之戰爭者正此類之謂也。

第二章　夏官的軍禮思想

　　夏官職掌之分析，乃是探索寓於職官條文中所蘊涵軍禮隱微之深意。職掌顯現者即政治思想之表徵；職掌不憑虛而得，其施諸行事，直是政治思想之發揚。熊十力先生曰：「周禮一經，以職官為經，事義為緯，其於治理，直是窮天極地，無所不包通，此經有同於易春秋者，亦是義在言外，其表面只有若干條文，並不鋪陳理論，而條文中，卻蘊藏無限理論。此經決是孔子之政治思想。」（讀經示要卷三）因此，夏官內容探討，當不以其職掌闡釋明晰為已足，如今當務之事，即以前章職掌之分析為依據，旁及周禮通書之思想應和，使如常山之蛇，首尾呼應，環環兼顧此乃前有所本，後有影響，決非虛妄為文者也。軍禮作用及內容於春官大宗伯之職得知「以軍禮同邦國（此作用）：大師之禮，用眾也；大均之禮，恤眾也；大田之禮，簡眾也；大役之禮，任眾也；大封之禮，合眾也（此內容）。」而本篇前章職掌之分析內容，大要雖仍不出乎此軍禮五目，然其所蘊涵之思想則略已窺及，譬若大司馬以軍事平服邦國，乃正諸侯之惡也；和同邦國、安定邦國、仁民愛物方為其真意也，故如云「征之為言正也，各欲正己也，焉用戰？」《孟子盡心篇》，此隱約見戰爭非軍事之目的，軍禮所涵容諸思想已自其中透露消息矣！凡此之類吾人歸納得封疆固國之思想；兵農法合一之思想；寄神意於軍事之思想；軍經合一，使民恤眾之思想；軍權分出，軍令統一之思想；重視軍事教育，鞏固領導中心之思想；協和萬邦，濟弱扶傾之思想等七項，則據以分節，闡述如后文焉。

第一節　封疆固國之思想

封建制度自古有之，周監於夏殷，因襲其制，故其所以形成乃勢也。封疆者即大司馬職曰：「制畿封國，以正邦國」，謂於邦國之畿限分界處聚土堆高，植以封樹，有衛守，外環以溝，如此封土溝渠以內者爲屬地，封疆以外者則他屬，此在周時爲一具體構造之實物。既有疆界，則疆界以內之邦國以城邑爲中心，四郊則形成井田，以及於疆界溝封，此是邦國之制（邦國大者類後世州府，小者則同縣邑）。若天子之制，以王畿爲中心，環以九畿九服，此九畿九服即封建之諸侯國也。至於都鄙采邑亦有封疆。故知井田與封建之精神乃淵源於封疆，封疆不行則井田廢、封建微。作周官者其政治理想以爲凡國必有一定封疆，出此封疆則可伐，所謂「犯令陵政，則杜之」、「負固不服，則侵之」、「暴內陵外則壇之」；不能守此封疆亦有罰，所謂「野荒民散，則削之」；若有功勳，則可增益賞田，益其封疆，是故司勳職曰：「掌六鄉賞地之法，以等其功」，職方鄭注云：「以待有功而大其封」。井田出地稅乃經濟之主源；封建則具重大之政治意義；因此，封疆固國以維持大一統局面之思想，居夏官軍禮思想中極重要地位。

夫戰，刑也《國語晉語》。用兵如用刑，乃至不得已之行爲也。若夫各諸侯國不逾封疆，固守其國，則天下太平矣。錢賓四先生曰：「周公當時所創建之新制度，實莫大於封建。……而中國周公之封建，則屬一種政治制度。中國歷史實憑此制度而始趨於一統也。故周公封建之大意義，則莫大於尊周室爲共主，而定天下於一統。周公之眾建諸侯，而使群戴周天子爲中心，此即其封建之主要意義所在。而一言以蔽之，則即在於共尊一統也。」（見《中國學術史論集周公與中國文化》），茲文已略見及封建之意義，若再深究其意則又有三事：興滅繼絕，尊崇先聖，使不絕後，此其一。大封功臣，以酬賢勞，此其二。分封同姓，親親尊賢，此其三。然則其尤深者乃帝於一統，文化遠播，四海受其德澤也（詳見周林根先生中國古代禮教史第十一章西周的禮教）。凡此皆封建之政治深意焉。井田制度，其來有自（見禮記王制）；周官重視經濟，民足食足兵，經濟乃軍力之後盾也。因之，田稅成爲經濟之主源，軍賦則遇兵事而徵發。大司馬職曰：「凡令賦，以地與民制之。上地食者參之二，其民可用者家三人。中地食者半，其民可用者二家五人，下地食者參之一，其民可用者家二人。」鄭注：「賦給軍用者也。」故賦給軍用，民爲戎兵，則軍費、兵源皆不虞矣。設若邦國不守封疆，勢必鄰國不睦而亂，則亂及於

王國，此必天子所不欲聞見者，大司馬平定邦國之職則有虧損，故九法九伐並依此一思想引伸之。如此，封疆之實質意義重大矣（例：毛詩大雅崧高鄭箋「正其井牧，定其賦稅」，即朱熹集傳「定其經界，正其賦稅」），而封疆固國之思想，乃為夏官軍禮首要之思想者也。

　　依上編之文，可示知周禮成書之時代背景固已非周初盛世可比擬，周平王東遷後，國勢日蹙，其視諸侯之大國已不如，便無論其共主之領導地位，自是以往，四海鼎沸，干戈興動，民於斯時，災禍連年，生死不如，其時悽悽慘慘之景況，從孟子之篇章比比可見，譬如：「爭地以戰，殺人盈野；爭城以戰，殺人盈城」《孟子離婁篇》、「凶年饑歲……老羸轉於溝壑，壯者散而之四方者幾千人矣。」《孟子梁惠王篇》、「世衰道微，邪說暴行有作。臣弒其君者有之，子弒其父者有之。」《孟子滕文公篇》。即舉詩經大雅之文亦復如此，譬若：「亂生不夷，靡國不泯。民靡有黎，具禍以燼。」《大雅桑柔》。而周禮大司馬及其屬官之職於六官中職權甚偉，諸侯邦國皆得節制焉，此其故乎？夫是時，天下渴欲和平若大旱之望雲霓，民引領踶足，乃不覺足之僵矣哉！故設若有安民養民之政，民靡不匍匐趨徙，封疆之制於此時，適足以令人嚮往，茲思想之顯現正時勢潮流所趨成也。

　　職方氏及大司馬之九畿九服制，乃是封疆最具體之表象。姑不論此方形層次之畿服與實事相符與否？但其於作者之理想誠有極重大之意義寄寓焉。九畿，畫分疆界，即具政治行政上之意義，而九服依其臣服之差等而定其貢賦之多少，愈親服者貢賦愈多（與服、畿實際之遠近無關）。見徐旭生中國古史的傳說時代一文。徐云：「服的分別是由於待遇上的差異，不由於道路的遠近。」參閱杜正勝先生《西周的封建特質》所引），顯然亦具經濟上之意義。尤可注意者，九職定民之職分，居守有定，職業有分，則易於治理，此一想法不足令人訕笑，實有其理由也。大司馬職曰：「均平守則，以安邦國」，使爵尊者守大，爵卑者守小；又曰：「凡令賦，以地與民制之」；職方氏亦曰：「制其職，各以其所能；制其貢，各以其所有」在在均示「封疆」事關涉於政治意義及經濟意義。職是之故，大司馬軍禮平定天下之第一要則即為「制畿封國」，即周禮全書亦以「惟王建國，辨方正位，體國經野」貫串之。若能「封疆固國」則天下合同，軍禮暢行，「乃以九畿之籍施邦國之政職」，至於四時田獵，中冬大閱，簡習戎事，亦僅為備患防寇之資耳；若不能「封疆固國」，大司馬得行其職權，會同諸侯，九法九伐於是用焉。是故知周禮作者欲以軍

事推動政治、經濟之理念至爲彰顯，而封疆固國思想乃有以致之。

第二節　兵農法合一之思想

周禮寓兵於農，制軍與戶口兩相契合。大司馬職曰：「凡制軍，萬有二千五百人爲軍，王六軍，大國三軍，次國二軍，小國一軍，軍將皆命卿，二千有五百人爲師……五百人爲旅……百人爲卒……二十有五人爲兩……五人爲伍，伍皆有長。」此制軍之編組爲軍師旅卒兩伍，而大司徒職所云戶口之編組爲鄉州黨族閭比（大司徒職曰：令五家爲比……五比爲閭……四閭爲族……五族爲黨……五黨爲州……五州爲鄉」），二者配合，大司徒所徵之民即爲大司馬所用之兵，是故小司徒亦曰：「乃會萬兵之卒伍而用之，五人爲伍，五伍爲兩，四兩爲卒，五卒爲旅，五旅爲師，五師爲軍，以起軍旅，以作田役、以比追胥……。」睹上文可知曉周禮作者如此安排之意致，即欲徵民爲兵，平時爲民，有事爲軍，兵散於民，而國有足兵。不僅六鄉如此，六遂比照六鄉，亦有如是編組，遂人職曰：「五家爲鄰，五鄰爲里，四里爲酇，五酇爲鄙，五鄙爲縣，五縣爲遂，皆有地域……使各掌其政令刑禁，以歲時稽其人民，而授之田野、簡其兵器……」，因此六鄉六遂得以編組成天子之軍。然天子只六軍，六鄉六遂則爲十二，李覯釋曰：「此則六鄉爲六軍，又按遂人職云：稽其人民而授之田野、簡其兵器，康成謂遂之軍法如六鄉，則六遂亦爲六軍，注疏謂天子六鄉六遂，合有十二軍，而止六軍，何也？蓋六鄉爲正軍，六遂爲副倅，至於大國之三鄉三遂，次國之二鄉二遂，小國之一鄉一遂，莫不皆然，但以王家迭用之則常六軍爾，故止言六軍，此鄉遂制軍之法。」（周禮軍賦說制軍下引）

兵既自農而出，發民爲兵則治民之吏不當不知，故使民之吏亦可爲軍吏，如此將無所專，兵不驕惰，斯兵農合一所以爲良法也。周禮軍賦說軍將條下引葉時之言作闡釋，葉氏曰：

> 大司馬制六軍，則兵屬大司馬矣。至於軍旅大事則五官預有事焉，蓋古者寓兵於農，寓將於卿，命卿爲將，此有事之時也。無事而統兵，亦不專屬之司馬，使兵無專將，將無專權也。觀周人制兵之法，國子宿衛之士則屬之冢宰，虎賁宿衛之兵則屬之司馬，師保四翟之隸，既屬之地官，又屬之秋官；至如國有大事，國子游卒雖屬於夏官之諸子，而又弗征於司馬，其衛兵之權散出可知也。鄉遂之民皆

軍也，則屬之司徒；四時之田皆民也，則屬之司馬；閭師地官之屬，
軍旅之戒則受法於司馬；至於鄉師帥民徒而致政令、受役要可也，
而必考辟於司空，其畿兵之權散出可知也。蓋古者兵制自衛民之外，
六軍之制皆寓兵於農，本無兵之可統；寓將于卿，本無將之可名，
又況兵權散出，不屬一人，有事調兵則天子遣使一牙璋發之，其權
又專屬於天子，是以兵滿中外而居然若無。

葉氏之說亦足明周禮軍制乃寓兵於農。凡此皆言周禮兵農合一，都無異說。
而混法家之思想於兵農耕戰則遂演成兵農法合一之說。於此，應先解說法家
法治主義之思想與周禮之關係。周禮天、地、夏、秋四官均懸布法令，帥民
讀法，各官中所屬職官亦諸多布憲刑禁者，凡此之屬皆是法治主義之實施；
夏官有軍法，秋官有刑法，天官、地官亦莫不有法，如此萬物百事皆在法中
（參閱賀凌虛先生周禮及其基本政治思想），法治觀念由此支配軍制焉。兵隸
於軍，自有軍法治之，農為庶民，既約以刑法，所耕之田亦有地政之法，其
生產尚有稅法；如此，兵農法合一之思想形成矣。呂氏春秋及管子於此有極
詳盡之說明，其文曰：

古先聖王之所以導其民者先務於農民，農非徒為地利也，貴其志也。
民農則樸，樸則易用，易則邊境安，主位尊；民農則重，重則少私
義，少私義則公法立，力專一；民農則其產復，其產復，則重徙，
重徙則死其處而無二慮。民舍本而事末則不令，不令則不可以守，
不可以戰；民舍本事末，則其產約，其產約則輕遷徙，輕遷徙則國
家有患，皆有遠志，無有居心；民舍本而事末則好智，好智則多詐，
多詐則巧法令，以是為非，以非為是。（《呂氏春秋・上農篇》）

萬乘之國，兵不可以無主，土地博大，野不可以無吏，百姓殷眾，
官不可以無長，操民命，朝不可以無政。地博而國貧者，野不辟也；
民眾而兵弱者，民無取也；故末產不禁，則野不辟；賞罰不信，則
民無取；野不辟，民無取，外不可以應敵，內不可以固守。……（《管
子・權脩篇》）

農耕、軍旅合以法治則耕、戰皆有法度，故事生產則夥，行兵革則強，其有
效驗如此也。從論語「自古皆有死，民無信不立」（顏淵篇）演進至孟子言「上
無道揆也，下無法守也……國之所存者，幸也。故曰：『城郭不完，兵甲不多，
非國之災也；田野不僻，貨財不聚，非國之害也；上無禮，下無學，賊民興，

喪無日矣。』」已隱約見農兵法合一之思想，止非如呂氏春秋、管子等之變本加厲耳。

戰國以後堅甲利兵之觀念極其普遍，孟子、呂氏春秋、管子、韓非子諸書言及者亦夥；周禮夏官言及兵器之管理及供輸者極有次第系統，此類職官（司甲、司兵、司戈盾、司弓矢、繕人、槀人）分職細密，顯示職責分明也。較引人注意者乃其職文中言及授兵甲之儀（見司弓矢職文），此點明示兵甲武器出自官授，亦與兵農法合一之關係密切。車政、馬政佔夏官職官之比例尤重，幾達四分之一，此點反映是時車戰可能十分劇烈，以及於國防軍備之充實。車之製作繁雜，非民力可大量為之，軍馬為馬質所給，並與車、兵器皆官所供給，如此民可控而法易行，上文所云與兵農法合一之關連密切，適此之故也。斯時邦國情勢之演變，使「域民不以封疆之界，固國不以山谿之險，威天下不以兵革之利」《孟子公孫丑下》之觀念無以為用，而周禮作者原以封疆固國示不欲戰，而戰爭衡之事實不可免，因之夏官職官所言全顯現備戰之狀態，軍法因而用焉，如此以兵農合一之基礎，增益以法治之觀念，遂形成兵農法合一之思想。

然則法治主義之思想雖存於夏官諸職官中，且諸職官亦有官法、戒令、禁令等實際之法規，顧其所顯現之狀態，並非嚴刑峻法，其所顯示者，反乃為「小國事大國、大國比小國」（大司馬職、形方氏職）、「小大相維」（職方氏職）、「正其封疆」（大司馬、形方氏職）、「萬民和說」（撣人職）等儒家安和樂利之景象，以故而推知兵農法合一之戰鬥團體，依然以寓兵於農為其目的，法治主義乃輔導兵農合一制度之手段耳。且附益法治思想之兵農合一制，似尤能發揮其實用效果，此於戰國時已徵驗其效益，又於後世府兵、屯兵之軍制亦影響頗大。總言之，周禮兵制即兵農合一制為主，其因農事而寄軍令乃至顯然也，又附益法治形式，故稱曰兵農法合一之思想也。是故周禮詳解卷三十五王昭禹曰：

> 先王因農事以寄軍令，文教武事皆出乎其中，射御寓于禮、干戚寓于樂，會什伍而教道藝，無非軍政也。因田獵而選車徒，無非軍事也。居聯其家而為比閭族黨州鄉，出則聯其人而為伍兩卒旅師軍，故六鄉之官皆折衝禦侮之人，六鄉之民皆仗節死難之士，左之而文無不宜，右之而武無不有方，其奉璋峨峨，髦士攸宜，其不敢惰者皆卿大夫之才，及其渾彼涇丹，烝徒楫之，其能濟之者皆將帥之職，

此其所以爲將爲帥爲卒長伍長之屬，皆取于卿大夫士而足矣。先王
之時所以守則固，戰則克，德足以柔中國，刑足以感四夷者，由此
道故也。

第三節　寄天道神意於軍事之思想

軍事行動乃藉以表達政治之理想。中國古代政治思想中，天道思想是其
重要之一環。天道思想與祭祀之上帝關係密切。殷周時神權思想與君權思想
逐漸結合，而形成政教合一之社會形態。中國政治制度於古代即藉天道神意
以傳播於百姓，使由直接之敬天、畏天而及於敬君、畏君。夫民意者反映天
道也，設若君不仁、不德、不循行天道則可易置之。例如：

湯誓曰：「予小子履，敢用玄牡，敢昭告于皇皇后帝：有罪不敢赦，
帝臣不蔽，簡在帝心！朕躬有罪，無以萬方；萬方有罪，罪在朕
躬。」（《論語·堯曰篇》所引）

尚書湯誓曰：「夏氏有罪，予畏上帝，不敢不正。」

尚書牧誓曰：「王曰：……令商王受……昏弃厥肆祀，弗答；昏弃厥
遺王父母弟，不迪。……今予發，惟恭行天之罰，……」

是故殷伐夏，周討殷，無非茲因也。周禮諸職官論及祭祀者及專言祭祀者比
比皆是，其中如大司馬斬牲徇陳、誓師，射人職之佐射牲及供牲物之諸職官
等，甚且小子、羊人、祭僕等竟以祭祀爲專職，均與寄天道神意於軍事之思
想關係至密。

天乃擬人，其與人之感受相同。故天有明威，天有聰明；天監臨天下，
而君王之政事皆與之相互感應，此有感覺、有情緒、有意志之天，因其藉以
指揮人事，故既而此感覺情緒意志遂化爲人類生活之理法，名之曰天道，且
演成公認爲執政者所應遵守之天道神意之政治，是故表現在軍事上亦有如此
者（參梁啓超《先秦政治思想史》第一章）。

社與祖是天之延伸，故告於祖、戮於社，亦是天道思想之擴張。殷人尚
鬼神，主祀之地位駕臨王官之上（見國語楚語觀射父之言），至於周禮中所見
則宗祝之屬已淪爲六官之下，其神權迷信之思想雖已式微，而上帝突出於諸
神，天道神意至高之思想仍藉與君權息息相關，天德與君德聲氣相通，民之
所棄，亦天神之所去，君權乃不得不藉以明天之德，明天之意，以遂行其政

治作用，而軍事行動亦步武焉。覽國語周語內史過論神之文可知其大概，其文曰：

> 國之將興，其君齊明、衷正、精潔、惠和，其德足以昭其馨香，其惠足以同其民人。神饗而民聽，民神無怨，故明神降之，觀其政德而均布福焉。國之將亡，其君貪冒、辟邪、淫佚、荒怠、麤穢、暴虐。其政腥臊，馨不登；其刑矯誣，百姓攜貳。明神不蠲，而民有遠志；民神怨痛，無所依懷，故神亦往焉。觀其苛慝而降之禍，是以或見神以興，亦或以亡。昔夏之興也，融降于崇山；其亡也，回祿信於聆隧。商之興也，檮杌次於丕山；其亡也，夷羊在牧。周之興也，鸑鷟鳴於岐山；其衰也，杜伯射王於鄗。是皆明神之志者也。

祭祀在殷周時，蓋已深入民心，故《禮記祭統》云：「凡治人之道，莫急於禮，禮有五經，莫重於祭。……祭則觀其敬而時也……身致其誠信，誠信之謂盡，盡之謂敬，敬盡然後可以事神明，此祭之道也。」軍事之首要乃穩定軍心，激勵士氣，周禮中已注意及此：聽誓、斬牲、致師，告以必戰之志也；戰前祈禱——即武王伐紂「類于上帝」之屬，伸軍心士氣也；天子大師，必告于祖，而奉遷廟主以行，又以血釁主及軍器，皆欲神之也；將士有功，賞於廟主前；有刑，戮於社主（王聘珍《周禮學》曰：「社土本依樹木以棲神，不可遷行，故別為石主以行，名曰軍社。」）前；所過山川亦祭之；師有功則愷樂獻社，不功則懕而奉主車。以上諸儀節之用心，一者示崇上天之德，故報其功；二者示君不專主其事，與天神共之也，凡此皆不寄天道神意也。蓋可見周禮夏官中寓有寄天道神意於軍事之思想焉。

第四節　軍經合一，使民恤眾之思想

唐虞夏殷以前，諸侯實為部落長，天子為共主，其隸屬關係，不甚顯明。實質之封建自周公始，乃眾建親賢，以蕃屏周，亦承認舊部落長，於茲新舊國間，新國勢強，舊國多類附庸，其諸國與中央之間，賴以中央之朝覲、巡守、會同等制度以保主屬關係，而諸國相互間復有朝聘會遇等制度，以大小相親維（參梁啟超《先秦政治思想史》第五章），故數百年間相安無事。

井田制度與政治、經濟等制度，有連帶之關係，向來為古代政治（封建）、軍事、經濟、社會（宗法）所依附。詩云：「普天之下，莫非王土，率土之濱，

莫非王臣。」《左傳》昭公七年羋尹無宇曰：「天子經略，諸侯正封，古之制也。封略之內，何非君土？食土之毛，誰非君臣？」王土王臣，自後世視之，只見其政治之意義，然其於上古實兼有經濟之意義焉（參馮友蘭《中國哲學史》）。然「由晚周以至春秋戰國時代，其間經濟上有極大之變更，而其最重要之變革，即為井田制度之崩壞，此制既肇崩毀，社會全體生活根本動搖。……井田制既壞之後，經濟組織根本動搖，在上者橫征暴斂，使人民不能安於耕作。且自周初以來……公卿大夫以下祿食，無不出於公田，因之田地為戰爭之目的物，各以侵伐手段，奪佔他人土地，釀成長期戰爭。……故戰國時代因社會經濟組織之根本變動牽連及於社會之一切關係，……」（楊幼炯《中國政治思想史》第一章），影響所及，使斯時之學術思潮亦產生巨大衝擊，因而呈百家爭鳴之狀態。

　　周禮兵農法合一思想形態下之軍事制度，其井田丘甸既出兵，又出田稅，故因其耕戰合一，而進求經濟生產與軍事制度合一體，此其必然之趨勢也。後世軍事與經濟、財政之配合關係愈趨密合，軍事遂成國力之總體戰矣。《漢書刑法志》曰：

> 殷周以兵定天下矣。天下既定，戢藏干戈，教以文德，而猶立司馬之官，設六軍之眾，因井田而制軍賦。地方一里為井，井十為通，通十為成，成方千里；成十為終，終十為同，同方百里；同十為封，封十為畿，畿方千里，有稅有賦，稅以足食，賦以足兵。故四井為邑，四邑為邱，邱十六井也，有戎馬一匹，牛三頭；四邱為甸，甸六十四井也，有戎馬四匹，兵車一乘，牛十二頭，甲士三人，卒七十二人，干戈備具，是謂乘馬之法。……天子畿方千里，提封百萬井，定出賦六十四萬井，戎馬四萬匹，兵車萬乘，故稱萬乘之主。戎馬車徒干戈素具，春振旅以搜，夏拔舍以苗，秋治民以獮，冬大閱以狩，皆於農隙以講事焉。……此先王為國立武定兵之大略也。

是即井田丘甸與軍政、財經關連之證。至商鞅用政時，此變化愈趨明顯。史記卷六十八商君列傳曰：

> 僇力本業，耕織致粟帛多者復其身。事末利及怠而貧者，舉以為收孥。宗室非有軍功論，不得為屬籍。明尊卑爵秩等級，……有功者顯榮，無功者雖富無所芬華。

此文示商君內務耕稼，外勤戰死；耕稼乃關涉財經思想，勸戰則關涉軍政思想，其企圖軍經合一應屬十分瞭然。

司馬所掌軍政、誓政是也；司徒所掌教育、內政（戶政）、財經是也。軍政與財經之配合，自大均之禮已可探得消息，蓋其所均者乃均征也。沈彤周官祿田考公田數篇曰：

> 地之分不易、一易、再易也，惟見於大司徒制都鄙之條，令以躲畿內及庶邦何也？曰無小大中外，而各有厚薄地力之常，故小司徒之均土地，遂人之辨野土，大司馬之以地制賦皆分上中下三等，而通行畿內及庶邦，不易即上地，一易即中地，再易即下地，豈獨爲都鄙之地也。其所均、所辨、所制果通行畿內及庶邦乎？曰小司徒稽國中及四郊都鄙之夫家九比之數，頒比法于六鄉之大夫，大比則受邦國之比要，大司馬布政于邦國都鄙皆兼畿內與庶邦，則其均土地及以地制賦可知矣。遂人治野達于畿，所謂野者乃城郭外之通稱，則其辨野土之兼鄉郊都鄙可知，而庶邦遂人之所辨亦可知矣。……

覽上文知大司馬以地制賦與大司徒諸職官連成一體，此適爲軍經合一之現象。是故徐大椿序周官祿田考亦云：

> 治天下無過用人理財，……理財莫重於定田賦，以田賦之所入……
> 以治其民而以其餘供宗廟、朝廷、會盟、征伐、救患、恤災之用，
> 自王畿以至於庶邦，無不處之而裕如此，其法……惟周禮爲大備。

前文論及軍經合一之現象，茲遍簡夏官中關於軍經合一之職文十三條以爲證。凡右列職文，或有止獨言財經者，然職官本職乃主軍政，財經其輔也，故亦舉爲證。餘若大司馬、職方氏、土方氏、都司馬、家司馬等職諸條文，其軍政與經濟政策密合，已成雙軌一體之思想，良可說明夏官中軍經一體之傾向濃厚非常矣。今錄夏官中至關軍經合一之職文如下：

> 大司馬職曰：「施貫分職，以任邦國」
>
> 大司馬職曰：「乃以九畿之籍，施邦國之政職。」鄭注云：「政職所共，王政之職，謂賦稅也。」
>
> 大司馬職曰：「凡令賦，以地與民制之，上地食者參之二，其民可用者家三人；中地食者半，其民可用者二家五人；下地食者參之一，其民可用者家二人。」

職方氏職曰：「掌天下之圖，以掌天下之地，辨……人民與其財用、九穀、六畜之數要，周知其利害。乃辨九州之國，使同貫利，……乃辨九服之邦國，……以周知天下。……制其職，各以其所能；制其貢，各以其所有，……。王將巡守，則戒于四方，……。王殷國，亦如之。」

土方氏職曰：「以辨土宜土化之法，而授任地者。王巡守，則樹王舍。」

懷方氏職曰：「掌……致方貢、致遠物……」

合方氏職曰：「掌……通其財利，同其數器，壹其度量，……」

訓方氏職曰：「……觀新物……」

山師職曰：「掌山林之名，辨其物與其利害，……使致其珍異之物。」

川師職曰：「掌川澤之名，辨其物與其利害，……使致其珍異之物。」

邍師職曰：「……辨其丘陵墳衍邍隰之名物之可以封邑者。」鄭注：「……謂相其土地可以居民立邑。」

都司馬職曰：「掌都之士庶子及其眾庶車馬，兵甲之戒令，以國法掌其政學，……。」鄭注：「政謂賦稅也。」

家司馬職與都司馬類似，其職文雖未明言，然或有類同都司馬右列之職者也。

綜此十三條，夏官涵容軍經合一之思想甚明矣。且軍事固與財經之連帶關係頗大，孫子作戰篇即是以財經爲作戰之基礎而發揚其說者。其文曰：

孫子曰：凡用兵之法，馳車千駟，革車千乘，帶甲十萬，千里饋糧，財內外之費、賓客之用、膠漆之材、車甲之奉，日費千金，然後十萬之師舉矣，其用戰也勝。……久暴師則國用不足。……夫兵久而國利者，未之有也。……善用兵者，役不再藉，糧不三載，取用於國，因糧於敵，故軍食可足也。國之遠於師者遠輸，遠輸則百姓貧。近於師者貴賣，貴賣則百姓財竭。財竭則急於丘役，力屈財殫。中原內虛於家，百姓之費，十去其七；公家之費，……十去其六。

孫子極論軍老則財匱，凡作戰之道宜速不宜久，貴勝而不貴久，此乃申明軍政與財經關係一體也（參蔣百里著《孫子淺說》第二篇）。

　　周禮夏官中論及交通大開（司險、掌固、懷方氏、合方氏等職），度量衡統一（合方氏），山川經濟產物之開發（山師、川師），觀新物之置設（訓方氏）；地官中論及關市貿易交往者（司市、司關、廛人），平抑物價者（質人），此等皆爲農業趨向工商業發展之徵候，均見夏官大司馬及其所屬職官重視經濟之督導與開發，及徵收之責任，而其反映軍經一致配合，似是戰國末葉社會思潮及社會需要激盪之情狀歟！時代思潮，如江河般澎湃奔騰前進，刻不緩停，勢亦難遏矣。《史記貨殖列傳》曰：

　　《周書》曰：「農不出則乏其食，工不出則乏其事，商不出則三寶絕，虞不出則財匱少。」財匱少而山澤不辟矣。此四者；民所衣食之原也。

此固見民生經濟之重要，而軍事以財經爲根柢，其重視軍經合一之思想，正如鼎水沸溢，勢不可止也。

　　軍經合一之思想，畢竟無礙周禮作者以儒家安民、養民、教民思想爲主旨之本心，故其使民恤衆之理念仍存於職官中。軍禮者，使民動衆也，其影響民生至鉅，故軍禮五目已有用衆而恤象之思想綱領，其表達於政治、軍事上是「大均」（春官大宗伯），是「以保息六養萬民……以本俗安萬民……以鄉三物教萬民……」（地官大司徒）是「……簡稽鄉民，以用邦國；均守平則，以安邦國；比小事大，以和邦國。……教振旅……教大閱……。」（夏官大司馬）；是「以凶禮哀邦國之憂，以喪禮哀死亡，以荒禮哀凶札，以弔禮哀禍災，以襘禮哀圍敗，以恤禮哀寇亂，……」，凡此諸端皆有憂恤人民之理念在焉。武事者，以戰止戰，殺人安人，其勞師、動衆乃至不免之事，若使民信而後勞之，則必無怨矣，否則民以爲厲己也，爲軍政者應時時思惟，毋妨農時，毋逞大功；設未能恤衆，則衆志不可堪矣。是故用師動衆，大役工事、田狩逐奔皆當兼存爲政愛民之理念，平素以安民、養民、教民，戰、役以用民、恤民，此即不失愛民之本旨，是以「若不教民戰，是謂棄之」《論語子路篇》，當非爲政者所樂聞也，又何況「自古皆有死，民無信不立。」《論語顏淵篇》，素不恤民伸信，焉可趨之戰邪？

　　總上所述，蓋夏官職文中軍經合一，使民恤衆之思想焉。

第五節　軍權散出，軍令統一之思想

　　軍權者，軍隊之統率力量也；掌軍權者即指實質把握統帥權之高級指揮官。軍令者，軍中之法令也；於此實指指揮系統，即軍中法令（命令）所貫徹之系統。欲知周禮軍權散出，軍令統一之思想，則必先論述周禮軍制之編組概況，方可了解軍權何者掌之，軍令何者出之。

　　成周之兵制，兵籍具于司徒，行徒則屬之司馬。周禮序官大司馬總論天子與邦國軍制；制軍之法謂平時計戶任民，以豫定其軍籍，民有所隸之軍，軍有所統之將，待軍事起則徵召之。夏官序官大司馬文曰：

> 凡制軍萬有二千五百人爲軍，王六軍，大國三軍，次國二軍，小國
> 一軍，軍將皆命卿；二千五百人爲師，師帥皆中大夫；五百人爲旅，
> 旅帥皆下大夫；百人爲卒，卒長皆上士；二十有五人爲兩，兩司馬
> 皆中士；五人爲伍，伍皆有長。

此云軍將皆命卿，而王節制六軍，則王與軍將皆掌軍權者也。邦國之軍，其軍權自有邦國之君及其軍將所掌，然則仍受王及大司馬所節制，故軍權總歸於王，而散出於各軍將也。體會大司馬序官文意，似依以尊卑之序爲其軍令系統，即王師以王、軍將、師帥、旅帥、卒長、兩司馬、伍長爲軍令系統；邦國之師以君、軍將、師帥、旅帥、卒長、兩司馬、伍長爲其系統，均由上而下逐級傳令。

　　天子正規軍六軍，出自六鄉；後備軍六軍，出自六遂；鄉遂制軍與戶籍制度，契合至密。其編制見地官大司徒及小司徒職文，曰：

> 頒比法于六鄉之大夫，乃會萬民之卒伍而用之，五人爲伍，五伍爲
> 兩，四兩爲卒，五卒爲旅，五旅爲師，五師爲軍，以起軍旅，以作
> 田役，以比追胥，以令貢賦。」（小司徒職）
>
> ……，令五家爲比，……五比爲閭，……四閭爲族，……五族爲
> 黨，……五黨爲州，……五州爲鄉，……（大司徒職）

此知軍事編制伍、兩、卒、旅、師、軍與戶籍編制比、閭、族、黨、州、鄉之聯結密合情狀，二者相輔相行也。茲以軍賦徵兵之制，實與軍權、軍將有極大關係。六遂之戶籍編制不殊於六鄉，見地官遂人職曰：

> 掌邦之野……五家爲鄰，五鄰爲里，四里爲酇，五酇爲鄙，五鄙爲
> 縣，五縣爲遂，以歲時稽人民……簡其兵器……。

六遂戶籍既同六鄉，其與軍事制度亦能配合，故其制軍應與六鄉同，亦有六

軍，特其六軍爲六鄉正卒之預備部隊耳。

六鄉六遂之外又有都家之軍事編制。都分大都、小都。序官司馬鄭注云：「都王子弟所封及三公采地也。」此蓋指大都也。又春官敘官宗人注云：「云都謂王子弟所封及公卿所食邑。」此都者兼指大小都共言之，則小都蓋指卿所食之采邑也。家，大夫采地也。序官家司馬鄭注：「家，卿大夫采地。」周禮正義孫詒讓疏云：「家司馬，專指大夫家邑之司馬也。此注……卿字，疑後人所增。」蓋家分明爲大夫采地也。都、家之制軍，於經文無徵，只略見及都司馬、家司馬之職文曰：

> 掌都之士庶子及其眾庶車馬兵甲之戒令，以國法掌其政學，以聽國
> 司馬。家司馬各使其臣以正於公司馬。

則都家應有軍事編制，止未明文其軍編制若何，然查載師職曰：「以家邑之田任稍地，以小都之田任縣地，以大都之田任疆地。」又查小司徒職曰：「乃經土地而井牧其田野，九夫爲井，四井爲邑，四邑爲丘，四丘爲甸，四甸爲縣，四縣爲都，以任地事而令貢賦。」綜此二者知家邑、小都、大都乃丘甸之制，丘甸或據漢書刑法志，或據司馬法，乃行乘馬之法，蓋其制軍或不同於六鄉六遂矣。

鄉遂所用車馬甲兵皆國家所供，職掌研究中已論及，故五禮通考卷二百三十三引孔穎達《春秋正義》文曰：

> ……若鄉遂所用車馬甲兵之屬皆國家所共，知者，以一鄉出一軍，
> 則是家出一人，其物不可私備故也。

小司徒職云家出一人，此鄉遂出兵之制（若追胥則衍羨盡起），若都家制軍既不同於鄉遂，其出兵或即如司馬法所云甸出甲士三人，步卒七十二人。周禮訂義卷四十七，陳君舉曰：

> 司馬法曰：四井爲邑，四邑爲丘，出馬一匹，牛三頭，是爲匹馬牛；
> 四丘爲甸，甸六十四井，出長轂一乘、馬四匹、牛十二頭、甲士三
> 人、步卒七十二人，戈盾具，謂之乘馬。

以上所述皆軍事之編制。但制軍必置將，將爲軍之領導者，軍無領導則失迷作戰能力矣。大司馬職云軍將皆命卿，則軍將乃臨時授權。鄉大夫，卿也，可使爲軍將。又能吏堪當重任者，亦有爲軍將命卿之法。且五官（春官非治民之吏，故除外），正卿也，亦可兼爲軍將（大司馬本職即是軍將）。則軍權散出可知矣。周禮正義序官大司馬孫疏引黃以周之言，云：

武王伐紂用三軍，誓曰：「……御事、司徒、司馬、司空……」是軍帥以正卿治事之確證。

此即以諸官正卿爲軍將也。序官大司馬孫詒讓疏云：

> 賈疏云：按大司馬云師都載旝，鄉遂載物。鄭云鄉遂大夫或載旝，或載物，眾屬軍吏，無所將，則自卿已下至伍長，有武德堪任爲軍之吏者乃兼官。兼官者，在鄉爲鄉官，在軍爲軍吏，若無武德不堪任爲軍吏者，則眾屬他軍，吏身不得爲軍吏，是無所將也。是以詩云：韓奕有奭，以作六師。鄭云諸侯世子除三年之喪，未遇爵命，服士服而來，時有征伐之事，天子以其吏任爲軍將，是代爲軍將之事，則王朝之官有武德者，皆可代爲軍吏也。

此文即以鄉遂之官兼爲鄉遂之軍吏（鄉大夫，蓋兼爲軍將），以所徵兵地之行政長官爲軍事長官也；且有以王官受命代爲軍將者。六軍不止一軍將，王於諸軍將中簡拔一人爲統帥；鄉之制官命將蓋大致如是也。是故夏官序官大司馬孫疏云：「六軍出於六鄉，其軍將以下，即六鄉之吏也，至出軍征伐，則王於軍將之中特命一人爲統帥，而鄉吏之中，間有不任武事者，則或依爵秩易置之，六鄉制軍命將之法，蓋大略如是。」設大師則王親征，各級軍將皆王所統率，則軍權王自掌之。若大司馬帥軍，則爲一般之師役也，其出師之軍將皆臨時簡擇，而來源不一，況軍將各自擁軍權，則軍權分出多門，故軍權散出也。五禮通考卷二百三十四引葉氏時曰：

> 大司馬制六軍則兵屬大司馬矣。至于軍旅大事則五官預有事焉，蓋古者寓兵于農，寓將于卿，命卿爲將，此有事之時也，無事而統兵亦不專屬之司馬，使兵無專將，將無專權也。觀周人制兵之法，國子宿衛之士則屬之冢宰；虎賁宿衛之兵則屬之司馬，……至如國有大事，國子游卒雖屬于夏官之諸子，而又弗征于司馬，其衛兵之權散出可知也。鄉遂之民皆軍也，則屬之司徒；四時之田皆兵也，則屬之司馬；閭師，地官之屬，軍旅之戒，則受法于司馬；至如鄉師，帥民徒而致政令，受役要可也，而必考辟于司空，其畿兵之權散出可知也。蓋古者兵制，自衛民之外，六軍之制皆寓兵于農，本無兵之可統，寓將于卿，本無將之可名，又況兵權散出，不屬一人，有事調兵則天子遣使一牙璋發之，其權又專屬于天子，是以兵滿中外，而居然若無。

葉氏闡釋軍權散出已甚明晰，周禮軍賦說卷三軍將下引蔡德晉之說，其意雖略同葉說，然則又有可補充葉說不足者，其曰：

> 軍不必皆取之于鄉，而將帥亦不必皆用鄉吏，觀四時校閱之旗號必兼州、里、野、家、都、鄙而並陳之可見，而將帥必臨時選擇，取有德有才者爲之。鄭康成謂凡軍帥不特置，選於六官六鄉之吏，自鄉以下德任者使兼官焉，是也。

蔡氏之說亦見軍權散出。綜合葉、蔡諸說知大司馬雖主軍政，但軍將不定，故權不得而專，其於諸軍將有下達命令之權而無任免之權也。凡軍權皆自王出，天子親征則權天子掌之；王若不親征，則軍權散於諸將，故曰軍權散出也（附周禮軍權散出表）。此軍權散出之因，固與鄉遂以軍賦制軍之制關連也。綜觀上文必有見周禮作者，其有意於軍權散出之用心哉。

周禮軍權散出表

軍權惟居上位者有之，軍令則循其系統上下可交通之；軍權以散出爲善，軍令以統一爲貴。故《呂氏春秋仲秋記論威篇》曰：

> 凡軍欲其眾也，心欲其一也，三軍一心，則令可使無敵矣。令能無敵者，其兵之於天下也亦無敵矣。古之至兵，民之重令也；重乎天下，貴乎天子，其藏於民心，捷於肌膚也，深痛執固，不可搖蕩，物之莫之能動；若此，則敵胡足勝矣？故曰其令彊者其敵弱，其令信其敵詘，先勝之於此，則必勝之於彼矣。

軍令至重，軍令至一；重者求其不變，一者求其貫徹。周禮夏官所行之軍政命令，其所令及畛域直是無遠弗屆，且上下交通似是易速易達，觀其一旦國有大事，動員極速，速而效則知軍令之一統也。譬如：戎事起鄉、遂、都家、邦國，皆依戶籍徵調，兵員不虞；車馬分出於巾車、馭右、馬質、校人等；兵器之供輸出於司甲、司兵、司弓矢、司戈盾等；糧餉分出於職方氏、懷方氏、遺人、外府、司會等，益以司險、尙固、掌疆、侯人、司士、諸子等職所屬之衛守，儼然已成一戰鬥團體矣。又如：大司馬職言及中春教振旅、中

夏教茇舍、中秋教治兵、中冬教大閱，觀其鼓令分明，號令謹嚴，坐作進退擊刺有節，不用命者斬之，其軍令之統一，嘆爲觀止。僅此二端察微知著，吾人當曉周禮軍令統一之思想矣哉。夏官軍禮思想，雖欲軍權散出多方，然其軍令大司馬均節制之，各軍皆正於司馬也，此乃欲求兵貴神速也（附軍令指揮系統表）。綜上所論即「軍權散出，軍令統一之思想」。

周禮夏官軍令指揮系統表

王－大司馬－諸軍將－諸師帥－諸旅帥－諸卒長－諸兩司馬－諸伍長－行徒

第六節　重視軍事教育，鞏固領導中心之思想

軍事教育者，即謂閑習軍事訓練也。周禮作者於全民軍事教育有極周詳之部署。故不論貴族子弟，抑或萬民眾庶皆熟習之。

保氏教國子六藝，其三曰五射，其四曰五馭；又教國子六儀，其五曰軍旅之容，其六曰車馬之容，則知保氏所教內容必概括軍事訓練也。諸子職曰：「掌國子之倅，掌其戒令與其教治，……國子存游倅，使之……秋合諸射，……。」此亦爲國子之軍事教育也。國子所受之軍事教育只爲文武合一教育之部分，然於其未來仕途中，常獲用及，自夏官職掌研究中已揭知貴族子弟或有參與射禮，或有衛守王宮，或有爲王侍衛，或有衛守地方險固，凡此推見其素習晝教育，故適足以任事也。

至於萬民之軍事教育，則寓於四時農隙時教之，而於四時田獵輪番閑習，故全民俱有國防能力矣。大司馬職曰：「前期，群吏戒眾庶，脩戰法。」此示萬民於田獵前期業於其所在行政區域中，受軍事教育於當地之軍事長官，至大閱時方更擇而習試之。大閱軍法最嚴，爲其模擬戰爭也。若非前期已素習，則屆時不足以習慣也。是故江永《周禮疑義舉要》曰：

> 前期群吏戒眾庶，脩戰法；即鄉師出田法於州里之事，非群吏又分教戰法也。

又曰：

> 竊意四時之田並分番教閱，一田不必遍集王畿之民，一人不必歲供四役，否則寧無妨農乎？

江氏意以爲萬民已於己鄉受軍事教育，且必輪流訓練及輪流參與演習，如此

則無妨農時矣，江說是也。大司馬職所載四時田獵，乃聚眾庶演習之情狀，故亦可推知眾庶於己鄉諸地所習當大同也。其文曰：

> 中春教振旅……辨鼓鐸鐲鐃之用……以教坐作、進退、疾徐、疏數
> 之節……。中夏教茇舍……辨號名之用……以辨軍之夜事，其他皆
> 如振旅……。中秋教治兵……辨旗物之用……其他皆如振旅……。
> 中冬教大閱……車徒皆作……車徒皆行……險野人為主，易野車為
> 主……車徒皆譟……。

蓋平素所習亦不外於辨鼓鐸鐲鐃之用、辨號名之用，辨旗物之用，及教坐作進退疾徐疏數之節、教夜戰之事、教車徒配合之節。綜知貴族子弟與萬民眾庶，皆必閑習軍事訓練，職是可睹周禮作者重視軍事教育之思想不虛也。

使萬民眾庶受軍事教育之目的，乃求養成人民勇敢之精神，健全之體格，練習各種戰鬥技術，以增進國防能力，其所重為保家衛國也。而貴族子弟之目的除上述外，又有為王衛守，鞏固領導中心——王之安全之目的，封建社會制度下，貴族之權力，得自王之授權，故此鞏固領導中心之思想產生乃極其自然之事也。然則此一思想有堪為注意之處，尋思作者之意，其封疆固國乃求國與國間，國際政治之安定，而夏官王衛職官之多於職掌研究中有車從侍衛、步從侍衛、起居侍衛共計二十職官，吾人觀其職權之分配則知其亟求內部安定強烈之決心，適足以說明其寧有堅強之領導中心，始有安定天下之思想，此思想即於今日政治學上亦猶有極崇高之意義在焉。綜上所述即為重視軍事教育，鞏固領導中心之思想。

第七節　協和萬邦，濟弱扶傾之思想

夏官軍禮整體之精神，在於伸張協和各邦國、救濟弱小、傾衰之邦國民族；周禮以儒家思想為其根本，蓋此協和萬邦、濟弱扶傾乃夏官之中心思想也。協和萬邦之思想起源甚早，堯典曰：「百姓昭明，協和萬邦。」此追述古帝堯能使諸侯協和，百官昭明之功勳，周禮之出在其後，而擁有此一思想，固不足為奇也。濟弱扶傾之思想為中國古老之固有思想，為中國政治學上通往登峰造極之理想制度——大同世界必經之道；此思想於周禮僅欲為焉，而猶未能盡為之也。

夏官大司馬之序官文與職文實是軍禮思想之大綱，非但涵蓋軍禮五目之內容，亦總括軍禮諸思想。序官文曰：

惟王建國，辨方正位，體國經野，設官分職，以爲民極。

此示周禮通書宗旨之所在，即前文云安民、養民、教民之目的也。序官文又
曰：

立夏官司馬，使帥其屬而掌邦政，以佐王平邦國。

此示立夏官司馬主旨之所在，即本節所欲論述之協和萬邦，濟弱扶傾之思想。
夏官大司馬職文標目以九法、九伐、九畿，似明云九法，實爲二十七法，凡
此二十七法則，乃夏官佐王實施軍禮之基本法則，吾人先觀察此二十七法則
之原文，而後可探討法則之思想所寓。其原文曰：

大司馬之職，掌建國之九法，以……平邦國。制畿封國，以正邦國；
設儀辨位，以等邦國；進賢興功，以作邦國；建牧立監，以維邦國；
制軍詰禁，以糾邦國；施貢分職，以任邦國；簡稽鄉民，以用邦國；
均守平則，以安邦國；比小事大，以和邦國。

又曰：

以九伐之法正邦國。馮弱犯寡則眚之；賊賢害民，則伐之；暴內陵
外，則壇之；野荒民散，則削之；負固不服，則侵之；賊殺其親，
則正之；放弒其君，則殘之；犯令陵政，則杜之；外內亂、鳥獸行，
則滅之。

又曰：

……以九畿之籍，施邦國之政職，方千里曰國畿；其外方五百里曰
侯畿，……又其外五百里曰藩畿。

茲見上文九法似涵有以軍事、政治、經濟三者協和邦國之意義；九伐似涵有
以軍事、政治二者協和邦國之意義；九畿似涵有以經濟、政治二者協和邦國
之意義；統此二十七法則所發見之意義，其求平正而實施於邦國者，乃以軍
事、政治、經濟三者使邦國協和之思想，此三者與周禮餘五官之倫理、教育、
法治、法天……等其他意義，亦能相調和、互補，況不違迕周禮全書之宗旨，
是故協和萬邦之思想，其不失爲夏官之中心思想也。吾人非止從大司馬序官
文及職文中發見是思想，於作職掌研究時，主四方之職官職方氏、土方氏、
懷方氏、合方氏、形方氏及山師、川師、邍師一類，亦顯有此一思想之跡象。
譬如：

職方氏職曰：「辨九服之邦國，……以周知天下。凡邦國小大相維，
王設其牧。」

　　形方氏職曰：「使小國事大國，大國比小國。」

　　合方氏職曰：「掌天下之道路，通其財利，同其數器，壹其度
　　量，……」

　　匡人職曰：「掌達法則，匡邦國……。」

　　撢人職曰：「……誦王志，道國之政事，以巡天下之邦國而語之，使
　　萬民和說，……。」

餘土方氏、懷方氏、訓方氏、山師、川師、邍師等綜觀其職文亦存有此協和
萬邦之思想。因夏官前後文貫連此一思想，使夏官軍事職官部份，顯失以武
力爭勝之居心，且司士、射人正治朝群臣之位，亦示王國內部協和之現象。
綜合上述，吾人可知夏官中心思想之一端即協和萬邦之思想也。

　　協和萬邦之思想，以天下一家（世界大同）為其目標，為通往濟弱扶傾
思想之前期；中國雖無天下一家之事實，卻一直侵潤於天下一家之思想中，
古帝王亦以此目標為其施正之目標。洪範曰：「天子作民父母，以為天下王。」
此家天下之制，自家天下而上游，則為公天下，即天下一家（世界大同）也。
家天下與天下一家之分野，見《禮記禮運篇》曰：「大道之行也，天下為公。
選賢與能，講信脩睦，……男有分，女有歸。貨惡其棄於地也，不必藏於己，
力惡其不出於身也，不必為己。……是謂大同。今大道既隱，天下為家，……
大人世及以為禮。城郭溝池以為固，禮義以為紀，以正君臣……以設制
度……。故謀用是作，而兵由此起。」此文先半段云公天下之大同世界，後
半段言家天下興所以兵革起矣。周禮一書雖以家天下為其形式結構，而職官
條文所寄託者有其濟弱扶傾，邁向世界大同之理想。尤以大司馬職與職方氏
職文等之九畿九服，賦有此一重大之理想在焉。此一思想，此一理想，乃中
國古代固有之優良思想，斷無因時移世更及政治結構之變遷而隨之消逝之
理，故中國歷代政治家皆以此極崇大之理想而建為奮鬥之目標；周禮作者亦
欲以職官寓託其政治之理想，且軍政尤易遂行政治之目的，是故託寄此理想
於夏官職官中。

　　孫逸仙先生曰：「古時常講『濟弱扶傾』，因為中國有了這個好政策所以
強了幾千年，……。」（三民主義民族主義第六講），是中國於數千年前已有
此思想，後世政治制度雖家天下，仍不去此天下一家之思想。故孟子曰：

　　禹思天下有溺者，由己溺之也，稷思天下有飢者，由己飢之也。

此仁民愛物、民胞物與之精神，正是濟弱扶傾之表現。周禮夏官中豈有此思

想乎？曰有。此思想爲夏官整體思想之主旨，且以邦國之協和爲基礎而加以發揚者，故非某一職官之職文足爲例證，然略有可說者，如大司馬九伐即以扶助弱小邦國及民族爲出發點而採取之軍事行動；周禮令賦之法皆量地與民而制之，此亦不失此思想之精神（見大司馬職文「凡令賦，以地與民制之」、春官大宗伯大均之禮、小司徒「乃均土地，以稽其人民……上地家七人，可任也者家三人，……可任也者家二人」，及載師之職文等）；大司馬職文「及師，大合軍，……以救無辜，伐有罪。」大師、大會同、大祭祀、大小聘、王巡守、使諸侯各得平正，其消極作爲在於使各邦國不得大侵小、強凌弱、眾暴寡，是亦濟弱扶傾之思想也；職方氏職曰：「辨九州之國，使同貫利。」賈疏云：「使同其事利，不失其所也。」以及九畿九服理想世界之摸式，凡此皆可說明周禮職文中有此一思想存焉。且自周禮他官之職文中亦有尋得旁證。例如地官大司徒職曰：「以保息六養萬民：一曰慈幼，二曰養老，三曰振窮，四曰恤貧，五曰寬疾，六曰安富。」又如秋官大司寇職曰：「以喜石平罷民……以肺石達窮民。」此等寬容愛民、扶助弱傾之思想，不能不謂周禮有此濟弱扶傾之思想矣。熊十力先生於讀經示要卷三，亦有類乎此之解說，其曰：

> 周禮首言建國，其國家之組織，只欲其成爲一文化團體，對內無階級，對外泯除國界，非如今世列強，直是以國家爲鬥爭之工具。至其所謂辨方正位，即斟酌地理與民性關係，而爲其團體生活之宜，以劃分領域，故不容一國家對他國家有侵略之行爲。

熊氏以爲周禮作者有泯除國界、天下一家之理念，其說是也。雖然如此，周禮書中於天下一家、濟弱扶傾之思想抵觸處仍是所在多有，尤以禮制之親貴思想處處可見，故以爲其欲擁有此一思想而尙未能盡爲之也。要之，至少可見其確有此一思想之傾向，蓋此必不誤矣。

　　軍政之道在於安民而非擾民，周禮夏官協和萬邦及濟弱扶傾之思想，即爲中華民族固有之精神特徵也，此爲我民族屢顛而不敗，屢仆而永在之緣故矣。故蔣介石先生《中國之命運第一章》曰：

> 我們中華民族對於異族，抵抗其武力，而不施以武力，吸收其文化，而廣被以文化。這是我們中華民族在生存發達過程中最爲顯著的特質與特徵。

下編　結　論

夏官軍禮思想以禮兵合一爲至高境界

　　周禮之根本思想出自儒家者流，儒家之政治思想實與道德，禮治融成一體；周禮蓋中國首部載政治典制之專著，故其書有以禮主政之觀念，此又豈可怪乎哉！孔子曰：「制度在禮，文爲在禮；行之，其在人乎！」《禮記仲尼燕居》茲適以禮主政之謂也。軍政乃爲政之一端，軍禮則爲禮之一端；夏官大司馬主軍政，行軍禮，而春官大宗伯又云以軍禮同邦國，則治軍政、軍禮者即爲政歟！爲政之道，非禮不行，故孔子曰：「能以禮讓爲國乎，何有！不能以禮讓爲國，如禮何！」《論語里仁篇》，是故軍政之禮兵殆合爲一體哉？

　　禮與軍事之關係本是極爲密切者，故班朝治軍，蒞官行法，非禮威嚴不行《賈誼新書》，且軍事所爭，亦爭禮也。禮之起，起於物欲之相爭，求使物與欲兩相扶持而能長久，蓋有禮之制也，故荀子禮論篇云：「……人生而有欲，欲而不得則不能無求，求而無度量分界，則不能不爭，爭則亂，亂則窮，先王惡其亂也，故制禮義以分之，以養人之欲，給人之求，使欲必不窮乎物，物必不屈於欲，兩者相持而長，是禮之所起也。」戰爭之起因，乃爲物欲之尤大者，故軍禮之制，亦如荀子此文，本於禮之防也。然先秦儒家之政治思想皆以施仁義，講信睦，得民心爲主旨，每不以爭城爭地殺人掠奪爲目的，是故《司馬法仁本篇》以爲軍事者爭禮、仁、信、義、勇、智，不爭物利之欲也。其文曰：「古者逐奔不過百步，縱綏不過三舍，是以明其禮也；不窮不能而哀憐傷病，是以明其仁也；成列而鼓，是以明其信也；爭義不爭利，是以明其義也；又能舍服，是以明其勇也；知終知始，是以明其智也。」斯文正足證明兵亦以禮爲之輔，則周禮禮兵合一之淵源豈其來有自歟！

　　茲略述先秦儒家軍、政思想，以察其於軍禮之觀點何在？論語顏淵篇子

貢問政與孔子對答之一文，言經濟、軍事與民之信心三者，以末者為至重，而以軍事為至輕。其文曰：

> 子貢問政。子曰：「足食，足兵，民信之矣。」子貢曰：「必得已而去，於斯三者何先？」曰：「去兵。」子貢曰：「必不得已而去，於斯二者何先？」曰：「去食；自古皆有死，民無信不立。」

春秋時政況雖紊亂，戰爭猶未頻繁，故儒家以禮為重而輕軍事。戰國而後，諸侯戰事冗遝，死屍盈郭野，餓莩倒道塗，故春秋時軍事至輕之學說已與事實現象逕庭違忤，是以儒家政治思想趨向亦有微變，而猶以為君子有不戰，必得民心而後可戰，戰必勝也。索其思想之緣故，乃儒家以為君子之戰在止戰，且為安百姓也；民盼王師，若及時甘霖，故民人簞食壺漿以迎之，其勝乃勢所必然也。雖然，此於戰國時僅為理想也。今觀春秋戰國諸古籍雖仍示儒家依然反對軍旅爭戰之意念，然則並顯知其由輕軍事力量之觀念已轉變至重視軍事力量之一契機，故持禮範圍軍事，以為君子仁人行仁用義則軍旅亦能止戰安人矣。孟子斯論是禮兵合一之先聲也。其文曰：

> ……域民不以封疆之界，固國不以山谿之險，威天下不以兵革之利。得道者多助，失道者寡助。寡助之至，親戚畔之；多助之至，天下順之。以天下之所順，攻親戚之所畔，故君子有不戰，戰必勝矣。《公孫丑篇》

又曰：

> ……城郭不完，兵甲不多，非國之災也；田野不辟，貨財不聚，非國之害也；上無禮，下無學，賊民興，喪無日矣。《離婁篇》

又曰：

> 桀紂之失天下也，失其民也。失其民者，失其心也。得天下有道，得其民，斯得天下矣。得其民有道，得其心，斯得民矣。得其心有道，所欲，與之聚之；所惡，勿施爾也。《離婁篇》

孔子、孟子皆知不可為而為之者，至荀子猶若是，厥等雖大聲疾呼王者之兵，奈何言之者諄諄，聽之者藐藐；戰國末年，天下形勢益紛擾而不堪矣。荀子之言曰：

> 孫卿子曰：「……凡用兵攻戰之本在乎壹民，……。」孫卿子曰：「……仁人之兵，王者之志也……故仁人上下，百將一心，三軍同力，臣之於君也，下之於上也，若子之事父，弟之事兄，……。」孝成王

臨武君曰：「……請問王者之兵，設何道何行而可？孫卿子曰：
「……，隆禮貴義者國治，簡禮賤義者其國亂，治者強，亂者弱，
是強弱之本也。……隆禮效功，上也；……是強弱之幾也。……故
齊之技擊不可以遇魏氏之武卒，魏氏之武卒不可以遇秦之銳士，秦
之銳士不可以當桓文之節制，桓文之節制不可以敵湯武之仁義，有
遇之者，若以焦熬投石焉。……故……禮義教化是齊之也。……故
兵大齊則制天下，小齊則治鄰敵。……孫卿子曰：「……彼仁者愛人，
愛人故惡人之害之也，義者循理，循理故惡人之亂之也。彼兵者所
以禁暴除害也，非爭奪也，故仁人之兵所存者神，所過者化，若時
雨之降，莫不說喜。……禮者治辨之極也，強國之本也，威行之道
也，功名之總也。王公由之，所以得天下也。不由，所以隕社稷也。
故堅甲利兵不足以爲勝，高城深池不足以爲固，嚴令繁刑不足以爲
威，由其道則仁，不由其道則廢。……」（《議兵篇》）

荀子堅持用兵尤須隆禮，故有兵無禮止逿其盜兵耳，非善用兵者也。職是之
故，循禮以仁義用兵，兵乃有本統，則可以王天下。茲文繼從孟子，而尤爲
顯明禮兵合一之論矣哉！

著作之深受時代之影響，固不待辯，觀乎周禮軍禮之思想泰半能以安養
人民、協和萬邦爲職志，大司馬以禮法親比大小邦國、禁殘止暴，又以禮法
統治一切軍政，使夏官全體職官皆範圍於禮法中，故云以軍禮同邦國，斯即
主禮兵合一也。

古者禮與法本合一，儒家主德治、主禮治，互不相礙，則德、禮、法亦
可相調和，非如一般後儒以爲其絕對不能調和也（參閱方東美《中國人生哲
學概要》，頁 84）。荀子以禮爲法之大分，法治亦理想政治之一端，若取其
「平情如水準，稱理若懸衡」之精神，實猶可爲今政治之楷式。軍禮以禮法
治之，方不失本統，方不至淪爲盜兵，禮兵合一之夏官軍禮思想雖時歷數千
歲，其職官條文之形式內容或已意義喪失，殆無可用，但其所蘊涵之思想內
容，歷久彌新，則尙有足堪今日軍禮所取範焉者也。茲且俟吾人深省而去取
之矣。

參考書目

一、經　部

（一）一般經類

1. 《周易》，藝文印書館。
2. 《尚書》，藝文印書館。
3. 《詩經》，藝文印書館。
4. 《春秋左氏傳》，藝文印書館。
5. 《春秋公羊傳》，藝文印書館。
6. 《春秋穀梁傳》，藝文印書館。
7. 《論語》，藝文印書館。
8. 《孟子》，藝文印書館。
9. 《孝經》，藝文印書館。
10. 《尚書大傳輯校》（皇清經解續編），漢・伏勝撰，清・陳壽祺輯校，復興書局。
11. 《毛詩詁訓傳》，漢・毛公，藝文印書館。
12. 《毛詩鄭箋》，漢・鄭玄，藝文印書館。
13. 《春秋經傳集解》，晉・杜預，藝文印書館。
14. 《春秋左氏傳正義》，唐・孔穎達，藝文印書館。
15. 《四書集註》，宋・朱熹，世界書局。
16. 《十三經校勘記》（皇清經解正編），清・阮元，復興書局。
17. 《實事求是齋經義》（皇清經解續編），清・朱大韶，復興書局。
18. 《經義述聞》（皇清經解正編），清・王引之，復興書局。

19. 《經傳釋詞》（皇清經解正編），清‧王引之，復興書局。

20. 《群經平議》（皇清經解續編），清‧俞樾，復興書局。

21. 《經學通論》，清‧皮錫瑞，河洛圖書出版社。

22. 《經問》（皇清經解正編），清‧毛奇齡，復興書局。

23. 《群經概論》，民‧呂思勉，河洛圖書出版社。

24. 《經學通志》，民‧錢基博，中華書局。

25. 《讀經示要》，民‧熊十力，廣文書局。

26. 《尚書今註今譯》，民‧屈萬里註譯，商務印書館。

（二）禮類

1. 《周禮》，藝文印書館。

2. 《儀禮》，藝文印書館。

3. 《大戴禮記》，漢‧戴德，復興書局。

4. 《小戴禮記》，漢‧戴聖，藝文印書館。

5. 《周禮注》，漢‧鄭玄，藝文印書館。

6. 《儀禮注》，漢‧鄭玄，藝文印書館。

7. 《禮記注》，漢‧鄭玄，藝文印書館。

8. 《白虎通德論》（四部叢刊），漢‧班固，商務印書館。

9. 《三禮義宗》（叢書集成續編），梁‧崔靈恩，藝文印書館。

10. 《禮書》（四庫全書珍本五集），宋‧陳祥道，商務印書館。

11. 《禮經奧旨》（百部叢書集成），宋‧鄭樵，藝文印書館。

12. 《禮書綱目》，清‧江永，台聯國風出版主、中文出版主聯合印行。

13. 《五禮通考》，清‧秦蕙田，新興書局。

14. 《求古錄禮說》（皇清經解續編），清‧金鶚，復興書局。

15. 《禮書通故》，清‧黃以周，華世出版社。

16. 《禮說略》（皇清經解續編），清‧黃以周，復興書局。

17. 《禮經通論》（皇清經解續編），清‧邵懿辰，復興書局。

18. 《學禮管釋》（皇清經解續編），清‧夏炘，復興書局。

19. 《禮箋》（皇清經解正編），清‧金榜，復興書局。

20. 《禮學略說》（黃侃論學雜著），民‧黃季剛，中華書局。

21. 《三禮鄭氏學發凡》，民‧李雲光，嘉新水泥公司文化基金會。

22. 《春秋吉禮考辨》，民‧周師一田，嘉新水泥公司文化基金會。

23. 《周禮正義》，唐‧賈公彥，藝文印書館。

24. 《周禮訂義》（通志堂經解），宋・王與之，漢京書店。

25. 《周禮詳解》（四庫全書珍本初集），宋・王昭禹，商務印書館。

26. 《周官新義》（四庫全書珍本別輯），宋・王安石，商務印書館。

27. 《周官總義》（四庫全書珍本二集），宋・易袚，商務印書館。

28. 《周禮復古編》（四庫全書珍本三集），宋・愈庭椿，商務印書館。

29. 《周禮集說》，宋・陳友仁增修，商務印書館。

30. 《周藏句解》（四庫全書珍本四集），宋・朱申，商務印書館。

31. 《禮經會元》（通志堂經解），宋・葉時，漢京書店。

32. 《太平經國之書》（通志堂經解），宋・鄭伯謙，漢京書店。

33. 《周禮傳》（四庫全書珍本三集），明・王應麟，商務印書館。

34. 《周禮全經釋原》（四庫全書珍本三集），明・柯尚遷，商務印書館。

35. 《周禮五官考》（百部叢書集成），明・陳仁錫，藝文印書館。

36. 《周禮註疏刪翼》（四庫全書珍本四集），明・王志長，商務印書館。

37. 《周禮正義》，清・孫詒讓，中華書局。

38. 《周禮述註》（四庫全書珍本二集），清・李光坡，商務印書館。

39. 《周禮軍賦說》（皇清經解正編），清・王鳴盛，復興書局。

40. 《周禮祿田考》（皇清經解正編），清・沈彤，復興書局。

41. 《周禮纂訓》（四庫全書珍本五集），清・李鍾倫，商務印書館。

42. 《欽定周官義疏》（四庫全書珍本五集），商務印書館。

43. 《周禮政要》（百部叢書集成），清・孫詒讓，藝文印書館。

44. 《周禮學》（皇清經解續編），清・王聘珍，復興書局。

45. 《周官記》（皇清經解續編），清・莊存與，復興書局。

46. 《周官說》（皇清經解續編），清・莊存與，復興書局。

47. 《周官說補》（皇清經解續編），清・莊存與，復興書局。

48. 《周官注疏小箋》（皇清經解續編），清・曾釗，復興書局。

49. 《周禮疑義舉要》（百部叢書集成），清・江永，藝文印書館。

50. 《周禮漢讀考》（皇清經解正編），清・段玉裁，復興書局。

51. 《禮說》（皇清經解正編），清・惠士奇，復興書局。

52. 《周禮車服志》（叢書集成續編），清・陳宗起，藝文印書館。

53. 《車制圖考》（皇清經解正編），清・阮元，復興書局。

54. 《車制考》（皇清經解續編），清・錢坫，復興書局。

55. 《考工創物小記》（皇清經解正編），清・程瑤田，復興書局。

56. 《溝洫疆理小記》（皇清經解正編），清・程瑤田，復興書局。

57. 《周禮今註今譯》，民‧林師景伊註譯，商務印書館。

58. 《用官成立之時代及其思想性格》，民‧徐復觀，學生書局。

59. 《周禮春官禮樂思想之研究》，民‧嚴定暹，自印本。

60. 《周禮秋官刑法思想研究》，民‧李玉和，自印本。

61. 《周禮所表現之社會觀》，民‧張雙英，自印本。

62. 《儀禮疏》，唐‧賈公彥，藝文印書館。

63. 《儀禮正義》（皇清經解續編），清‧胡培翬，復興書局。

64. 《儀禮章句》（皇清經解正編），清‧吳廷華，復興書局。

65. 《儀禮釋官》（皇清經解正編），清‧胡匡衷，復興書局。

66. 《禮經本義》，清‧蔡德晉，藝文印書館。

67. 《儀禮士喪禮器物研究》（儀禮復原研究叢刊），民‧沈其麗，中華書局。

68. 《儀禮士喪禮既夕禮儀節研究》，民‧徐福全，自印本。

69. 《禮記正義》，唐‧孔穎達，藝文印書館。

70. 《禮記集說》，元‧陳澔，世界書局。

71. 《禮記集解》，清‧孫希旦，文史哲出版社。

72. 《禮學新探》，民‧高師仲華，香港中文大學，聯合書院中文系。

73. 《大戴禮記今註今譯》，民‧高師仲華註譯，商務印書館。

74. 《禮記今註今譯》，民‧王夢鷗註譯，商務印書館。

75. 《三禮圖》（通志堂經解），宋‧聶崇義，漢京書店。

76. 《儀禮圖》（通志堂經解），宋‧楊復，漢京書店。

77. 《儀禮旁通圖》（通志堂經解），宋‧楊復，漢京書店。

78. 《鄉黨圖考》（皇清經解正編），清‧江永，復興書局。

79. 《群經宮室圖》（皇清經解續編），清‧焦循，復興書局。

80. 《儀禮圖》（皇清經解續編），清‧張惠言，復興書局。

81. 《弁服釋例》（皇清經解正編），清‧任大椿，復興書局。

82. 《儀禮服飾考辨》，民‧王關仕，文史哲出版社。

二、史　部

1. 《逸周書》，學生書局。

2. 《國語》，九思出版社。

3. 《戰國策》，漢‧劉向集錄，九思出版社。

4. 《史記》，漢‧司馬遷，弘道文化事業公司。

5. 《漢書》，漢‧班固，宏業書局。

6. 《通典》，唐‧杜佑，大化書局。

7. 《文獻通考》，宋‧馬端臨，新興書局。

8. 《西漢會要》，宋‧徐天麟，九思出版社。

9. 《東漢會要》，宋‧徐天麟，九思出版社。

10. 《歷代職官表》，清‧黃本驥，洪氏出版社。

11. 《春秋會要》，清‧姚彥渠輯，世界書局。

12. 《秦會要訂補》，清‧孫楷撰，民徐復訂補，鼎文書局。

13. 《先秦政治思想史》，民‧梁啓超，中華書局。

14. 《中國政治思想史》，民‧楊幼炯，商務印書館。

15. 《中國政治思想史》，民‧薩孟武，全民出版社。

16. 《中國政治思想史》，民‧蕭公權，中華文化出版事業社。

17. 《中國政治思想史》，民‧陶希聖，食貨出版社。

18. 《中國政治制度史》，民‧張金鑑，三民書局。

19. 《中國政治制度史》，民‧陶希聖，啓業書局。

20. 《中國政治制度史》，民‧曾金聲，啓業書局。

21. 《中國歷代政治得失》，民‧錢穆，三民書局。

22. 《先秦文化史》，民‧孟世傑，老古出版社。

23. 《中國文化史上冊》，民‧柳詒徵，正中書局。

24. 《中國文化史導論》，民‧錢穆，正中書局。

25. 《中國古代禮教史》，民‧周林根，省立海洋學院。

26. 《中國哲學史》，民‧馮友蘭，香港出版。

27. 《中國古代社會史》，民‧李宗桐，中國文化出版事業委員會。

28. 《歷代兵制》（百部叢書集成），宋‧陳傅良，藝文印書館。

29. 《馬政志》（歸有光集），明‧歸有光，世界書局。

30. 《陣紀》（墨海金壼本），明‧何良臣，大通書局。

31. 《歷代馬政志》（百部叢書集成），清‧蔡方炳，藝文印書館。

32. 《歷代車戰敘略》（百部叢書集成），清‧張泰交編，藝文印書館。

33. 《中國兵制史》，民‧孫金銘，國防研究院出版部。

34. 《中國兵器史稿》，民‧周緯。

三、子　部

1. 《管子》，周‧管仲，世界書局。

2. 《荀子》，周・荀況，藝文印書館。

3. 《孫子》，周・孫武，史地教育出版社。

4. 《韓非子》，秦・韓非，中華書局。

5. 《呂氏春秋》，秦・呂不韋，世界書局。

6. 《新書》，漢・賈誼，世界書局。

7. 《淮南子》，漢・劉安，中華書局。

8. 《墨子閒詁》，清・孫詒讓註釋，商務印書館。

9. 《司馬法古註及音義〈曹氏箋經室叢書第一集〉》，清・曹元忠輯，中央研究院史語所藏。

10. 《孫子淺說》，民・蔣百里，大同書局。

11. 《司馬法今註今譯》，民・劉仲平註譯，商務印書館。

12. 《孫子兵法之綜合研究》，民・李浴日，河洛圖書出版社。

13. 《孫子兵法思想體系精解》，民・王建東，文岡圖書公司。

四、集　部

1. 《昭明文選大臣注》，唐・李善等，藝文印書館。

2. 《柳河東集》，唐・柳宗元，世界書局。

3. 《方望溪文集》，清・方苞，河洛圖書出版社。

五、雜　部

1. 《太平御覽》，宋・李昉等，商務印書館。

2. 《翁注困學紀聞》，宋・王應麟撰，清・翁元圻注，世界書局。

3. 《日知錄》，明・顧炎武，明倫出版社。

4. 《述學》（皇清經解正編），清・汪中，復興書局。

5. 《古今圖書集成禮儀典》，清・陳夢雷、蔣廷錫纂，鼎文書局。

6. 《十駕齋養新錄》，清・錢大昕，商務印書館。

7. 《東塾讀書記》，清・陳澧，商務印書館。

8. 《古書疑義舉例五種》，清・俞樾等，長安出版社。

9. 《三民主義》，民・孫文，文央文物供應社。

10. 《中國人生哲學概要》，民・方東美，墾丁文物供應社。

11. 《新學偽經考》，民・康有為，商務印書館。

12. 《古書真偽及其年代》，民・梁啓超，中華書局。

13. 《偽書通考》，民・張心澂，宏業書局。

14. 《觀堂集林》，民‧王國維，河洛圖書出版社。
15. 《兩漢經學今古文平議》，民‧錢穆，東大圖書公司。
16. 《西周政教制度研究》，民‧陶希聖等，中華文化復興月刊社。
17. 《中國上古史論文選集》，民‧杜正勝等，華世出版社。
18. 《中國學術史論集》，民‧錢穆等，中華文化出版事業委員會。

六、小學部

1. 《爾雅》，藝文印書館。
2. 《爾雅郭注》，晉‧郭璞，藝文印書館。
3. 《抱經堂經典釋文》，唐‧陸德明撰，清‧盧文弨校，漢京書店。
4. 《說文解字注》，清‧段玉裁，藝文印書館。
5. 《說文通訓定聲》，清‧朱駿聲，藝文印者館。
6. 《釋名》，漢‧劉熙，育民出版社。
7. 《廣雅疏證》，清‧王念孫，鼎文書局。
8. 《廣韻》，宋‧陳彭年，弘道文化事業公司。

七、單篇論文部

1. 〈周禮及其基本政治思想〉，民‧賀凌虛，《中華文化復興月刊》八卷四期。
2. 〈周官著作時代考〉，民‧錢穆，《燕京學報》十一期、今載兩漢經學今古文平議。
3. 〈周禮成書年代考上中下〉，民‧史景成，《大陸雜誌》三十二卷五、六、七期。
4. 〈周禮與其作者〉，民‧林師景伊，載《中央月刊社》「名著與名人」。
5. 〈周禮的來歷及其成書年代〉，民‧賀凌虛，《革命思想論》五卷四期。
6. 〈周禮中的兵制探源〉，民‧石璋如，《大陸雜誌》九卷九期。
7. 〈周禮中的兵制〉，民‧許倬雲，《大陸雜誌》九卷三期。
8. 〈中國的政治思想與制度〉，民‧薩孟武，《中華文化復興月刊》六卷四、五期。
9. 〈周秦漢間之社會史問題〉，民‧任卓宣，《大陸雜誌》四十八卷六期。
10. 〈井田制度探源〉，民‧徐中舒，台北古亭書屋影印，金陵、燕京、齊魯華西中國文化研究彙刊第四卷上。
11. 〈關於均田之名稱和實態及其三點補充〉，日曾我都靜雄撰，民‧高明士譯，《大陸雜誌》三十八卷五期及四十一卷十期。

12. 〈周禮賦稅考上下〉，民・林耀曾，《孔孟學報》三十期及《慶祝婺源潘師石禪先生七秩華誕特刊》。

13. 〈周禮禮記與三民主義思想〉，民・袁簡，《復興岡學報》十一期。

14. 〈國防論與蔣百里〉，民・呂若愚，載《中央月刊》「名著與名人」。

15. 〈西漢的馬政〉，民・昌彼得，《大陸雜誌》五卷三期。

16. 〈六卿溯源〉，民・史景成，《大陸雜誌》二十五卷七期。

17. 〈秦漢九卿考〉，民・勞榦，《大陸雜誌》十五卷十一期。

18. 〈秦代九卿制度考上下〉，民・蔡興安，《大陸雜誌》二十六四卷四、五期。

19. 〈湖北隨縣城郊發現春秋墓葬和銅器〉（大陸考古文物資料）。

20. 〈湖北隨縣擂鼓墩一號墓皮甲冑的清理和復原〉（大陸考古文物資料）。

21. 〈1969～1977 年殷虛西區墓葬發掘報告〉（大陸考古文物資料）。

22. 〈湖北隨縣曾侯乙墓發掘簡報〉（大陸考古文物資料）。

23. 〈廣西田東發現戰國墓葬〉（大陸考古文物資料）。